中青年经济与管理学者文库

本书受教育部人文社会科学规划项目、云南省应用基础研究计划项目资助，为教育部人文社会科学规划项目、云南省应用基础研究计划项目、云南省哲学社会科学研究项目阶段研究成果

经济全球化背景下中国涉外税收问题研究

沈娅莉 著

中国财经出版传媒集团
中国财政经济出版社

图书在版编目（CIP）数据

经济全球化背景下中国涉外税收问题研究／沈娅莉著．—北京：中国财政经济出版社，2018.5
（中青年经济与管理学者文库）
ISBN 978-7-5095-8181-0

Ⅰ.①经… Ⅱ.①沈… Ⅲ.①涉外税收-税收管理-研究-中国 Ⅳ.①F812.423

中国版本图书馆 CIP 数据核字（2018）第 068779 号

责任编辑：钱红叶　　　　　责任校对：刘　靖

中国财政经济出版社 出版

URL：http://ckfz.cfeph.cn
E-mail：cfeph@cfeph.cn

（版权所有　翻印必究）

社址：北京市海淀区阜成路甲 28 号　邮政编码：100142
营销中心电话：010-88191537
天猫网店：中国财政经济出版社旗舰店
网址：https://zgczjjcbs.tmall.com
北京财经印刷厂印刷　各地新华书店经销
880×1230 毫米　32 开　11.5 印张　271 000 字
2018 年 6 月第 1 版　2018 年 6 月北京第 1 次印刷
定价：63.00 元
ISBN 978-7-5095-8181-0
（图书出现印装问题，本社负责调换）
本社质量投诉电话：010-88190744
打击盗版举报热线：010-88191661　QQ：2242791300

策划人语

题记：一个人的精神成长史，取决于他的阅读史。只有阅读能最有效地培养精神生活习惯，而好的习惯又培养性格，性格决定人生。

——我们自豪，因为我们就是创造这精神产品的人。

选择了飞翔，总能看到蓝天；选择了远航，总能感受大海。人生不仅要作出选择，也要坚持住自己的选择。学会计、当编辑是我的意外选择。人说编辑是为人做嫁衣，可是这一选择我坚持了27年，苦在其中，乐在其中，也算是有声有色。每当我把一本本好书呈献给人们的时候，我觉得我是"富贵"的人：富，不是你身上的钱财，而是你心里的满足；贵，不是你地位的显赫，而是你被人需要的程度。

书海探寻，情怀永恒

我要说，做编辑我幸运，因为我不仅是第一个读者，可以对作品"品头论足"，也可以对作品"生杀予夺"；更重要的是，这是一个很高层次的平台，在多年与名家的交往和名著的"对话"中，深深地为他们的人格和才学所感动，被作品的精彩所吸引，这不仅使我"下笔如有神"，更使我的思想和灵魂也受到一次次洗礼和震撼，得到一次次升华。对于我的作者我的书，如数家珍，作者中不乏才学和为人同样过人的多位泰斗和"颜值高责任大"的众多才子佳人；策划的作品不仅立足专业还兼顾人文，也是情怀所在，专业加人文路才会更宽。

多年的体会是，作为一名编辑，起码要"三心二意"，即"责任心、细心、耐心"和"服务意识、创新意识"。要多策划一些有分量的拳头产品，用一个选题推动一个系统工程，用一个系统工程培养一个出版社品牌。给新入职编辑讲座时我做过一个比喻：编辑两项基本功，审稿——甚至要比博导审批学生论文还要全面、细致；选题策划——要像电影导演一样做"星探"，善于发现优秀作者和挖掘好的原创作品。记不得27年来我策划和编辑了多少书，组织和策划了一大批教材、业务培训用书、通俗读物、理论专著等，有的获得过国家、省部级各类奖项，有的以其填补空白、社会热点、风格新颖、开拓尝试等特点受到读者的欢迎。20世纪90年代我开始自主策划选题，多年来每年都有新丛书问世。比如，21世纪初内部控制研究在国内刚兴起时，策划了《现代内部控制丛书》，其中《企业内部控制管理操作手册》是我鼓励作者将自己饱含心血的经过长期钻研和实践并证明卓有成效的成果奉献付梓，使得更多的人能受益于此，这无疑是对我国内部控制理论探索和实践发展的一种贡献，内部控制选题至今还是热点。2013年的《来去无尘——一位财政部长的生前事》所展现的吴波精神，与深入推进党风廉政建设相得益彰，得到中央领导同志的高度重视和重要批示。中央各大主流媒体纷纷连续报道，掀起了全社会学习吴波高尚情操的热潮。2014年至今的前沿选题《财务云丛书》等也越来越受到业界认可。

想是问题，做是答案

众所周知，目前的图书出版业在行业竞争和纸质图书受到严重冲击的情况下，出版人无不感到莫大的危机。在这种背景下，策划一套专业图书是颇感困惑的一件事，风险更大。但即使这样，我们也不能因噎废食、停滞不前，还要积极应对，继续发挥纸质图书的固有特质，挖掘出版内容和形式都精彩的原创作品，适应新形势下读者的更高需求。2017年，我们接受新的挑战，开启新的征程，又策划《中青年经济与管理学者文库》《当代税收名家丛书》《中国税务律师系列丛书》《现代管理实务丛书》《高等院校应用型会计人才精细化培养系列教材》等，继续为扶持学术研究和总结最新成果，在高端研究与专业知识普及和应用之间搭建一座座有益的桥梁。

每一个时代的经济环境不同，理论研究和实务探索所需要解决的问题也有所差别。当前我国不仅处于经济结构调整和供给侧改革的攻坚期，同时也处于大数据和互联网突飞猛进的变革期，矛盾叠加，风险交汇，市场环境和组织模式不断演变发展、推陈出新，经济、管理、财税等领域的新理论、新思想、新方法、新工具也层出不穷。乱花渐欲迷人眼，击水三千浪几何？这些领域的研究人员被时代赋予了更艰巨的责任，也面临着更高、更多元的要求，我们不仅要具备更广阔的学术视野，而且要有更严谨的学术思维。

输在犹豫，赢在行动

《中青年经济与管理学者文库》的作者，都是我国经济与管理领域的中坚力量,也是未来的大家。他们中有些人潜心从事理论研究,有些人则深耕在实务一线,但无论现实身份如何,视野全都没有被拘泥在"象牙塔"内。他们从不同视角对市场经济的不同要素进行细致审视,然后汇聚于"财经版"这面旗帜之下,相互碰撞,彼此激荡,力求在市场经济转型升级的关键时期留下最新鲜的"中国印记"。

这些经济与管理领域的中青年学者,就是我国市场经济发展的潜力与优势,他们的研究成果,不仅将引领市场经济的各个组成环节向更科学、更先进的方向发展,而且将成为我国政府和企业在未来经济世界扮演更重要角色的支点与动力。祝愿这些中青年学者能攀上更高的学术之山,走向更远的研究之路,也期待宏观、中观、微观各个层面的市场参与者都能从这套文库中得到切实的启发与指引,在全面深化改革、增强发展活力的关键时期,发挥正能量和积极作用,为经济社会发展增添新的动力!

如果您认可,如果您有意愿,欢迎您和您的朋友加盟我们的作者队伍!在中国财经出版传媒集团的"旗舰"下,中国财政经济出版社这"老字号",一定励精图治,谱写新的篇章。我们用"龙的精神,玉的品质"来助力您实现梦想!

策划人:樊清玉
邮箱:qingyuf@sina.com
2017年春

第一章　绪　论 …………………… （ 1 ）
　　一、研究背景及意义 ……………… （ 1 ）
　　二、相关研究文献综述 …………… （ 7 ）
　　三、研究的主要内容 ……………… （ 16 ）

第二章　经济全球化与涉外税收理论概述
　　　　………………………………… （ 17 ）
　　一、经济全球化理论概述 ………… （ 17 ）
　　二、涉外税收理论概述 …………… （ 33 ）

第三章　我国涉外税收制度发展历程及现行涉外税制 ……………… （ 43 ）
　　一、我国涉外税收制度发展历程
　　　　………………………………… （ 43 ）
　　二、我国现行涉外税收法律、法规
　　　　梳理 …………………………… （ 52 ）

第四章　经济全球化背景下我国涉外税收存在的问题 …（95）
一、我国涉外税收制度存在的问题 …………………（95）
二、我国涉外税收征管存在的问题 …………………（102）

第五章　西方税收理论的启示与借鉴 ………………（113）
一、西方主流经济学派的税收理论 …………………（113）
二、西方税收原则及主要观点 ………………………（125）
三、现代西方主要税收原则基本理论 ………………（128）
四、西方最优课税理论 ………………………………（131）
五、西方税收理论对我国的启示与借鉴 ……………（140）

第六章　经济全球化背景下我国涉外税制与税收征管改革政策建议 ……………………………………（142）
一、经济全球化背景下国际税收规则变动新趋势 …（143）
二、我国涉外税收制度改革政策建议 ………………（145）
三、我国涉外税收征管改革政策建议 ………………（152）

第七章　BEPS 行动计划解读及我国的应对措施 ………（159）
一、BEPS 行动计划概述 ……………………………（159）
二、我国参与 BEPS 行动计划的情况 ………………（162）
三、BEPS 行动计划解读及我国的应对措施 ………（163）

第八章　中国涉外税收问题专题研究 …………………（237）
一、中美电子商务市场现状及税收问题 ……………（237）
二、外国个人在中国如何纳税 ………………………（258）
三、美国"税收倒置"频发对中国反国际避税的启示
……………………………………………………（282）

四、数字经济下跨国企业在中国逃避税现状、途径及
防治策略研究 …………………………………（297）
五、"逆全球化"背景下中国的涉外税收政策选择
………………………………………………（312）
六、税制结构研究综述与展望 …………………（330）
七、美国税改对中国涉外税收政策的影响 ………（345）

参考文献 ………………………………………（352）

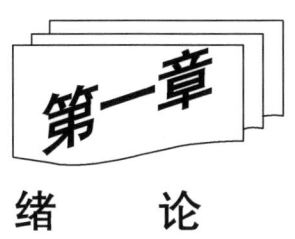

绪　论

一、研究背景及意义

随着全球市场开放和世界新科技革命兴起而出现的经济全球化浪潮，已成为影响国际政治经济格局变化、世界经济增长和科技进步的重要因素之一。在第一轮由发达国家推动的经济全球化浪潮中，发达国家获得了巨大的利益，经济全球化使发达国家可以凭借经济优势扩大经济势力影响范围，在全球获得更大的销售、投资和劳动力市场，促进了发达国家跨国公司的在全球的扩张与发展，同时使发达国家经济向科技驱动型和资本密集型产业升级，增加了其产品的国际竞争力。20世纪中叶后，许多发展中国家特别是新兴经济体通过加入经济全球化浪潮也迅速崛起。事实证明，一个国家只要推行市场经济制度和实施对外开放政策，其融入经济全球化的趋势就不可避免。2001年，中国通过加入世界贸易组织，积极主动地参与并融入经济全球化的浪潮中，经济全球化加速了我国资本、技术、劳动力、信息等生产要素在世界范围内的自由流动和配置，促进了我国经济发展，提升了我国综合国力。

（一）经济全球化对我国涉外投资规模的影响

在上一轮经济全球化浪潮中，中国顺应世界潮流，通过对外改革开放和加入世界贸易组织积极加入"全球化"进程，"全球化"加速了我国资本、技术、劳动力、信息等生产要素在世界范围内的自由流动和配置，促进了我国对外投资规模和经济高速发展，提升了我国综合国力。2014年我国实际利用外资1195.62亿美元，超越美国成为全球外国投资的第一大目的国。2015年我国实际利用外资1262.7亿美元，居世界第三。与1984年相比，三十年间我国实际利用外资规模增长近百倍，1984－2014年，我国实际利用外资规模年平均增长率为16.61%。同时，截止2014年末，在我国注册登记的外商投资企业有46万余户，注册登记投资总额达3.79万亿美元，我国吸收外商投资取得了巨大发展。同时，2014年我国对外直接投资流量为1231.2亿美元，居世界第三，年末境外企业资产总额达2.25万亿美元。2015年，在世界经济增速普遍放缓的情况下，中国对外直接投资规模依然保持强劲增长，对外直接投资1456.7亿美元，占到全球流量份额的9.9%，同比增长18.3%，金额仅次于美国（2999.6亿美元），首次位列世界第二（第三位是日本1286.5亿美元），2002－2014年，我国对外直接投资规模年平均增长率为37.07%，远远超过同期实际利用外资年均增长率7.32%。截至2015年底，中国境外企业资产总额达4.37万亿美元，中国投资者在国（境）外设立3.08万家对外直接投资企业，分布在全球188个国家（地区）。中国对外直接投资存量达10978.6亿美元，占全球外国直接投资流出存量的份额由2002年的0.4%提升至4.4%，排名由第25位上升至第8位。

（二）"逆全球化"对我国涉外投资规模的影响

经济全球化促进了我国对外投资规模和经济高速发展，提升了我国综合国力，而随着"反全球化"思潮的出现，发达国家摒弃了其近百年来一直坚持的自由贸易理念，相继关上"全球化"大门，贸易保护主义呈现抬头趋势，各国围绕资金、市场、资源、人才、技术的争夺更加激烈，"逆全球化"给我国涉外经济发展带来巨大的挑战和不确定性。

一方面，"逆全球化"加大我国吸引外商直接投资难度，使我国实际利用外资结构恶化。在我国对外开放经济发展战略和经济全球化浪潮下，1984—2008年，我国实际利用外资规模呈上涨趋势，年平均增长率为19.60%，2009—2015年年后受发达国家经济危机和"逆全球化"思潮影响，我国吸引外商投资难度加大，实际利用外资规模增长速度快速降低，年平均增长率仅为5.80%。另据商务部统计数据显示，2016年由于受发达国家贸易保护主义、制造业回归等"逆全球化"行为影响，我国实际利用外资中有75%来自中国香港、澳门和台湾地区，仅有10%来自美国、日本、德国和英国等发达国家，意味着发达国家对我国的直接投资比例很小，我国实际利用外资规模虽然小幅增长，但外商直接投资主要来源于中国内部（香港、澳门、台湾均属于中国），吸引外商的质量不高，结构不合理。

另一方面，"逆全球化"加速我国资本外流，对外直接投资主要流向国际避税地。2008年后，受"逆全球化"浪潮影响，产业资本开始从我国流出，2009—2015年，我国对外直接投资规模快速增长，年平均增长率达17.09%，远远超过实际利用外资增长速度。2014年中国对外直接投资流量为1231.2亿美元，居世界第三，2015年，在世界经济增速普遍放缓的情况下，中国对外直接投资规模依然保持强劲增长，对外直接投资1456.7亿美元，位列世界第二。从2014年开始，中国已连续多年成为净资本输出国。尤为值得注意的是，据商务部、国家统计局、国家外汇管理局联合发布的《2015年度中国对外直接投资统计公报》统计数据显示，2015年我国对外直接投资的国家和地区呈现高度集中态势，约有80%的投资流向了国际避税地，反映出我国"走出去"企业的避税动机强烈。

（三）经济全球化给我国涉外税制体系带来巨大挑战

值得注意的是，经济全球化在促进我国经济发展的同时，也给我国涉外税制体系和涉外税收征管带来了新的挑战。见表1-1。

表1-1 中国涉外税收收入、涉外所得税收入情况 （单位：亿元）

年 份	全国税务部门组织收入	涉外税收收入	涉外税收收入占全国税收收入比重	涉外税收所得税收入	涉外所得税占涉外税收收入的比重
2005	23710	5355.30	22.59%	1267.75	23.67%
2006	36822	7976.93	21.66%	2044.82	25.63%
2007	49452	9972.60	20.16%	2605.17	26.12%
2008	57862	12120.30	20.95%	3541.94	29.22%
2009	63104	13616.00	21.57%	3792.64	27.85%
2010	77394	16389.71	21.18%	5084.27	31.02%
2011	95729	19638.00	20.51%	6633.77	33.78%
2012	110764	21768.86	19.65%	6604.35	30.34%
2013	119960	23077.53	19.23%	7000.72	30.33%
2014	129541	24920.59	19.24%	7965.44	31.96%

数据来源：国务院发展研究中心信息网统计数据库。

第一章 绪 论

首先，如表1-1所示，与实际利用外资和对外直接投资规模不断上升相对应的是经济全球化背景下中国涉外税收收入规模也在飞速发展。2014年我国涉外税收收入约2.49万亿元，约为2005年我国涉外税收收入的3.64倍，年均增长率为36.4%。表面上看，我国涉外税收收入在快速增长。但研究另外一个指标我们发现，虽然我国吸收外商投资规模在不断增加，但我国每年涉外税收收入规模占全国税务部门组织收入的比重都在20%左右，并未增长。也就是说，虽然随着我国实际利用外资规模的增长，涉外税收收入的绝对额和同比均在增长，但涉外税收收入在我国税务部门组织收入的比重却一直保持在20%左右（见图1-1），甚至出现下滑趋势。为什么会出现这样的现象，值得我们探讨。

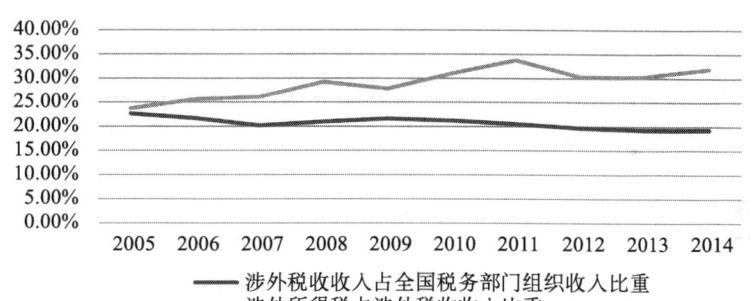

图1-1 涉外税收收入占全国税务部门组织税收收入比重

其次，目前我国涉外税收收入统计口径中的纳税人为中外合资经营企业、中外合作经营企业、外资企业、非居民企业和外籍个人，可以狭义地理解为只统计了吸收外商投资部分所产生的税收收入，对我国对外直接投资所产生的税收收入在每年官方公布的税收收入数据中并未明显提及。然而随着我国"走出去"经济发展战略的实施，我国对外投资增长速度远远超过实际利用外资增长速度，特别是自2014年起，我国对外直接投资规模已超过实际利用外资规模，连续两年成为资本净输出国。截至2015年末，我国企业境外资产总额已达4.37万亿美元，这些资产对我国税收收入的贡献如何？是正效应还是负效应？目前缺乏相关的统计数据。而这一数据笔者认为是非常重要的，从静态来看，国内企业境外投资的增加就意味着国内投资和就业机会的减少，抛弃国家经济发展战略目标需投资的特殊领域不谈，对外直接投资如不能增加我国税收收入，那就失去了意义。目前我国的涉外税收政策和制度框架都是在"引进来"经济战略背景下制定的，主要是针对在我国境内生产经营的外商投资企业和提供劳务的外国人，由于我国"走出去"企业的生产经营活动均发生在境外，其税收征管模式必然与"引进来"企业不同，现有的涉外税制体系和征管模式缺乏具体与企业对外投资相关的税收政策，已不适应目前"走出去"为主的经济发展战略。

最后，"逆全球化"背景下，我国吸引外商直接投资难度加大、质量不高，已成为净资本输出国，并且输出的资本大量流向国际避税地，这给我国目前的涉外税收制度和征管体系带来了巨大挑战。我国目前的涉外税制和征管体系是在改革开放初期以"引进来"为主的经济发展战略背景下建立的，主要目的是鼓励、吸引外商到我国投资，侧重于对"引进来"企业的税收征管与监督，"逆全球化"背景下，原有的涉外税收制度设计显然已不能满足当前经济形势的需要。

正如习近平总书记指出的，经济全球化是我们谋划发展所要面对的时代潮流。要发展壮大，必须主动顺应经济全球化潮流，坚持对外开放，充分运用人类社会创造的先进科技成果和有益管理经验。当前，世界正处于第二次工业革命向各新兴经济体加速扩散、第三次工业革命方兴未艾、新的全球化浪潮正在兴起的时代，以中国为代表的发展中经济大国以新兴经济体强劲增长的态势正融入全球化格局中，改变着经济全球化的整体面貌，并强有力地推动经济全球化进入新时代。特别是随着我国"一带一路"经济发展倡议的推进，可以预见我国吸收外商直接投资和对外直接投资规模还会增长，特别是对外直接投资规模。这给我国目前以"引进来"经济发展战略为基础构建的涉外税制体系带来了严峻的挑战。因此，深入分析目前新一轮经济全球化的基本特征和运动规律，研究经济全球化背景下我国涉外税收制度和涉外税收征管存在的问题，构建新一轮经济全球化背景下适应"一带一路"外向型经济发展战略的涉外税制体系就显得非常必要和紧迫。

二、相关研究文献综述

经济全球化的发展，使得涉外税收收入在一国税收收入中所占比重逐步提高，随着数字经济的发展，全球商业模式发生了巨大的变革，越来越多的跨国企业通过全球一体化的经营模式和复杂的税收筹划规避纳税义务，造成对各国税基的侵蚀，给全球基于传统经济模式构建的税收征管体系带来了巨大的挑战，引起了国际社会的高度关注，也掀起了国内外专家和学者对涉外税收问题研究的热潮。

（一）涉外税收理论研究综述

我国学者对涉外税收理论的研究主要集中于20世纪八九十年代，邓子基、唐腾翔（1988）、王传伦（1992）、李达昌、曹萍（1996）、尹音频（1997）、郑榕（1999）、杨志清（2013）对涉外税收的内涵、外延、学科体系的研究范围以及涉外税收与国际税收的关系进行了深入研究。

1. 涉外税收的内涵

内涵反映的是主体之间的一种本质关系,对于涉外税收的内涵,主要有以下三种观点:

(1) 单重征纳关系论。张同青(1996)认为涉外税收是一国政府与其税收管辖权范围下的涉外纳税人之间的税收征纳关系,涉外纳税人包括对本国负有纳税义务的外国人,也包括到国外从事经济活动、提供劳务或者拥有一般财产的本国人。

(2) 单重分配关系论。王国清(1998)认为涉外税收是一个主权国家凭借其政治权利在其税收管辖权范围内,涉及该国同其他国家之间税收分配关系的统称。

(3) 双重关系论。尹音频(1996)认为涉外税收通常反映一国政府与其税收管辖权下的纳税人之间的税收征纳关系,在一定条件下也反映该国政府与相关国家之间的税收分配关系。

2. 涉外税收的外延

理论界对涉外税收概念外延的认识分为广义论和狭义论。广义论认为涉外税收应对跨国所得、跨国一般财产价值和跨国流通商品课税。而狭义论认为,涉外税收只对跨国所得和跨国一般财产价值课税,而不应对跨国流通商品课税。

3. 涉外税收与国际税收的关系

郑榕(1999)在回顾和总结了以上学者研究成果的基础上,重新界定了涉外税收的内涵、外延及涉外税收与国际税收的关系。提出应从主体之间的关系来界定涉外税收的内涵。首先,涉外税收反映的是税收征纳关系,不反映相关国家之间的税收分配关系;其次,涉外纳税人是在一国税收主权管辖范围内的纳税人,既包括自然人也包括法人;最后,涉外纳税人是指与资金、技术、劳务和商品的国际流动有关的纳税人。涉外税收的外延包括两方面：(1) 对跨国流动商品的课税；(2) 对跨国所得和一般财产价值的课税。同时指出涉外税收属于国家税收的范畴，而不属于国际税收的范畴，涉外税收的征税权凭借的是国家政治权力，而国际税收依据的是对当事国具有约束力的双边或多边"条约法"以及国际习惯和判例。

(二) 我国涉外税收制度发展历程研究综述

曾庆春 (2000)、郝昭成 (2008)、经庭如、储德银 (2008)、刘佐 (2010)、王力 (2016) 等专家和学者对我国涉外税收制度的发展历程进行了研究。曾庆春 (2000) 将我国涉外税收制度的发展历程分为以下四个阶段：第 1 阶段是 1979～1984 年，主要是建立涉外税收制度；第 2 阶段是 1985～1987 年，调整完善涉外税收政策；第 3 阶段是 1988～1993 年，整顿充实涉外税制；第 4 阶段是 1994 年至今，进一步完善涉外税制阶段。郝昭成 (2008) 回顾了改革开放 30 年中国涉外税收制度发展的轨迹，认为我国涉外税制的发展可分为四个阶段：1. 1978～1979 年，建立中国涉外税制的思想、理论准备阶段；2. 1980～1993 年，中国涉外税制的初步建立与完善阶段；3. 1994 年至今，内外两套税制日益走向统一阶段；4. 走向科学化、现代化、国际化阶段。经庭如，储德银 (2008) 回顾了改革开放以来我国涉外税收政策，分析了改革开放以来我国涉外税收政策的实施效果，提出涉外税制建设的基本原则应由"效率优先，兼顾公平"转向"公平优先，兼顾效率"，并指出我国涉外税收政策的取向。刘佐 (2010) 研究了改革开放后我国涉外税制的建立和内外税制的统一历程。王力 (2016) 则把我国涉外税收制度的发展历程分为以下三个阶段：1. 改革开放初期以"引进来"为主的涉外税收发展阶段；2. 服务"引进来"与"走出去"并重战略的国际税收发展阶段；3. 助推构建开放型经济新体制的大国税收发展阶段。

（三）我国涉外税收制度存在问题及改进建议研究综述

胡怡建（1990）、李孝全（1997）、张炜（2000）、张白（2001）、许军（2006）深入分析我国涉外税收制度存在的问题，并提出改进建议。胡怡建（1990）分析了我国涉外税收形成的原因，指出我国涉外税制存在的问题：1. 内外两套税制的矛盾；2. 两种涉外企业所得税的矛盾；3. 货币贬值同所得税的矛盾；4. 商品经济发展同工商统一税的矛盾。解决我国涉外税制所存在的问题和矛盾，应吸收国际上大多数国家的经验和做法，由内外两套税制向统一的税收制度过渡，从而建立起内外一致、统一规范、公平合理的税收制度，但改革完善也必须从客观经济条件出发，分步完成。李孝全（1997）分析了 90 年代中期我国涉外税制改革及其政策调整，指出我国涉外税制改革存在的问题：1. 内外资企业间和地区间的税收政策仍存在较大的差异，不利于企业间和地区间的公平竞争；2. 进口关税总体税率水平偏高，进口税收减免过多，实际征取范围较窄，收入未达到应有的规模；3. 出口退税仍然存在不少问题；4. 现行涉外税制中的过渡性减免措施，在一定程度上影响了现行税制的规范性和公平性，也不利于财政收入的稳定增长。为解决上述问题应进一步改革进出口税制，与国际税收惯例接轨，实现内外资企业所得税税制并轨，改进个人所得税制度。张炜（2000）分析了我国涉外税收优惠政策的弊端，认为涉外税收优惠政策是以我国即期财政收入损失为代价的，在一定程度上影响了国民经济的均衡发展，影响公平、规范的税收环境形成，且涉外税收优惠政策对投资所带来的正效应随着时间的推移呈缓慢递减的趋势。因此，应正确认识实行税收等同国民待遇和涉外税收优惠的关系,制定独立的"引资法",提高引资的法律化和效率化,统一内外两套税制,加强内外资企业税收征收管理。张白(2001)认为我国涉外税制应从以下几方面进行调整和完善:1. 针对我国内外资企业所得税不统一的问题,应与国际上通行的国民待遇标准接轨,建立统一的税收法律体系;2. 调整税收优惠政策。在制定税收优惠政策时既要考虑地区政策和产业政策的要求,保持政策的连续性和稳定性,又要符合市场经济的原则通过市场而不完全依赖政府的政策干预来配置资源;3. 要完善配套措施,为使来我国的外商投资者真正受益,使税收优惠政策收到实效,在国际双边税收协定谈判中应继续坚持订立税收饶让抵免条款;4. 要健全关税制度,要以企业进出口货物账目为基础建立复合式通关体系,建立和完善符合国际惯例的关税保护制度;5. 要重视采取非关税措施,努力减少交叉保护,进一步减少配额许可证管理的商品范围,尽可能用进口关税配额取代过去的多种保护。许军(2006)认为我国涉外税制存在的问题有:1. 外资企业长期享受超国民待遇;2. 税收优惠层次多、内容庞杂、税制缺乏透明度;3. 税务信息交换不畅,涉外税收征管水平有待进一步提高。针对上述问题应采取如下对策:1. 建立统一规范的内外资企业税收制度,提高涉外税收政策的透明度;2. 规范和优化我国涉外税收优惠政策,增强涉外税收政策的产业导向作用;3. 加强涉外税收管理,营造良好的税收环境;4. 完善国际税收协调机制,加强国际税收协调和合作。

(四) 我国涉外税收征管问题研究综述

蒋经法(1994)、福州市国家税务局涉外税收征管课题组(2007)、李涛(2008)、倪红日、李世新(2010)等学者研究了我国涉外税收的征管问题。蒋经法（1994）认为涉外税收的管理总是借助于管理机构—管理手段—管理对象来实现，同时还要通过一定的运行机制和组织方式进行协调与管理，由此形成一个有机的整体，这就是涉外税收管理结构。涉外税收管理结构的目标模式是建立在涉外税收法律基础上的涉外税收监督管理与协调管理相结合，充分发挥现代信息管理优势的涉外税收管理系统。这是一个各种职能分工、总体合作、纵横联网、分层调控管理的系统网络。涉外税收管理结构是税收法律结构、监督结构、协调结构、信息结构与涉外税收的征收管理相互结合的系统，它把不同系统的功能加以整合协调，形成一个有机整体，产生一种远大于各分功能之和的总体功能。福州市国家税务局涉外税收征管课题组（2007）认为我国涉外税收征管存在松懈的现象，漏洞甚多。这主要表现在以下几个方面：1. 对违章处理不严；2. 税务稽查面过窄；3. 境外所得基本失控；4. 漏征漏管户较多；5. 国、地税务机关缺乏有效沟通；6. 企业假倒闭不断发生；7. 大面积的假亏损难以扭转；8. 资本弱化现象十分严重；9. 转让定价的调整极其困难。课题组认为，产生这些问题的原因有如下几点：1. 内、外资两套企业所得税制度并存；2. 税收执法与引进外资对立的观念作祟；3. 税务机关自身存在的问题，涉外税收征管干部缺乏，业务水平普遍不高。解决上述问题，首先应贯彻科学发展观，正确对待外资；其次应提高税务干部素质，加强国、地税务机关之间的沟通和协作；最后应借鉴国外征管经验，加强国际税收协调，继续推动与有关国家签订税收协定，充分运用协定中的有关条款来避免缔约国双方重复征税和双方都不征税的情况出现。李涛（2008）研究了"两法合并"后，认为我国涉外税收管理存在的突出问题包括：1. 部分政策尚不明确；2. 涉外税务管理部门与内资所得税管理部门存在职责交叉；

3. 亏损面仍居高不下；4. 对非增值税纳税人和分支机构的税收管理尚不到位；5. 非居民企业零散税源管理被动。提出了"两法合并"后加强涉外税收征管的若干建议：1. 制定政策，明确职责，做好"两法合并"后的基础管理工作；2. 加强税基监管，打牢税源管理基础；3. 建立"四位一体"的涉外税收管理机制；4. 加强学习，扩大宣传，保持涉外税收征管队伍的相对稳定。倪红日、李世新（2010）认为我国在对外投资税收管理问题上，存在着三个"不清楚"：1. 对外投资所带来的税收收入规模不清楚；2. 对外投资对我国税收权益的影响不清楚；3. 对外投资税收的政策和管理目标不清楚。提出现行对外投资税收政策和制度存在的一些具体问题：1. 对外投资的税制设计相对滞后；2. 境外所得抵免制度有待进一步完善；3. 纳税服务还不到位；4. 国内各部门之间的沟通和信息交流机制不健全；5. 国际交流与合作需要进一步加强；6. 基层税务机关缺少涉外税收的专业化人才。提出加强我国对外投资税收管理的几点建议：1. 建立常态的对外投资税收统计和分析系统；2. 建立规范的境外税收征管基础制度体系；3. 积极培养和引进更多数量的涉外税务人才；4. 促进国际税收协定的有效履行；5. 加强国内各部门之间的合作；6. 为对外投资企业提供更好的税收服务。

（五）经济全球化背景下涉外税收问题研究综述

萧承龄（2001）、刘广洋（2002）、邓力平（2003）、杨斌（2004）、黄桂香（2004）陈岩（2006）、蒋颖、叶永青、张毅（2013）等学者对经济全球化背景下我国的涉外税收问题进行了研究。邓力平（2003）研究了经济全球化背景下的国际税收竞争问题：1. 国内外学者对国际税收竞争领域的理论研究进展与实践发展；2. 提出了国际税收竞争辩证观的研究思路，以求较好地把握国际税收竞争及其协调的总体发展；3. 从中国国情出发，探讨国际税收竞争下我国税收对策以及国际税收竞争理论新进展对我国财税理论的研究启示。杨斌（2004）认为经济全球化具有大资本的利益驱动性、国际分工的技术等级性、利益分配的不公平性、生产要素流动的非对称性等基本特征，从而给发达国家带来的利益要远远大于发展中国家从中得到的利益。为了在经济全球化进程中获得尽可能大的民族利益，必须实行国家主导型的市场经济模式，不断提高国家整体竞争力。在深入研究经济全球化的实质、运动规律及基本特征的基础上，提出我国应对经济全球化的治税策略：1. 要立足国情，改革税制；2. 要消除城乡分治、一国两策的做法，建立城乡统一税制，统筹城乡发展；3. 要形成鼓励企业提高竞争力和促进经济社会协调发展的税收政策机制；4. 完善鼓励外商投资的政策机制，同时防止国内税收竞争；5. 完善促进对外贸易和对外投资的政策机制；6. 形成健全的反避税法规和执行机制以维护本国利益。黄桂香（2004）提出了适应经济全球化的中国税制改革建议：1. 建立适应国际规范的税制结构；2. 深化流转税改革；3. 按国际规范完善所得税制；4. 调整税收优惠政策，营造公平竞争的税收环境；5. 深化税收征管改革；6. 加强税收法制建设。刘珞（2015）、周丽娟、陈新（2013）、迟娜（2012）、陈日生（2012）、周华伟（2011）对我国涉外税收优惠政策的利弊进行了研究。认为我国涉外税收优惠政策弊大于利，应对目前我国的涉外税收优惠政策进行调整。付玮、李亚书（2014）、付树林（2011）进行了企业涉外税收筹划的研究。研究了如何从涉外常设机构设置、子公司和分公司的选择、直接控股与间接控股方式选择等进行涉外税收筹划。

（六）文献研究评述

原有文献研究成果中涉外税收的纳税主体是指中外合资经营企业、中外合作经营企业、外资企业、非居民企业、外籍个人，主要是侧重于对"引进来"企业税收征管的研究，这样的界定也得到了中国官方的认可，在中国国家税务总局对涉外税收的统计中，也是按上述分类进行，但随着经济全球化的发展，越来越多的中国企业走出国门，对"走出去"企业进行税收征管问题越来越突出。因此，首先应从理论上重新界定了涉外税收的内涵与外延，拓宽了涉外税收的研究范围，笔者认为，涉外税收的纳税主体可能是法人也可能是自然人，包括居民企业、非居民企业与个人，不仅包括来中国投资经营的外国企业与外国人，还包括到海外投资经营的中国企业与个人。具体来说居民企业包括：中外合资经营企业、中外合作经营企业、外资企业，以及通过直接投资、合资、股权并购等各种方式直接控股、参股境外企业的中国企业。非居民企业包括依照外国（地区）法律成立且实际管理机构不在中国境内，但在中国境内设立机构、场所的，或者在中国境内未设立机构、场所，但有来源于中国境内所得的企业。个人包括来源于中国境内所得的外籍个人和在境外从事劳务的本国居民。其次，应转变涉外税收问题研究的视角，要把我国涉外税收问题研究置于经济全球化与数字经济背景下，在研究涉外税收问题时要考虑经济全球化和数字经济给全球商业模式和消费模式带来的改变。

三、研究的主要内容

本书研究了经济全球化与涉外税收政策对我国涉外投资和经济发展的影响,分析了经济全球化背景下,跨国企业利用数字手段逃避在我国纳税义务的主要途径及现状,指出我国涉外税收政策和涉外税收征管存在的主要问题,借鉴西方经典税收理论,提出改革我国涉外税收制度,提高涉外征管能力的合理建议。

第二章
经济全球化与涉外税收理论概述

一、经济全球化理论概述

纵观世界经济发展历程，不难发现经济全球化往往是一个国家经济发展的重要机遇，谁能正确把握经济全球化的机遇，积极迎接经济全球化的挑战，谁就能够实现经济快速发展。那些顺应历史潮流，积极、主动参与和引领经济全球化浪潮的国家和地区在经济全球化过程中都获得了巨大红利，如十九世纪后期的美国和德国、20世纪中期的日本和东亚四小龙。九十年代以来，中国和印度等发展中国家特别是新兴经济体都在经济全球化中迅速崛起，加速实现了工业化。

当前，以中国为代表的发展中经济大国以新兴经济体强劲增长的态势深度融入全球化格局之中，改变了经济全球化的整体面貌，并强有力地推动经济全球化进入新时代。同时，经济全球化又反过来影响世界各国的对外经济政策与涉外税收政策。因此，研究经济全球化的起源与发展、定义、特征及其对我国和世界经济的影响，提出经济全球化背景下的我国涉外税收治税策略就显得重要而紧迫。

（一）经济全球化的起源与发展

对于经济全球化的起源与发展，学术界有着许多争论，主要是由于不同学者对全球化的内涵、外延、特征等理解不同而造成的，下文介绍几种主要观点。

1. 经济全球化的起源

目前，学术界对经济全球化的起源地与时间有着许多争议，主流的观点有以下两种：一是认为经济全球化开始于15世纪，其代表人物是马克思和奥勒斯坦。他们认为在几百年以前，当资本主义成为西方社会主要生产方式时，经济全球化就已经开始了。新航路的开辟，使经济全球化的发展有了一定的渠道和方式，人类的脚步可以从一个大陆跨越到另一个大陆，商品、劳务也可以在国家和地区间流动，贸易活动开始具有"全球化"的特征。这一阶段统一的世界市场开始逐步形成，经济全球化的主要标志是现代资本主义的产生和资本主义在世界范围的扩张。二是认为经济全球化起源于18世纪末的西欧，其代表人物是罗伯逊、吉登斯等学者。他们认为18世纪和19世纪两次工业革命的成功，使得社会生产力有所提高，为了进一步降低成本和获取最大利润，社会生产出现了全球分工协作，商品市场扩大到了全球范围，经济全球化开始发展。

2. 经济全球化的发展历程

大多数国内外学者比较认同把经济全球化的发展历程分为以

下三个阶段：

（1）新航路开辟至工业革命前——经济全球化萌芽阶段。随着哥伦布发现美洲新大陆、迪亚士和达伽马等葡萄牙人开辟了抵达亚洲的海上航线、麦哲伦率船队完成了环球航行，东西半球互相隔绝的历史从此宣告结束。此后，随着欧洲殖民者对新发现疆域的扩张、侵略和殖民掠夺，世界市场也从欧洲拓展到美洲、亚洲和非洲等许多地区。世界各大洲和各国之间的经济联系大大加强，国际贸易量迅速增加。世界市场雏形初具，全球化初露端倪。

（2）工业革命至第二次世界大战结束——经济全球化初步发展阶段。两次工业革命使得人畜力运输方式被大功率机器运输方式所替代，蒸汽机和蒸汽船的发明使航海运输业更为发达，国际贸易范围也因此扩展到路运和海运所及的所有国家。由于国际贸易的快速发展和世界市场的形成，到19世纪末期，主要资本主义国家，甚至一些并不发达的拉美国家的出口增长速度均快于国内生产的增长速度，各国经济的相互依赖性进一步增强。第一次世界大战前，经济全球化已取得长足进展。商品、资本、人员的大规模跨国界流动，铁路和航运业的发展及与之相关的运输成本的急剧下降以及国家间贸易壁垒的减少，都进一步推动了经济全球化的发展。但经济全球化的发展总是伴随着国际政治、经济、军事的矛盾冲突和银行货币危机，两次世界大战的爆发不仅阻断了全球化的进程，战后曾出现严重的贸易保护主义和严格限制资本输出的情况，使经济全球化进程出现倒退。

（3）1990年至今，现代经济全球化阶段。这个时期一共包含三个阶段。第一个阶段是1990到2001年。这一阶段多数国家和地区通过积极参与经济全球化进程融入世界发展，赢得了各自的全球化红利，特别是美国等发达经济体获得了最大的全球化红利。第二个阶段是 2002 到 2008 年，这一阶段是金融资本和楼市泡沫推动全球经济非理性繁荣的时期。在这一阶段，2001 年世界 IT 行业泡沫破灭，美国进入新一轮金融资本和楼市泡沫带动全球非理性繁荣阶段。但随着中国加入 WTO，融入世界发展并参与经济全球化进程，经济体制与国际通行规则接轨速度加快，中国经济发展进入黄金时期。第三个阶段是 2009 年以来，经济全球化来到了一个"何去何从"的十字路口，是继续推进开放驱动、市场化驱动、创新驱动？还是转向排他性区域化、保护主义本地化、政治经济军事结盟集团化？经济全球化的前景变得难以预见。

（二）经济全球化的定义

一般认为，"全球化"这个词最早由 T. 莱维于 1985 年提出，用来形容此前 20 年间国际经济的巨大变化。那么，何谓"经济全球化"？对于这个问题的回答，无论是中国学术界还是西方理论界，都众说纷纭、莫衷一是，其中最为典型的要属"现象派"和"资本主义发展本质派"。"现象派"主要依据经济全球化的外在表现和某些现象去定义经济全球化，譬如，国际货币基金组织（IMF）在 1997 年 5 月的一份报告中这样去描述经济全球化，"经济全球化是指跨国商品与服务交易及国际资本流动规模和形式的增加，以及技术的广泛迅速传播使世界各国经济的相互依赖性增强。"而经济合作与发展组织（OECD）认为："经济全球化可以被看作是一个过程，在这个过程中，经济、市场、技术与通讯形式都越来越具有全球性特征，民族性和地方性在减少。"又比如，我国学者张燕生、毕吉耀在《对经济全球化趋势的理论思考》一文中认为："经济全球化本质上是由各国市场开放带来的市场经济体制的全球化。"而"资本主义发展本质派"认为经济全球化不应该仅仅局限于经济全球化的外在表现，更应该结合资本主义的发展历史来理解，如美国著名经济学家保罗·威斯齐在《每月评论》杂志中指出："经济全球化不是一种条件或现象，而是一种持续了很长时间的进程。""自四五百年前资本主义作为一种活生生的社会形态在社会上出现以来，这一过程就开始了。"又比如我国国际关系学者宿景祥在《关于经济全球化的几个基本理论问题》一文中认为："所谓经济全球化，实际是资本主义向全世界蔓延，使整个世界'资本主义化'的新进程。资本主义制度的核心本质就是一种扩张性的制度，一旦有了根基，它就会难以抑制的在内部生长、壮大，并不可遏制的向外部蔓延。"

综上所述，笔者认为经济全球化是指以信息技术的迅速发展为前提条件，资本、资源、技术、信息、劳动力等生产要素在全球范围内的流动和配置。经济全球化的出现和发展使世界各国经济日益成为紧密联系的一个整体，已经成为世界经济发展不可阻挡的潮流之一。因此，我们认为，经济全球化的定义与本质的区别，由于理解角度的不同而有所不同，但是无论哪种观点，都不可否认经济全球化是客观存在的，它深深地影响着我们的生活、国家的发展、世界的进程。而经济全球化有什么样的特征和意义、未来是怎样的发展趋势、对中国经济和对我国涉外税收制度的制定和涉外税收征管有什么影响，这才是问题关键所在。

(三) 经济全球化的特征

经济全球化，是资本、信息、技术、劳动力、资源在全球范围内进行流动、配置、重组的过程，也是世界各国、各地区经济相互融合、相互依赖、相互竞争和制约的过程。经济全球化与生俱来就带有一些特征，比如"生产要素全球性流动""利益分配不公性""技术分工等级性"等。在21世纪的今天，信息技术高度发展，世界经济相互依赖程度加强，国家间的"同舟共济"更加明显，在新时代、新背景下，经济全球化表现出许多新的特征。

1. 市场经济体制全球化

经济全球化以市场经济体制的全球化为基础，没有市场经济体制的全球化就没有生产要素国际的自由流动，也就谈不上真正意义的经济全球化。目前，市场经济体制已成为不同制度国家的共同体制，大多数西方发达国家和发展中国家都选择了市场经济体制，市场经济体制为经济全球化奠定了制度性基础。

2. 生产全球化

生产全球化是经济全球化的主要特征，也是推动经济全球化的主要动力。20世纪90年代以来，一方面参与国际分工的国家和地区已遍及全球；另一方面国际分工越来越细，由过去单一的垂直型分工发展为垂直型、水平型和混合型多种分工形式并存的新格局，国际分工进一步向广度和深度发展。同时，国际直接投资得到迅速发展，90年代以来，国际直接投资增长速度在各项国际经济指标中是最高的，通过投资设厂，在生产领域及生产过程中把各国经济紧密联系起来。另外，国际资本流动规模的迅速扩大，已成为贸易之外联系世界各国经济的又一重要纽带。在国际分工进一步向深度和广度发展、国际直接投资迅猛发展、国际资本流动规模迅速扩大等因素的影响下，经济全球化呈现出生产全球化的特征。我们生活中的很多产品已经不再是单一由某个单位或者某个国家生产的，而是技术和制造分别由不同的经济体来完成。

3. 企业全球化

随着生产和资本全球化的发展，企业的生产、经营和管理需在全球范围内进行,竞争也在全球范围内展开。为适应这一发展需要,二十世纪 90 年代以来,大量企业在国外新设或通过跨国兼并等方式组建资本雄厚、规模巨大的大型跨国企业。跨国企业的出现进一步促进了生产和资本的国际化与全球化。

4. 金融全球化

20 世纪 90 年代以来,随着现代科技的加速发展,信息化已成为市场经济全球化的一个显著特征,信息产业的飞速发展也改变了传统制造业、商业、金融业的生产组织方式和经营方式,信息技术带来的便捷性和高效性,使全球经济活动的速度越来越快,规模越来越大。随着现代电子技术和通信手段的飞速发展,尤其是随着各国对资本流动管制的解除和"电子货币"的流行,货币的国际交换和流动的规模日益扩大,使经济信息在全球迅速、准确地传递,这大大促进了金融市场的发展,进一步推动了金融的全球化。

5. 贸易全球化

第二次世界大战后,国际贸易总量和规模不断扩大,自给自足、自产自销的时代已成为过去,在经济全球化的浪潮中,各国经济贸易的往来得到了空前的发展,而国际贸易的进一步增长又有力地推动了经济全球化的发展。国际的产业转移使各国交流产品的必要性大大增加,新科技革命推动下的高效率大批量生产,也要求在全球范围内开拓市场,扩大国际贸易规模。人们生活水平的提高增加了对国外产品的需求,从而促进贸易全球化。便捷灵活的贸易方式和国际协调对贸易限制的减少,促进了贸易全球化。

(四)经济全球化对世界经济的影响

经济全球化是一把双刃剑,对于参与其中的国家可以说是机遇与挑战并存，因此需要深入分析经济全球化会带来的积极和消极影响，为我国参与新一轮经济全球化浪潮提供借鉴。

1. 经济全球化的积极影响

经济全球化对世界各国产生了积极的影响，具体可分为以下几点。

（1）经济全球化促进生产要素和自然资源在全球市场上合理配置。经济的运行总是受到市场和资源的限制，一个国家经济的发展，无论经济运行效率有多高，总会受到国内市场和所拥有的自由资源的限制。经济全球化带来市场全球化，生产资源在全世界范围内的流动，使一个国家的经济在现有的运行效率下，解脱市场受限、资源不足的束缚，使整个世界经济以最优的资源来生产，最大的市场来销售，充分促进世界经济发展与进步。因此经济全球化可以促使生产要素和自然资源在全球市场上合理配置。

（2）经济全球化促进世界科学技术的进步，推动生产力的提高。任何国家的科学技术想要取得进步，只能以世界上现有的技术成果为基础和前提。经济全球化带来技术、方法在全世界范围内传播，使世界各国，尤其是技术相对落后的国家能够共享技术进步的成果，并继续推进科学的进步发展。而当新的科学技术与社会生产相结合，就会产生新的社会生产力。因此经济全球化可以带来技术进步，进而推进生产力的提高。

（3）经济全球化加深了世界各国的相互依赖度，促进各国团结合作。经济全球化使世界各国在各方面相互依赖，这种依赖在经济上表现为经济一体化。经济互相影响，整个世界经济成为一个有机整体。在这个整体中，一个国家可以把先进的技术、闲置的资金等生产要素投入到另一个国家的社会生产中；也可以在发生经济危机时，把危机包袱分摊到其他国家的身上。例如在经济全球化的进程中，我国引进了其他国家先进的生产技术，吸收了庞大的投资资金，我国经济发展取得了举世瞩目的发展成就。然而在整个世界经济整体中，当发生亚洲金融风暴、美国次贷危机时，我国也不可避免地受到波及和影响。各国之间的相互依赖、融为一体还表现在各国政治一体化，即为了在经济全球化的浪潮中取得更多的利益或者抵御共同的风险，国家与国家结合成政治同盟。比如，欧洲 27 个国家为对抗美元霸权地位而组成欧洲联盟，欧盟是一个政治共同体和经济共同体，尽管 2016 年发生英国公投脱欧的事件，但整个世界正在变成一个互相交织、利害共存的有机整体，这一点是不可否认的。所以，经济全球化直接或者间接促进了世界各国融为一体。

2. 经济全球化的消极影响

经济全球化在带来积极影响的同时也给世界各国带来了巨大挑战。

（1）经济全球化对民族资本和本土企业造成巨大冲击。跨国企业作为经济全球化的主要参与者与受益者，在经济全球化的进程中扮演了重要的角色。跨国企业与绝大多数民族企业相比，拥有较强的经济实力、技术实力以及对一些优势产品的垄断，因此，在经济全球化背景下，跨国企业比大多数民族本土企业更具有竞争优势，它们可以获得更大的产品市场，民族资本和本土企业不可避免地会受到冲击。

（2）经济全球化下国家利益分配不公平，代价付出不对等。经济全球化带来巨大的经济利益，这些利益在生产要素所有者之间依据生产要素的重要性进行分配。发达国家付出先进的技术和资本要素，从利益总和中分得较多的利益，而发展中国家拥有相对廉价的劳动力和自然资源要素，只能分得较少的利益。所以在经济全球化的进程中，虽然所有国家都获得利益和付出代价，但是国家之间利益的获得和代价的付出并不对等。

（3）经济全球化使得发展中国家生态与可持续发展矛盾日益尖锐。经济全球化使得世界经济发展具有分工等级性。发达国家凭借技术和资本优势占据高回报、低成本、可持续发展的生产方式，剩下的劳动密集型产业、原材料导向性产业等则被安排到发展中国家继续生产，发展中国家只能以牺牲资源和环境为代价的生产方式，获得经济发展。因此，当前发展中国家资源耗竭、环境污染等问题变得越来越严重，生态与可持续发展问题变得日益尖锐。

（五）经济全球化的未来发展趋势

2008年金融危机后，经济全球化发展在全球贸易、投资、产业转移、经济一体化等方面都呈现出新的态势。特别是FDI出现了总量大幅波动、投资主要区域重回发达国家、由服务业转回制造业和方式多元化的新格局，经济全球化呈现以下新态势：

1. 贸易结构提升，贸易保护主义抬头

随着全球第三产业贸易规模迅速增长，贸易结构有所提升，但发达国家的贸易保护主义却有抬头迹象。推进"再工业化"，正在恢复传统制造业竞争力，进口需求增长趋缓，制造业在发达经济体日益受重视，而新兴经济体普遍增长乏力、进口需求疲弱。因此，伴随着经济复苏，发达经济体的机床和零部件等制造业市场趋于扩张，推动了产品创新和技术开发。各国间的贸易保护主义抬头，贸易摩擦问题更加突出，各种因经济产权纠纷、汇率制度、国家政策所引发的新贸易矛盾越来越阻碍了经济发展。

2. 发达国家FDI增速加快，发展中国家FDI出现拐点

随着发达国家经济复苏，跨国公司回归本土迹象十分明显，加上发达国家"制造业回归"产业政策的实施，加大了国际产业资本的回流速度,发达国家即将恢复主导全球 FDI 流入量的"传统格局",流入发展中国家的 FDI 将见顶,发展中国家吸引 FDI 的拐点将至。随着贸易保护主义的抬头,各国围绕资金、市场、资源、人才、技术、标准的争夺将更加激烈,吸收 FDI 将呈现多方位和多层次的国际竞争,区域经济合作对 FDI 影响力增大,使得区域内 FDI 流动增加而区域外相对减少。

3. 国际产业转移结构升级、规模扩大、速度加快

国际产业转移是指某些产业从一个国家和地区通过国际贸易和国际投资等多种方式转移到另一个国家和地区的过程。国际产业转移结构向产品的设计、制造、分销、服务等相关增值环节梯度升级,国际产业转移已进入技术、资本和劳动密集型产业转移并行、多层次产业转移交织的阶段,转移规模不断扩大。由于信息产业迅速发展,并与传统工业化的生产方式迅速融合,使得各国特别是发达国家产业结构加速升级、产业向外转移进程加速,产业转移周期大为缩短。同时,国际产业转移的方式日益多样,服务业成为产业转移热点领域,除了传统直接投资和各种股权安排外,跨国并购和证券投资已成为产业转移和国际投资的主要方式,间接投资、非股权投资、独资、合资也越来越多,投资方式日趋多样化。

4. 全球区域经济一体化不断深化,区域自贸协定竞争日趋激烈

区域经济一体化加速了全球化进程。区域性贸易协定(RTA)以平均每年 10 个百分点以上的速度增加。例如:我国与国际合作组织的关系不断深化,陆续签署了一系列自贸区协定,同时以"自贸区"战略和"一带一路"倡议作为参与全球区域经济一体化、构建新型大国关系的战略选择。区域自贸协定竞争日趋激烈,区域贸易协定被一些发达大国当作区域布局的重要手段，如通过TPP和TTIP的构建，将强化发达国家的竞争优势，遏制新兴国家的赶超态势，并将广大发展中国家尤其是最不发达国家置于边缘化状态。很多国家和地区或者加入已形成的贸易集团，或者另组贸易集团与之抗衡，以扩大自己竞争优势，使得越来越多区域集团之间的竞争替代了国家之间的竞争。

（六）经济全球化对中国经济的影响

改革开放三十多年来，中国经济的高速发展大大得益于利用外资战略的实施，中国积极参与经济全球化的进程，推进全球经济的自由化贸易，经济全球化给中国同时带来了风险和收益、机遇和挑战。现阶段虽然已消除"两缺口"约束，进入工业化后期阶段并处在加快转型升级的关键期，但仍面临诸多发展难题。如我国利用外资的竞争战略受到世界经济深度调整和各国引资竞争的挑战；技术和产业战略受到发达国家回归实体经济的挑战；区位战略受到全球区域经济一体化新趋势的挑战；方式战略受到跨国并购新趋势的挑战。因此，我国政府应针对经济全球化发展呈现出的新态势采取相应政策，使我国在新一轮经济全球化中趋利避害，获取更大红利。

1. 经济全球化给中国带来的机遇

经济全球化的推进给中国带来发展机会，我国需及时抓住机遇以获得更大的发展。

（1）增强综合国力，提升国际地位。改革开放是中国积极参与经济全球化最有力的证明，改革开放以来，中国综合国力日益增强。政治上，我国积极参与世界和平维稳行动，打击恐怖势力，与世界多国建立和平自主的独立外交关系；经济上，中国国民生产总值位居世界第二，1991年中国以主权国家身份加入亚太经合组织，2001年又加入WTO，自始至终，中国都在积极推进国际贸易自由化；文化上，汉文化在全球盛行，全球兴起汉字学习热潮，儒家思想在世界上的影响日益突出。然而，尽管在经济全球化的进程中，中国取得了举世瞩目的成就，但也凸显出许多内外部矛盾，中国作为一个大国的影响力还没有完全显现出来，仍然需要积极参与和推进经济全球化，在经济全球化的进程中，发展壮大自己，积极参与经济全球化将进一步提升我国综合国力及国际地位。

（2）促进中国经济增长方式的转变。经济全球化进程愈来愈快，国际之间的竞争愈演愈烈，想要在国际竞争中处于有利地位，就必须保持强有力的竞争力。企业是否有强有力的竞争力取决于企业是否存在核心竞争力，过去的三十年里，中国企业大多以来料制造和加工为主，企业没有核心竞争力，获取的利润相对微薄，在国际社会的竞争中处于劣势。随着经济全球化的继续推进，这就要求我国企业能够改变盈利模式，从以制造业为主的经济结构，转变为以科技创新为核心的经济结构；从以牺牲资源和环境为代价的经济增长方式，转变为可持续发展的经济增长方式。因此，经济全球化加剧了企业国际竞争，促进中国经济增长方式的转变。

（3）加速中国社会主义市场经济体制的建立。改革开放之初，我国开始经济体制改革。但是搞市场经济，我们没有经验，经济全球化使中国有机会接触西方各种经济体制，从而可以比较分析各种经济体制的优缺与利弊，并结合我国国情，确立具有中国特色的社会主义市场经济制度。经济全球化带来经济体制改革的经验与教训，使我国在社会主义市场经济体制的建设中少走弯路。20世纪90年代，中国在经济全球化的浪潮中吸引了大量外商投资，他们给中国带来经济制度建立所稀缺的资本、技术和管理经验，进一步促进中国社会主义市场经济体制的建立。2016

年党的十八届三中全会审议和通过了《中共中央关于全面深化改革若干重大问题的决定》，其中经济改革占有六条之多，该决定针对我国长期以来的改革开放过程中形成的问题和矛盾进行了对症下药，将促进和完善我国社会主义市场的建立。因此，经济全球化加速了中国社会主义市场经济体制的建立。

2. 经济全球化给中国带来的挑战

经济全球化在带来机遇的同时也给中国带来诸多挑战，需要我国及时采取措施加以应对。

（1）经济全球化加剧区域发展不平衡。经济全球化推动世界上越来越多的地区贸易自由化，非关税壁垒越来越少，大量跨国商品涌入国内市场。我国东部沿海城市具有先天的地理优势，优先获得发展，西部城市发展相对滞后。以2000年和2011年为例，2000年我国东部GDP总量为55491.59亿元，西部GDP总量为16531.39亿元，相差38960.2亿元；经过十年发展，到2011年，我国东部GDP总量为269337.7亿元，西部GDP总量为99622.89亿元，相差169714.81亿元。我们发现，在参与经济全球化的进程中，虽然我国东西部都获得了较大的发展，但是差距却是越来越大。因此，经济全球化虽然不是造成区域差距的唯一因素，但是它却是加剧区域发展不平衡的重要因素之一。

（2）经济全球化给国家经济管理职能带来挑战。经济全球化下，各国经济互相关联、互相依赖，"蝴蝶效应"使经济危机风险成倍增加。这就要求我国在参与经济全球化的进程中，加强政府经济管理职能，从而应对已有和潜在的风险，正确履行政府管理职能，加强宏观调控的力度和节奏，既要保持宏观政策的连续性和稳定性，也要提高调控的针对性和及时性。

（3）经济全球化给我国政治稳定带来挑战。当今世界的经济全球化是资本主义主导的经济全球化，资本主义企图完全实现

"资本主义全球化",这就对中国的社会主义制度形成一定的冲击,而其本质就是资本主义和社会主义的对抗。这种对抗不仅表现在经济、文化以及意识形态上的对抗,政治上的对抗则更为激烈。比如世界反华势力近年来日益活跃,"藏独"、"台独"分子在海外大肆游说,美日企图利用岛链封锁我国海上交通等。这些都会给我国的政治稳定形成威胁,而政治稳定是经济稳定、快速且更好发展的基础,所以经济全球化对我国政治稳定提出了新的挑战。

(七) 经济全球化对我国涉外税制及征管的影响

如上文所述,在新一轮经济全球化浪潮中,受发达国家经济复苏、制造业回归、产业资本回流、贸易保护主义抬头及我国"走出去"经济发展战略等因素的影响,中国的 FDI 将出现拐点,成为净资本输出国,我国目前建立在"引进来"经济发展战略基础上的涉外税制与征管体系已不能适应新一轮经济全球化背景下经济发展的需要。

一方面,随着"走出去"战略、"一带一路"倡议的实施,中国的对外直接投资规模将持续高速增长。2014 年末,中国对外直接投资流量为 1231.2 亿美元,居世界第三,年末境外企业资产总额达 2.25 万亿美元。2015 年,在世界经济增速普遍放缓的情况下,中国对外直接投资规模依然保持强劲增长,对外直接投资 1456.7 亿美元,年末境外企业资产总额达 4.37 万亿美元,占到全球流量份额的 9.9%,同比增长 18.3%,金额仅次于美国(2999.6 亿美元),首次位列世界第二。从 2014 年开始,中国已经成为净资本输出国,可以预见,在目前的经济政策下这一趋势还将持续下去。

另一方面,随着发达国家"制造业回归"、建立区域经济组织等经济复苏政策的实施,中国吸引外商直接投资规模增速将放缓。2008年金融危机后，发达国家纷纷通过制定一些经济政策来刺激本国经济发展，中国FDI将受到来自发达国家制造业回归和产业资本回流的挑战，同时还将面临区域组织间贸易保护主义的影响。统计数据显示，2015年全球FDI达1.76万亿美元，同比上升38%，而我国FDI达1262.7亿美元，占全球7.17%，同比增长5.61%，远远落后于全球FDI增长速度。发达国家的FDI流量占全球的55%，而2014年仅为41%，发达国家FDI的流入速度增长比较明显，即将恢复主导全球FDI流入量的"传统格局"。随着全球区域组织的快速发展，贸易保护主义有抬头趋势，各国围绕资金、市场、资源、人才、技术的争夺将更加激烈，区域组织内FDI流动增加而区域外相对减少，加剧了中国吸引FDI的难度。

上述变化给我国目前的涉外税制和征管体系带来了巨大挑战。我国目前的涉外税制体系是在改革开放初期以"引进来"为主的经济发展战略背景下建立的，主要目的是鼓励、吸引外商到我国投资，而随着我国成为净资本输出国、吸引FDI拐点的出现以及国家"走出去"经济发展战略的实施，原有的涉外税收制度设计显然已不能满足实际经济发展的需要。究竟要不要参考原来"引进来"时期的做法，专门制定一些鼓励我国企业"走出去"的税收优惠政策？如果需要，税收优惠政策应该如何制定？优惠的幅度该有多大？这是目前理论与实务界争论较大的问题。同样地，我国目前的涉外税收征管体系也是在"引进来"背景下建立的，主要是针对"引进来"的企业和个人，征收和管理相对比较容易。而随着"走出去"经济发展战略的实施，我国对外直接投资规模持续高速增长，大量的企业和个人将走出国门，如何对"走出去"企业与个人进行有效的税收征管，保护国家税收权益成了亟待解决的问题。

二、涉外税收理论概述

经济全球化的发展使得国际、国内经济形势日趋复杂，随着发达国家和经济体的经济复苏，资本、劳动等生产要素开始向发达国家和经济体回流，以中国为主的发展中国家吸引 FDI 拐点将至，我国吸引 FDI 的增速会趋于平缓甚至出现回落，而对外直接投资规模会出现持续快速增长，这给我国建立在"引进来"经济发展战略基础上的涉外税制及征管体系带来了巨大挑战，需要重新界定和明晰"涉外税收"的基本概念、纳税主体、征收对象、征收范围。

（一）涉外税收概念

现代汉语中对"涉外"一词的解释可归纳为两类：一种观点把"涉外"解释为"涉及外交的"，如中国社会科学院语言研究所编著的《现代汉语小词典》（1981 版），王同亿编著的《语言大典》（1990 版），曾惠杰编著的《现代汉语词典》（2013 版）。另一种观点把"涉外"解释为"涉及外国和外国人的"，如吴昌恒编著的《古今汉语实用词典》（1987 版），商务印书馆编著的《新华词典》（1998 版），程孟辉编著的《新华汉语词典》（2004 版），福建人民出版社出版的《中华大辞林》（2011 版），朱景松编著的《标准汉语词典》等。

1. 涉外税收概念的起源

关于"涉外税收"概念的起源，笔者查阅了国内外许多文献，发现美国、英国、日本等国家出版的税收辞典中只有"国际税收"的解释，并没有"涉外税收"这个专业词汇。国内一些学者参考国外税收辞典编译的英汉税收辞典中也没有"涉外税收"一词的解释。如周仁庆编译的《英汉常用税收词汇》(1989版),曾国祥、刘佐编译的《英汉税收词汇》(2003版),普映山编译的《新英汉汉英税务辞典》(2008版)等有关税收专业词汇解释的权威辞典,这些辞典中都没有"涉外税收"一词的解释。在国外税收专业辞典中找不到"涉外税收"一词,同样在国外文献中笔者也未找到专门研究"涉外税收"问题的相关论文。经过与国外一些著名税收专家的讨论发现,事实上,国外确实没有与中国"涉外税收"对应的"Foreign – related tax"这一税收专业词汇,最为接近的应该是"Inbound and Outbound Tax"一词,指的是"进入本国经营的外国企业和个人在本国的税收征纳和出去外国经营的本国企业和个人在国外的税收征纳",由于这一概念涉及的问题比较复杂,所以学者都只是选取其中一部分进行研究。大多数学者主要是研究"国际税收"问题,即使有少部分学者研究的是"涉外税收"问题,他们也是把"涉外税收"概念与"国际税收"概念等同起来。如保罗·R. 麦克丹尼尔与休·J. 奥尔特合著的《美国国际税收概论》是一本专门介绍美国涉外税收的专著,但书中使用的专业词汇却是"国际税收"。由此可见,"涉外税收"可能是具有中国特色的特有税收专业术语。

根据笔者对中国知网、万方数字资源系统、维普中文科技期刊、读秀学术搜索等数据库以及上海财经大学、云南财经大学图书馆的仔细查阅,发现我国学者研究"国际税收"问题要早于"涉外税收"问题。早在1982年,我国著名国际税收问题研究专家葛惟熹教授就编著了《国际税收概论》一书,书中对"国际税收"的起源、定义、研究对象、涉及的纳税人、征税对象等基本理论问题、"国际税收"与"国家税收"的区别与联系、国际税收中常见问题的处理等进行了系统阐述。而学术界对"涉外税收"问题的研究最早出现在 1986 年中国税务学会国际税收研究会所编的《国际税收论文集》中，我国著名税务专家唐腾翔指出涉外税收是国家税收发展到一定历史阶段的产物，它是国内税收的延伸和扩展。他认为一定的涉外征税活动，总是反映着一定的涉外征纳关系，同时他还对涉外税收优惠政策进行了国际比较。1988 年，在著名税收专家邓子基、唐腾翔合著的《国际税收导论》中也对涉外税收问题进行过研究，但值得注意的是，在这一阶段虽然有对"涉外税收"实务问题的研究，但缺乏对"涉外税收"理论方面的研究，并未给出"涉外税收"概念的权威定义。

2. 涉外税收概念

理论与实务界对"涉外税收"定义的争论很多，笔者梳理了一些主流观点。"涉外税收"的定义最早出现在 1988 年第 4 期《中国税务》杂志中，该杂志认为"涉外税收是一国税收制度中涉及外国纳税人，包括自然人和法人的部分"。类同的观点还有东北财经大学出版的《中国涉外税收》一书中将"涉外税收"表述为：涉外税收是一国的国家税收中涉及外国纳税人的部分。非常有意思的是这一定义引起了实务界的争议，针对这一定义，山东省烟台市税务局的王仲礼（1990）同志认为"涉外税收"是涉及外国人（包括自然人和法人）纳税的税收。他认为"外国人纳税"和"外国纳税人"是完全不同的概念，"外国纳税人"可能包括外国人，也可能包括中国人，而根据当时我国涉外税收纳税人的分类，应该把上述定义中的"外国纳税人"改为"外国人纳税"。他的观点很快引起了质疑，同为实务界的山东省威海市税务局的时晓、宫国松（1990）提出王仲礼同志的观点是不确切的，没有从"质"上揭示涉外税收的特有属性，他们认为"涉外税收"的概念应为：指国家为实现其职能，按照法律规定的标准和程序，参与分配涉及有财权利益关系的他国或多国政府收入的一种手段。在张富珍、庄恩岳编著的《现代实用税收辞典》（1990 版）中，把"涉外税收"定义为：是各国政府开征的涉及与其他国家之间经济权益分配关系的各种税收的总称，具体指各国对本国境内的外国企业和外国人的各种税收，它是一国国家税收的组成部分。

尹音频（1990）将上述学者对"涉外税收"的定义总结为三类观点：形式论、征纳关系论、国家之间的税收分配关系论。她认为他们的观点都不够全面，涉外税收应是指一国税收制度中对外国籍纳税人和跨国的本国籍纳税人所课征的税收。所谓跨国的本国籍纳税人是指在境外取得收入的本国公民。一方面，涉外税收必然体现为一国政府与纳税者之间的税收征纳关系，但在一定条件下，它又会反映该国政府与相关国家政府之间的税收分配关系。她是国内最早提出涉外税收的纳税人不仅包括外国纳税人，在某些情况下还应该包括中国纳税人的学者。

朱学勇（1991）认为，"涉外税收"是国家为实现其职能，凭借政治权利，按照法律规定的标准参与纳税人为外商投资企业、外国企业及非中国籍个人的社会收入分配的一种方式。

葛惟熹教授编著的《涉外税收理论与实务》（1991 版）一书对"涉外税收"问题进行了系统、全面的理论与实务的研究。该书中提出：涉外税收就是国家税收中涉及外国纳税人的特定部分，它体现为一国政府与其政治权力管辖范围内的外国纳税人之间的税收征纳关系。涉外税收在本质上区别于国际税收，前者是属于国家税收范畴，但又与国际税收有着密切联系。本书还从国籍和居民身份标准解释了外国纳税人的界定标准，本书指出涉外税收中所指的涉外纳税人，并没有一个科学的确切内涵，它通常是随着各个国家在不同时期的政策而有不同的界定。当一个国家是以纳税人的国籍来区别本国纳税人和外国纳税人的时候，凡是这个国家税收法规中专门适用于以下纳税人的特定部分，包括外国个人、在本国境内设立机构的纯外资企业；在本国设立机构的，由外国人与本国人或是外国企业与本国企业共同出资经营的，属于股权式或契约式的本国法人；不在本国境内设立机构，而有来源或存在于本国的所得或一般财产价值的外国企业等等，都属于涉外税收的外国纳税人。当一个国家是以纳税人是否具有本国居民身份来区分本国纳税人和外国纳税人的时候，在本国无住所或居所的自然人，无论他是外国国籍、本国国籍或者是无国籍的自然人，都视为外国居民个人纳税人；以及在本国未设有管理机构的法人，无论它是由外国人、本国人或无国籍人独资、股权式或契约式合资（合作）经营的法人企业，都视为外国居民企业纳税人。这是目前能够查到的对"涉外税收"最为系统、全面的定义。

郑榕（1999）在回顾和总结前人研究成果的基础上，提出应从主体之间关系的角度来定义"涉外税收"，她认为涉外税收反映的是以国家一方为主体和以涉外纳税人为另一方主体所形成的税收征纳关系。这里面包含以下几个方面的含义：一是涉外税收反映的是税收征纳关系，不反映相关国家之间的税收分配关系。二是涉外纳税人是指与资金、技术、劳务和商品的国际流动有关的纳税人。三是涉外纳税人必须是在一国税收主权管辖范围内的纳税人。由于各国采用的税收管辖权标准不同，涉外纳税人既可能是在一国境内的外国人和外国居民，也可能是本国人和本国居民。四是涉外纳税人既包括自然人也包括法人。

此后，也有一些学者对"涉外税收"概念进行过研究，但很多研究是把"涉外税收"与"国际税收"概念进行比较，而单独对"涉外税收"的概念、本质、特征等理论的研究很少。

3. 涉外税收与国际税收关系辨析

如前文所述，理论界和实务界中单独研究"涉外税收"定义的文献很少，多数学者都是把"涉外税收"与"国际税收"概念进行对比研究，从而界定出"涉外税收"的概念、内涵及外延。

（1）涉外税收与国际税收的界定。涉外税收不同于国际税收，尹音频（1996）认为，国际税收是指在相关国家政府对纳税人行使各自的征税权力，而形成的征纳关系和国家之间的税收分配关系基础之上的国际税收关系。它包括国际税收协调关系和国际税收分配关系，在外延方面，它涉及对跨国商品课税、跨国所得及跨国一般财产价值课税。涉外税收是指一国的税收制度中，对跨国商品、跨国所得一般财产价值所课征的税收。它一般反映为一国政府与其税收管辖权下纳税人的征纳关系，但在一定条件下，它又要反映为该国政府与其他国家政府之间的税收分配关系。郑榕（1999）则认为国际税收反映的是双重关系，第一重关系反映的是以国家一方为主体和以涉外纳税人为另一方主体所形成的税收征纳关系；第二重关系反映的是以一方国家为主体和以相关国家为另一方主体所形成的国家之间的税收分配关系。这里的第一重关系实际上就是涉外税收所反映的税收征纳关系，第二重关系为国际税收所特有。对于涉外税收和国际税收概念的外延，应从客体即课税对象的角度入手来加以界定。无论是对于涉外税收的征纳关系还是对于国际税收的双重关系而言，都是由对跨国流动的商品、资本、技术和劳务的征税而引起的，因此，涉外税收和国际税收概念在外延上是一致的，具体说来包括两个方面：一是对跨国流动商品的征税，二是对跨国所得和一般财产价值的课税。

(2) 涉外税收与国际税收的联系与区别。

①涉外税收与国际税收的联系。第一，内涵方面，涉外税收与国际税收都包含国家政府之间的税收分配关系，只是两者所体现的国家政府之间的税收分配关系有一定差别。比如，在国外已经缴纳的税款，按税法规定，在国内缴税时可以合理抵扣一部分，这里就体现为国际税收在几个国家政府之间的分配情况。同时，两者在涉外税收征纳关系方面也有交叉，这种交叉带来两者在税收管辖权理论研究方面具有一致性。涉外税制是国际税收关系形成的基础，国际税收既是各国涉外税收在国际关系上的反映，又是各国涉外税收的延伸与扩展。第二，外延方面，涉外税收和国际税收在外延上是一致的，两者都包含对跨国商品、跨国所得及跨国一般财产价值课税。

②涉外税收与国际税收的区别。第一，两者的后盾不同，涉外税收的征税权是凭借一国的政治权力为后盾，而对国际税收而言，则不存在一种超国际的政治权力，也不存在一部对世界各国都有约束力的国际税法。涉外税收与其他税收一样，是国家凭借其政治权利进行征收，而国际税收是国家与国家之间的税收分配关系，国际税收没有政治权利可以依借，只能依靠那些对当事国具有约束力的双边或多边"条约法"以及一些国际习惯和判例。第二，从载体方面来看，涉外税收体现为一国具体的涉外税收制度，而国际税收则体现为国际惯例和税收协定等法律规范。第三，从职能方面来看，涉外税收的职能主要是聚财和调控，而国际税收的职能主要是协调，即调整并规范国家之间的税收分配关系。

(二) 经济全球化背景下"涉外税收"概念的再界定

1. 涉外税收概念

通过对目前我国理论界与实务界有关"涉外税收"定义文

献的梳理，我们发现"涉外税收"的定义出现在我国改革开放初期，是在我国特定经济发展时期提出的特有词汇，其定义具有很强的"引进来"经济发展战略烙印。大多数学者把"涉外税收"定义为"国家税收中涉及外国纳税人的税收"，进一步解释外国纳税人是指中外合资经营企业、中外合作经营企业、外资企业、非居民企业、外籍个人。目前这一定义似乎也是中国官方认可的定义，因为笔者注意到中国国家税务总局在每年公布的"全国涉外税收分项目分税种收入情况表"中"涉外税收"纳税人就是以上五类。这一定义在"引进来"经济发展战略背景下无可厚非，改革开放初期我国的经济发展战略主要是以吸引外商到中国境内投资为主，在很长一段时间内我国对外投资增速缓慢、规模很小，"走出去"的企业很少。

但随着经济全球化的深入、快速发展，根据商务部2015年度中国对外直接投资统计公报显示，截至2015年底，中国有2.02万家境内投资者在国（境）外设立3.08万家对外直接投资企业，分布在全球188个国家（地区）；中国对外直接投资累计净额（存量）达10978.6亿美元，位居全球第8位，境外企业资产总额达4.37万亿美元，这些"走出去"企业已成为中国对外经济贸易中非常重要的组成部分。由于这些企业的经营活动大多数发生在境外，他们对我国和投资东道国均负有纳税义务，对这些企业的税收监管与征收明显不同于其他在国内经营的居民企业，无论从本质还是形式上他们都具有"涉外"的特征，因此，为适应新一轮经济全球化背景下我国经济发展战略的需要，应当重新界定"涉外税收"的定义、纳税主体、征收对象及征收范围，构建科学、合理、公平、高效的涉外税收制度与征管体系。

综上所述，笔者认为应将"涉外税收"定义为：涉外税收是指国家税收中涉及外国及外国纳税人的税收。下面将深入分析涉外税收的纳税主体、征收对象、征收范围等税法要素。

（2）涉外税收的纳税主体、征收对象和征收范围。

①涉外税收的纳税主体。涉外税收属于国家税收的范畴，由于我国在行使税收管辖权时采取"属人"和"属地"的双重标准，因此，涉外税收的纳税主体可能是法人也可能是自然人，包括居民企业、非居民企业与个人。具体来说居民企业包括：中外合资经营企业、中外合作经营企业、外资企业，以及通过直接投资、合资、股权并购等各种方式直接控股、参股境外企业的中国企业。非居民企业包括依照外国（地区）法律成立且实际管理机构不在中国境内，但在中国境内设立机构、场所的，或者在中国境内未设立机构、场所，但有来源于中国境内所得的企业。个人包括外籍个人和在境外从事劳务的本国居民。②涉外税收的征收对象。涉外税收的征收对象主要包括三方面：一是对上述纳税主体的所得征税，如企业所得税和个人所得税；二是对跨国流动商品征税，如增值税、消费税、关税等；三是对一般财产价值的课税，包括房产税、契税及车船税等；四是对其他一些特别行为及目的征税，如城市维护建设税、印花税、车辆购置税、土地增值税等。五是对资源征税，如资源税、土地使用税、耕地占用税等。③涉外税收的征收范围。本书主要分析最为常见的企业所得税和增值税的征收范围。A. 企业所得税的征收范围。居民企业应当就其来源于中国境内、境外的所得缴纳企业所得税。非居民企业在中国境内设立机构、场所的，应当就其所设机构、场所取得的来源于中国境内的所得，以及发生在中国境外但与其所设机构、场所有实际联系的所得，缴纳企业所得税。非居民企业在中国境内未设立机构、场所的，或者虽设立机构、场所但取得的所得与其所设机构、场所没有实际联系的，应当就其来源于中国境内的所得缴纳企业所得税。B. 增值税的征收范围。增值税是对

销售货物或者提供加工、修理修配劳务以及进口货物的单位和个人就其实现的增值额征收的一个税种。2008年修订通过的《中华人民共和国增值税暂行条例》规定，在中华人民共和国境内销售货物或者提供加工、修理修配劳务以及进口货物的单位和个人，为增值税的纳税人，应当依照本条例缴纳增值税。

我国涉外税收制度发展历程及现行涉外税制

一、我国涉外税收制度发展历程

我国涉外税收制度是随着国家改革开放政策的逐步实施和对外经济贸易的发展建立起来的。改革开放以来，为适应经济发展需要，我国税收制度围绕宏观调控总体目标，进行了一系列改革，初步形成了以流转税和所得税为主体，其他税种相配合的多层次复合税制，而涉外税制也经历了由改革开放初期"引进来"为主，到服务"引进来"与"走出去"并重，再到助推构建开放型经济新体制的大国税收发展阶段，涉外税制的逐步建立和完善，极大地促进了我国国民经济的高速发展。

（一）涉外税收制度建立的准备阶段

1. 思想的突破

党的十一届三中全会确定了我国的对外改革开放政策，随后我国采取了一系列对外开放措施：通过吸引国外贷款，进行国外融资；举办外资和外商企业、开展对外贸易、合作开发资源等方式，外商直接投资日益增多。但是我国还没有相应地将涉外税收制度与对外开放的战略布局相适应，无法有效维护国家税收权益，也不利于合资企业的发展和对外政策的进一步实施。为了适应新形势，在平等互利、维护国家主权和经济利益的原则下，急需建立一套适应时代潮流的涉外税收制度。

税务部门在总结了新中国成立以来税制建设经验的基础上，全面贯彻十一届三中全会精神，从当前的经济实际出发，提出了一系列税制改革设想，包括开始征收国有企业所得税和个人所得税等内容。1979年5月全国税务工作会议在成都召开，明确了税制改革的两个主要任务：一是根据实际情况对现行的税种进行必要的改革；二是适应经济变革和对外经济往来的需要，涉外税制建设应先行一步。会议决定：在流转税（货物和劳务税）方面，暂时沿用1958年通过的《中华人民共和国工商统一税条例（草案）》，对涉外企业的销售收入、营业收入或进口货物征税。在所得税方面，暂时沿用1950年制定的《工商业税暂行条例》中的规定。在财产和行为税方面，沿用1951年发布的《城市房地产税暂行条例》和《车船使用牌照税暂行条例》，对跨国企业的房产、车辆及船舶征税。同时，会议要求继续开展涉外税收的研究和立法准备工作。成都会议的召开，为中国税涉外税收制度的建设提供了思想保证。

2. 理论的建立

新中国成立初期我国税收理论发展和税制改革实践活动受"非税论"的影响非常严重，造成在计划经济时期我国的税收理论研究基本上毫无建树。这种状况一直延续到1978年，改革开放使得我国税收理论研究与发展进入了黄金时期。这一阶段，我国税收理论界全面反思了"非税论"对税收理论发展的不利影响和对税制建设造成的危害，围绕着如何建立与计划商品经济体制相适应的税收制度体系这个主要问题，研究了与税收的本质、职能和税制建设相关的重大基础理论问题，并就以下问题达成了广泛的共识：

税收的本质特征问题。认为我国的社会主义税收具有税收的一般共性特征，形成了"国家决定论"和"经济决定论"等两种思路。

社会主义税收存在的客观必然性，尤其是对国有经济征税的必然性问题。深入研究了利改税的理论依据和改革意义，突破了"非税论"设置的理论禁区。

税收的职能和作用问题。探讨了税收与有计划商品经济的关系；税收杠杆的特点、功能和调节方式；强调要充分发挥税收杠杆对商品经济的调节作用。

税收与经济的关系问题。提出要根据马克思主义再生产理论，重新认识税收政策在国民经济中的重要地位和"促产"作用。

以上共识的达成，为涉外税收制度的建立提供了理论基础。

（二）改革开放初期以"引进来"为主的涉外税制发展阶段

1. 涉外所得税制度的建立与完善

根据成都全国税务工作会议精神，1980年6月9日，财政部向中央提出了准备在1980年制定中外合资经营企业所得税法和个人所得税法的意见。1980年9月10日，第五届全国人民代表大会第三次会议通过了《中华人民共和国中外合资经营企业所得税法》《中华人民共和国个人所得税法》，这是我国最早的涉外税收法律。1981年12月13日，第五届全国人民代表大会第四次会议通过了《中华人民共和国外国企业所得税法》，自1982年1月1日起施行。这三部法律主要是针对"所得"征税的，属于直接税范畴。明确了中外合资企业所得税、个人所得税及外国企业所得税的纳税人、征税对象、计税依据、税率等税法要素，为我国涉外税收征管提供了法律依据。

涉外税收制度的不完善和固有缺陷随着对外开放步伐的加快和外资经济的快速发展进一步表露了出来。为了给吸引外资创造更好的环境，更好地落实对外开放和实施沿海地区经济发展战略的方针政策，解决合资企业所得税法和外国企业所得税法与经济形势发展不相适应的问题，更好地把外资吸引到鼓励投资的重点领域，1991年4月9日，第七届全国人民代表大会第四次会议审议并通过了将上述两部涉外企业所得税法合并、对外商投资企业实施统一的所得税法的议案，制定了《中华人民共和国外商投资企业和外国企业所得税法》，并于当年7月1日起施行。《中华人民共和国外商投资企业和外国企业所得税法》的实施，使得外商投资企业的所得税负担大大降低，外商的投资热情受到极大地鼓舞，吸引了更多的外商投资。我国协议利用外商直接投资金额从1990年66亿美元，增长到1991年119.77亿美元；实际利用外资金额43.66亿美元，比上年增长25.21%。1992年、1993年增长幅度较1991年有了更大的提升。实践证明，税收优惠政策已成为国家吸引外资的有效手段之一，税收政策促进经济发展的职能作用得到进一步发挥。

2. 其他涉外税收制度的建立与完善

1983年，财政部根据《国家经济委员会对外经济贸易部关于

第三章 我国涉外税收制度发展历程及现行涉外税制

进一步办好中外合资经营企业的报告》，发出《关于对中外合资经营企业、合作生产经营企业和外商独资企业征收工商统一税问题的通知》。该通知规定：外国公司、企业和其他经济组织同中国公司、企业合资经营企业、合作生产经营企业和独资开办企业，在中国境内从事工业生产、农产品采购、外货进口、商业零售、交通运输和服务性业务，都应当按照规定缴纳工商统一税；上述企业缴纳工商统一税的税率，凡是高于工商税现行税率的，可以采用减税的办法，减低到与工商税现行税率相同的水平征税。

1985年，财政部发出《关于对中外合资经营企业、合作生产、合作经营企业和客商独立经营企业征收工商统一税问题的通知》。该通知规定：国有企业"利改税"以后，中外合资经营企业，中外合作生产、合作经营企业和客商独立经营企业及其设立的机构，仍然应当按照工商统一税条例规定的税率纳税。在接到本通知以前已经按照上述1983年财政部通知减低税率征税的企业，可以暂不变动。此后，财政、税务部门陆续作出了一些减征、免征工商统一税的规定。

由于这一阶段的经济发展战略主要是以"最大限度招商引资"为目标，以"全面优惠促开放"为导向，这一阶段的涉外税制体现出税负从轻、优惠从宽、手续从简的若干特点。我国陆续颁布了一系列扩大税收优惠政策的法律、法规，并逐步建立起"经济特区、经济技术开发区、沿海经济开发区、其他特定地区和内地一般地区"的多层次涉外税收优惠格局，形成了一套比较完整的涉及所得税、货物和劳务税、财产税；中央税和地方税；直接税和间接税的涉外税收制度，这套涉外税收制度对我国改革开放初期引进外国资金、技术和人才，开展对外经济技术合作发挥了至关重要的作用。

(三)"引进来"与"走出去"发展并重的阶段

上述法律、法规的颁布与实施为我国改革开放初期经济战略目标的实现提供了税法支持,但由于对不同类型外资企业采用的税率、税收优惠政策及税负调整制度不同,影响了税收的公平性,同时也给我国的涉外税收征管带来挑战。党的十六大提出坚持"走出去"与"引进来"相结合的经济发展战略,标志着中国对外改革开放已经从初期主要依靠"引进来"为主发展到"引进来"与"走出去"并重的阶段,这一阶段我国的涉外税收政策由过去以"超国民待遇"吸引外资为主,转向了既要完善落实吸引外商投资的税收政策,更要进一步强化对"走出去"企业的税收服务和管理。

1. 所得税制度的内外统一

(1) 外资企业所得税的统一阶段。1991年,第七届全国人民代表大会第四次会议通过《中华人民共和国外商投资企业和外国企业所得税法》,原有的《中华人民共和国中外合资经营企业所得税法》和《中华人民共和国外国企业所得税法》同时废止。同年6月30日,国务院发布《中华人民共和国外商投资企业和外国企业所得税法实施细则》。该法规定了外资企业和外国企业所得税的纳税人、征税对象、计税依据、税收优惠政策及税负调整制度。

(2) 个人所得税制度的统一阶段。1993年10月,第八届全国人民代表大会常务委员会第四次会议将对中外个人分别征收的个人所得税、城乡个体工商业户所得税和个人收入调节税合并为适用于中外个人的新的个人所得税,通过了《关于修改〈中华人民共和国个人所得税法〉的决定》。

(3) 企业所得税制度的统一阶段。2007年,第十届全国人民代表大会第五次会议通过《中华人民共和国企业所得税法》，自2008年1月1日起施行，《中华人民共和国企业所得税暂行条例》和《中华人民共和国外商投资企业和外国企业所得税法》同时废止。2007年12月6日，国务院据此公布《中华人民共和国企业所得税法实施条例》。2007年12月26日，国务院发出《关于实施企业所得税过渡优惠政策的通知》和《关于经济特区和上海浦东新区新设立高新技术企业实行过渡性优惠的通知》。

2. 流转税制度的统一

改革开放以后，涉外企业在流转税方面一直沿用1958年原则通过的工商统一税条例，而内资企业则沿用适用1984年9月18日国务院发布的《中华人民共和国产品税条例》《中华人民共和国增值税条例》《中华人民共和国营业税条例》，从而形成了符合社会主义商品经济发展实际要求的流转税制度。然而，随着改革开放的深入，当时内外有别的流转税制度已经不适应实际情况，主要表现在三个方面：一是外资企业适用的工商统一税条例仅仅是个草案，并且是1958年制定的，与当时的经济形势不相适应；二是内资企业和外资企业实行两套不同税制，矛盾日益突出；三是当时实行的工商统一税和内资企业适用的流转税是在计划经济条件下制定的，在价格已经大部分放开，由市场供求决定、生产要素全面进入市场的情况下，如果不对原来的税收制度进行改革、调整，将不利于市场主体的公平竞争。

为更好地落实十四届三中全会通过的《中共中央关于建立社会主义市场经济体制若干问题的决定》，统一税制、公平税负、改善投资环境、适应建立社会主义市场经济体制的需要，1993年，发布了《中华人民共和国增值税暂行条例》《中华人民共和国消费税暂行条例》《中华人民共和国营业税暂行条例》，自1994年1月1日起全面施行。同年12月29日通过了《全国人民代表大会常务委员会关于外商投资企业和外国企业适用增值税、消费税、营业税等税收暂行条例的决定》，规定外资企业和外国企业自 1994 年 1 月 1 日起适用国务院发布的增值税暂行条例、消费税暂行条例、营业税暂行条例，废止工商统一税条例。由此我国的流转税制度实现了统一，外资企业和内资企业在一个起跑线上公平竞争，进一步实现了税收公平。

3. 财产和行为税制度的统一

在财产和行为税方面，外资企业一直沿用 1951 年发布的《城市房地产税暂行条例》和《车船使用牌照税暂行条例》。外资企业适用的税种较少，税负较轻，不利于内外资企业之间的公平竞争，也不利于税收职能的发挥。

财产和行为税制度的改革主要包括以下两个方面：一是对外资企业适用的税种种类进行扩充。1994 年发布了《关于外商投资企业和外国企业适用增值税、消费税、营业税等税收暂行条例有关问题的通知》，该通知规定外商投资企业和外国企业除适用《中华人民共和国增值税暂行条例》《中华人民共和国消费税暂行条例》《中华人民共和国营业税暂行条例》以外，还应适用 1950 年发布的《契税暂行条例》和《屠宰税暂行条例》、1951 年发布的《城市房地产税暂行条例》和《车船使用牌照税暂行条例》、1988 年发布的《中华人民共和国印花税暂行条例》、1993 年发布的《中华人民共和国资源税暂行条例》和《中华人民共和国土地增值税暂行条例》。同时规定："在税制改革中，国务院还将陆续修订和制定新的税收暂行条例，外商投资企业和外国企业应相应依据有关条例规定执行。"之后，国务院陆续于 2000 年 10 月 22 日发布《中华人民共和国车辆购置税暂行条例》、2006 年 4 月 28 日发布《中华人民共和国烟叶税暂行条例》、2006 年 12 月 31 日修订了《中华人民共和国城镇土地使用税暂行条例》、2007年2月1日发布《中华人民共和国耕地占用税暂行条例》。因为如果不对外资企业和外国企业征收上述四种税，既违背税收公平原则，也会对税收调控功能的有效发挥造成影响。二是统一车船使用牌照税和车船使用税。2006年，国务院发布《中华人民共和国车船税暂行条例》，同时规定自2007年1月1日起施行，同时废止1951年发布的《车船使用牌照税暂行条例》和1986年发布的《中华人民共和国车船使用税暂行条例》，由此完成了车船使用牌照税和车船使用税的统一。

自我国加入世界贸易组织后，我国的涉外税制逐渐与国际通行规则接轨，取消了对外商投资企业和外国企业的超国民待遇，涉外税收法律、法规体系逐步完善，跨境税源管理能力不断加强，涉外税收征管能力显著提升。

（四）助推构建开放型经济新体制的大国税收发展阶段

党的十八大提出适应经济全球化新形势，全面提高开放型经济水平，开启了中国国际税收的"大国税收"发展阶段。这一时期的中国国际税收，适应大国外交和构建开放型经济新体制的要求，贯彻落实习近平总书记在20国集团（G20）领导人峰会上关于"加强全球税收合作，打击国际逃避税，帮助发展中国家和低收入国家提高税收征管能力"的重要讲话精神，按照《深化国税、地税征管体制改革方案》工作部署，积极参与"税基侵蚀与利润转移（BEPS）行动计划"等国际规则制定，牢固树立大国税务理念，充分展现大国责任担当，深度参与全球税收合作，服务和支持"一带一路"和自由贸易区建设，深化内地（大陆）和港澳台合作，为到2020年基本建成与大国地位和对外开放格局相适应，具有中国特色的国际税收新体系，实现国际税收管理体系的全面升级和现代化，更好地服务对外开放大局，助推构建开放型经济新体制发挥了重要职能作用。

二、我国现行涉外税收法律、法规梳理

（一）中国现行税收基本法律、法规

1. 税收立法

根据全国人民代表大会制定的《中华人民共和国宪法》《中华人民共和国立法法》和国务院制定的《行政法规制定程序条例》《规章制定条例》等法律、法规规定，中国现行的税收法律、法规由以下层次和形式构成：

（1）法律。现行的由全国人民代表大会及其常务委员会制定的税法有《中华人民共和国个人所得税法》《中华人民共和国企业所得税法》《中华人民共和国车船税法》《中华人民共和国环境保护税法》及由全国人民代表大会常务委员会制定的《中华人民共和国税收征收管理法》。（其中《中华人民共和国环境保护税法》于 2016 年 12 月 25 日通过，现予公布，自 2018 年 1 月 1 日起施行。）另外，我国已于中华人民共和国第十二届全国人民代表大会常务委员会第三十一次会议，即 2017 年 12 月 27 日，通过了《中华人民共和国船舶吨税法》和《中华人民共和国烟叶税法》，自 2018 年 7 月 1 日起施行。

（2）行政法规。由国务院根据相关法律规定或根据全国人民代表大会及其常务委员会授权制定，如一些暂行条例及实施细则。如：《中华人民共和国增值税暂行条例》《中华人民共和国消费税暂行条例》《中华人民共和国车辆购置税暂行条例》《中华人民共和国进出口关税条例》《中华人民共和国企业所得税法

实施条例》《中华人民共和国环境保护税法实施条例》《中华人民共和国个人所得税法实施细则》《中华人民共和国土地增值税暂行条例》《中华人民共和国房产税暂行条例》《中华人民共和国城镇土地使用税暂行条例》《中华人民共和国耕地占用税暂行条例》《中华人民共和国契税暂行条例》《中华人民共和国资源税暂行条例》《中华人民共和国车船税法实施条例》《中华人民共和国印花税暂行条例》《中华人民共和国城市维护建设税暂行条例》及《中华人民共和国烟叶税暂行条例》等。

（3）部门规章。由财政部、国家税务总局、海关总署和国务院关税税则委员会等部门、机构根据有关法律、行政法规制定的部门规章。如财政部制定的《中华人民共和国增值税暂行条例实施细则》、国家税务总局制定的《税务登记管理办法》、和海关总署制定的《中华人民共和国海关进出口货物征税管理办法》等。

（4）地方性法规。由省、自治区和直辖市的人民代表大会及其常务委员会根据本行政区域的具体情况和实际需要，根据宪法及相关法律、法规制定的地方性法规。如《山东省地方税收保障条例》。

（5）自治条例和单行条例。民族自治地方（包括自治区、自治州和自治县）的人民代表大会有权依照当地民族的政治、经济和文化的特点，制定自治条例和单行条例，按照规定报批以后实施。

（6）地方政府规章。省、自治区、直辖市和较大的市的人民政府，可以根据法律、行政法规和本省（自治区、直辖市）的地方性法规，制定地方政府规章。

2. 我国现行主要税种

2016年我国全面推行"营改增"后，营业税退出中国历史舞台，中国现行税制体系包括17个税种，按照征税对象不同大致可以分为四类：

一是货物和劳务税（4种）。包括增值税、消费税、车辆购置税和进出口税收。这类税收主要是在生产、流通、消费及服务领域，按照纳税人的销售收入或数量、营业收入及进出口货物的价格或数量征税。

二是所得税（3种）。包括企业所得税、个人所得税及具有所得税性质的土地增值税。这类税收是在收入分配环节按照企业取得的利润或个人取得的收入征收的。

三是财产税（7种）。包括房产税、耕地占用税、城镇土地使用税、契税、资源税、车船税及环境保护税。这类税收是对纳税人拥有和使用的财产征收的。西藏自治区没有房产税及契税。

四是其他税收（3种）。包括印花税、城市维护建设税和烟叶税。

3. 主要涉外税种

上述17个税种中，除烟叶税外，与涉外税收相关的税种有16个。现将与涉外税收有关的中国现行基本法律法规梳理，见表3-1。

表3-1　　　　　中国现行主要涉外税种

序号	税种	法规	发布及施行时间	颁布机构	修订时间
1	增值税	《中华人民共和国增值税暂行条例》	1993年12月发布，1994年1月1日起施行	国务院	2008年11月修订，2009年1月1日起施行，并于2017年11月19日再次修改与实行
		《中华人民共和国增值税暂行条例实施细则》	1993年12月25日发布并施行	财政部	2011年10月28日修改并公布

第三章 我国涉外税收制度发展历程及现行涉外税制

续表

序号	税种	法规	发布及施行时间	颁布机构	修订时间
2	消费税	《中华人民共和国消费税暂行条例》	1993年12月发布，1994年1月1日起施行	国务院	2008年11月修订，2009年1月1日起施行
		《中华人民共和国消费税暂行条例实施细则》	1993年12月发布，1994年1月1日起施行	财政部	2008年12月15日修订并公布
3	车辆购置税	《中华人民共和国车辆购置税暂行条例》	2000年10月22日公布，自2001年1月1日起施行	国务院	
4	进出口税收	《中华人民共和国进出口关税条例》	2003年11月23日公布，自2004年起施行	国务院	2013年12月7日修改并公布
5	企业所得税	《中华人民共和国企业所得税法》	2007年3月16日通过，自2008年1月1日起施行	全国人民代表大会	
		《中华人民共和国企业所得税法实施条例》	2007年12月1日公布	国务院	
6	个人所得税	《中华人民共和国个人所得税法》	1980年9月10日通过并施行	全国人民代表大会	2011年6月30日修订自9月1日起施行
		《中华人民共和国个人所得税法实施细则》	1994年1月28日发布	国务院	2011年7月19日修改并公布

续表

序号	税种	法规	发布及施行时间	颁布机构	修订时间
7	土地增值税	《中华人民共和国土地增值税暂行条例》	1993年12月13日发布，自1994年1月1日起施行	国务院	2011年1月8日修改
		《中华人民共和国土地增值税暂行条例实施细则》	1995年1月27日发布	财政部	
8	房产税	《中华人民共和国房产税暂行条例》	1986年9月15日发布，自10月1日起施行	国务院	2011年1月8日修改
9	城镇土地使用税	《中华人民共和国城镇土地使用税暂行条例》	1988年9月27日发布，自11月1日起施行	国务院	2013年12月7日修改
10	耕地占用税	《中华人民共和国耕地占用税暂行条例》	2007年12月1日公布，自2008年1月1日起施行	国务院	
		《中华人民共和国耕地占用税暂行条例实施细则》	2008年2月26日公布	财政部、国家税务总局	
11	契税	《中华人民共和国契税暂行条例》	1997年7月7日发布，自10月1日起施行	国务院	
		《中华人民共和国契税暂行条例细则》	1997年10月28日发布	财政部	

续表

序号	税种	法规	发布及施行时间	颁布机构	修订时间
12	资源税	《中华人民共和国资源税暂行条例》	1993年12月25日发布自1994年1月1日起施行	国务院	2011年9月30日修订公布,自当年11月1日起施行
		《中华人民共和国资源税暂行条例实施细则》	1993年12月30日发布	财政部	2011年10月28日修改并公布
13	车船税	《中华人民共和国车船税法》	2011年2月25日通过,自2012年1月1日起施行	全国人民代表大会	
		《中华人民共和国车船税法实施条例》	2011年12月5日公布	国务院	
14	印花税	《中华人民共和国印花税暂行条例》	1988年8月6日发布,自当年10月1日起施行	国务院	2011年1月8日修订
		《中华人民共和国印花税暂行条例施行细则》	1988年9月29日发布	财政部	
15	城市维护建设税	《中华人民共和国城市维护建设税暂行条例》	1985年2月8日发布自当年1月1日起施行	国务院	2011年1月8日修订并公布

续表

序号	税种	法规	发布及施行时间	颁布机构	修订时间
16	环境保护税	《中华人民共和国环境保护税法》	于2016年12月25日通过,自2018年1月1日起施行	全国人民代表大会	
		《中华人民共和国环境保护税法实施条例》	2018年1月1日起施行	国务院	

(二) 中国现行主要涉外税收法律、法规

在上述17个与涉外税收相关的法律法规中,与涉外纳税人联系紧密且较为常见的有企业所得税、增值税、个人所得税、进出口关税等。本文详细梳理了现行税法、行政法规及主要部门规章、地方性法规、自治区条例及单行条例和地方政府规章。如表3-2所示。

表 3-2　　　　中国现行主要涉外税收法律、法规

税种	序号	法律、法规	颁布部门	实施时间
企业所得税	1	《中华人民共和国企业所得税法》	全国人民代表大会	2008年1月1日
	2	《中华人民共和国企业所得税法实施条例》	国务院	2008年1月1日
	3	《关于非居民企业不享受小型微利企业所得税优惠政策问题的通知》	国家税务总局	2008年1月1日

续表

税种	序号	法律、法规	颁布部门	实施时间
企业所得税	4	《关于非居民企业征收企业所得税有关问题的通知》	财政部、国家税务总局	2008年1月1日
	5	《关于加强非居民企业来源于我国利息所得扣缴企业所得税工作的通知》	国家税务总局	2008年1月1日
	6	《关于企业境外所得税收抵免有关问题的通知》	国家税务总局	2008年1月1日
	7	《关于境外注册中资控股企业依据实际管理机构标准认定为居民企业有关问题的通知》	国家税务总局	2008年1月1日
	8	《关于印发〈特别纳税调整实施办法（试行）〉的通知》	国家税务总局	2008年1月1日
	9	《关于中国居民企业向境外H股非居民企业股东派发股息代扣代缴企业所得税有关问题的通知》	国家税务总局	2008年11月6日
	10	《关于母子公司间提供服务支付费用有关企业所得税处理问题的通知》	国家税务总局	2008年8月14日
	11	《关于企业关联方利息支出税前扣除标准有关税收政策问题的通知》	国家税务总局	2008年9月23日

续表

税种	序号	法律、法规	颁布部门	实施时间
企业所得税	12	《关于更新非居民企业所得税申报表样的函》	国家税务总局国际税务司	2008年12月4日
	13	关于印发《非居民企业所得税汇算清缴管理办法》的通知	国家税务总局	2008年1月1日
	14	《关于明确非居民企业所得税征管范围的补充通知》	国家税务总局	2009年1月23日
	15	关于印发《非居民企业所得税汇算清缴工作规程》的通知	国家税务总局	2009年2月9日
	16	《关于非居民企业取得B股等股票股息征收企业所得税问题的批复》	国家税务总局	2009年7月24日
	17	《关于高新技术企业境外所得适用税率及税收抵免问题的通知》	国家税务总局	2010年1月1日
	18	关于发布《企业境外所得税收抵免操作指南》的公告	国家税务总局	2010年1月1日
	19	关于发布《企业重组业务企业所得税管理办法》的公告	国家税务总局	2010年1月1日
	20	《关于我国石油企业在境外从事油（气）资源开采所得税收抵免有关问题的通知》	国家税务总局	2010年1月1日

续表

税种	序号	法律、法规	颁布部门	实施时间
企业所得税	21	关于印发《非居民企业税收协同管理办法（试行）》的通知	国家税务总局	2011年1月1日
	22	《关于非居民企业所得税管理若干问题的公告》	国家税务总局	2011年4月1日
	23	关于印发《境外注册中资控股居民企业所得税管理办法（试行）》的公告	国家税务总局	2011年9月1日
	24	《关于依据实际管理机构标准实施居民企业认定有关问题的公告》	国家税务总局	2013年1月1日
	25	《关于营业税改征增值税试点中非居民企业缴纳企业所得税有关问题的公告》	国家税务总局	2013年12月19日
	26	《关于非居民企业派遣人员在中国境内提供劳务征收企业所得税有关问题的公告》	国家税务总局	2013年6月1日
	27	《关于非居民企业股权转让适用特殊性税务处理有关问题的公告》	国家税务总局	2013年12月17日
	28	关于发布《非居民企业从事国际运输业务税收管理暂行办法》的公告	国家税务总局	2014年8月1日

续表

税种	序号	法律、法规	颁布部门	实施时间
企业所得税	29	《关于居民企业报告境外投资和所得信息有关问题的公告》	国家税务总局	2014年9月1日
	30	《关于企业重组业务企业所得税征收管理若干问题的公告》	国家税务总局	2015年1月1日
	31	《关于非居民企业间接转让财产企业所得税若干问题的公告》	国家税务总局	2015年2月3日
	32	关于印发《非居民企业间接转让财产企业所得税工作规程（试行）》的通知	国家税务总局	2015年5月15日
	33	关于修改《非居民企业所得税核定征收管理办法》等文件的公告	国家税务总局	2015年6月1日
	34	关于发布《中华人民共和国非居民企业所得税年度纳税申报表》等报表的公告	国家税务总局	2015年7月1日
	35	《关于中外合作开采石油天然气有关非居民税收问题的批复》	国家税务总局	2015年9月14日
	36	《关于企业境外所得适用简易征收和饶让抵免的核准事项取消后有关后续管理问题的公告》	国家税务总局	2015年10月10日

第三章 我国涉外税收制度发展历程及现行涉外税制

续表

税种	序号	法律、法规	颁布部门	实施时间
企业所得税	37	关于发布《非居民纳税人享受税收协定待遇管理办法》的公告	国家税务总局	2015年11月1日
	38	关于印发《非居民纳税人享受税收协定待遇管理规程（试行）》的通知	国家税务总局	2015年11月1日
	39	《关于完善关联申报和同期资料管理有关事项的公告》	国家税务总局	2016年1月1日
	40	《关于修改按经费支出换算收入方式核定非居民企业应纳税所得额计算公式的公告》	国家税务总局	2016年5月1日
	41	《关于在境外提供建筑服务等有关问题的公告》	国家税务总局	2016年11月4日
	42	《关于完善预约定价安排管理有关事项的公告》	国家税务总局	2016年12月1日
	43	《关于发布〈特别纳税调查调整及相互协商程序管理办法〉的公告》	国家税务总局	2017年5月1日
	44	《国家税务总局关于非居民企业所得税源泉扣缴有关问题的公告》	国家税务总局	2017年12月1日

续表

税种	序号	法律、法规	颁布部门	实施时间
增值税	1	《关于中外合作开采石油资源交纳增值税有关问题的通知》	国家税务局	1994年4月28日
	2	《关于外国驻华使（领）馆及其外交代表（领事官员）购买中国产物品退税暂行管理办法》	国家税务局	1998年1月1日
	3	《关于外国驻华使（领）馆及其外交代表（领事官员）购买中国产物品按增值税税率办理退税的通知》	国家税务局	1998年10月1日
	4	《关于对外合作开采陆上原油资源征收增值税问题的通知》	国家税务局	1998年12月15日
	5	《关于外国政府和国际组织无偿援助项目在华采购物资免征增值税问题的通知》	国家税务总局、对外经济贸易部	2001年8月1日
	6	《关于外交人员从上海购物退税有关发票问题的通知》	国家税务局	2003年10月22日
	7	《关于外国政府和国际组织无偿援助项目在华采购物资免征增值税的补充通知》	国家税务局	2005年1月21日

续表

税种	序号	法律、法规	颁布部门	实施时间
增值税	8	《中华人民共和国增值税暂行条例》	中华人民共和国国务院	2009年1月1日
	9	《中华人民共和国增值税暂行条例实施细则》	国家税务局	2009年1月1日
	10	《关于停止外商投资企业购买国产设备退税政策的通知》	国家税务总局	2009年1月1日
	11	《关于出口货物劳务增值税和消费税政策的通知》	财政部、国家税务总局	2011年1月1日
	12	《关于发布〈出口货物劳务增值税和消费税管理办法〉的公告》	国家税务总局	2012年6月14日
	13	《关于承印境外图书增值税适用税率问题的公告》	国家税务总局	2013年4月1日
	14	《关于出口货物劳务增值税和消费税有关问题的公告》	国家税务总局	2014年1月1日
	15	《关于〈适用增值税零税率应税服务退（免）税管理办法〉的补充公告》	国家税务总局	2015年12月1日
	16	《关于做好全面推开营改增试点工作的通知》	国务院	2016年4月29日
	17	《关于发布〈营业税改征增值税跨境应税行为增值税免税管理办法（试行）〉的公告》	国家税务总局	2016年5月1日

续表

税种	序号	法律、法规	颁布部门	实施时间
增值税	18	《关于在境外提供建筑服务等有关问题的公告》	国家税务总局	2016年11月4日
	19	《关于跨境应税行为免税备案等增值税问题的公告》	国家税务总局	2017年9月1日
	20	《关于外国驻华使（领）馆及其馆员在华购买货物和服务增值税退税政策有关问题的补充通知》	国家税务总局、外交部	2017年10月1日
	21	《关于外国驻华使（领）馆及其馆员在华购买货物和服务增值税退税管理有关问题的公告》	国家税务总局、外交部	2017年10月1日
个人所得税	1	《中华人民共和国个人所得税法》	全国人民代表大会	1980年9月10日
	2	《对外国公司来华检验、维修设备人员的征税问题的规定》	财政部	1981年9月26日
	3	《关于对外籍职员的在华住房费准予扣除计算纳税的通知》	财政部、国家税务总局	1988年1月1日
	4	《关于判定在华工作的外籍人员所属雇主问题的批复》	财政部、海洋石油税务局	1988年1月7日
	5	《关于来华任职的外籍人员在任、离职的当月计算缴纳个人所得税问题的通知》	国家税务总局	1988年11月14日

续表

税种	序号	法律、法规	颁布部门	实施时间
个人所得税	6	《关于外商人员来华提供劳务应如何依照税收协定所确定的原则进行征税问题的批复》	国家税务总局	1989年4月1日
	7	《关于修改〈中华人民共和国个人所得税法〉的决定》	全国人民代表大会	1993年10月31日
	8	《关于境外所得征收个人所得税若干问题的通知》	国家税务总局	1994年1月1日
	9	《关于外籍个人持有中国境内上市公司股票所取得的股息有关税收问题的函》	国家税务总局	1994年7月26日
	10	《关于个人在境外取得博彩所得征收个人所得税问题的批复》	国家税务总局	1995年12月25日
	11	《关于外商投资企业的董事担任直接管理职务征收个人所得税问题的通知》	国家税务总局	1996年11月12日
	12	《关于外籍个人取得有关补贴征免个人所得税执行问题的通知》	国家税务总局	1997年4月9日
	13	《关于在中国境内无住所的个人取得的奖金征税问题的批复》	国家税务总局	1997年11月6日

续表

税种	序号	法律、法规	颁布部门	实施时间
个人所得税	14	关于印发《境外所得个人所得税征收管理暂行办法》的通知	国家税务总局	1998年7月1日
	15	《关于外国企业的董事在中国境内兼任职务有关税收问题的通知》	国家税务总局	1999年5月17日
	16	《关于储蓄存款利息所得个人所得税外币税款有关问题的通知》	国家税务总局	1999年10月25日
	17	《关于外籍个人储蓄存款利息所得个人所得税有关问题的通知》	国家税务总局	1999年12月24日
	18	《关于外商投资企业和外国企业对境外企业支付其雇员的工资薪金代扣代缴个人所得税问题的通知》	国家税务总局	2000年1月1日
	19	关于《国家税务总局关于外籍个人和港澳台居民个人储蓄存款利息所得个人所得税有关问题的通知》的补充通知	国家税务总局	2000年1月1日
	20	《关于外国驻华使领馆外交人员征收利息所得税问题的函》	国家税务总局	2000年9月14日

续表

税种	序号	法律、法规	颁布部门	实施时间
个人所得税	21	《关于国际组织驻华机构、外国政府驻华使领馆和驻华新闻机构雇员个人所得税征收方式的通知》	国家税务总局	2004年6月23日
	22	《关于加强外籍人员个人所得税档案资料管理的通知》	国家税务总局	2006年1月23日
	23	《中华人民共和国个人所得税法》	全国人民代表大会	2011年6月30日
	24	《中华人民共和国个人所得税法实施条例》	国务院	2011年9月1日
关税及进出口税收	1	《关于北京市放宽外商在京投资政策问题的复函》的通知	海关总署	1987年8月26日
	2	《关于外商承包经营国内企业享受何种政策待遇问题》的批复	海关总署家监管一局	1989年8月7日
	3	《关于鼓励外商投资企业改善经营、扩大出口的意见》的几点说明的函	海关总署	1990年9月26日
	4	《关于确认和考核外商投资的产品出口企业和先进技术企业的实施办法》	对外贸易经济合作部	1997年1月1日

续表

税种	序号	法律、法规	颁布部门	实施时间
关税及进出口税收	5	《关于对部直属企事业单位举办的涉及进口设备免税的外商投资项目进行确认的有关问题的通知》	对外贸易经济合作部	1998年2月9日
	6	《关于进一步鼓励外商投资有关进口税收政策的通知》	海关总署	1999年9月1日
	7	关于印发《关于执行〈海关总署关于进一步鼓励外商投资有关进口税收政策的通知〉的宣讲材料》的通知	海关总署办公厅	1999年12月6日
	8	《关于外商投资企业合并与分立的规定》	海关总署	2000年2月1日
	9	《中西部地区外商投资优势产业目录》	海关总署	2000年8月3日
	10	《关于外商投资企业境内投资的暂行规定》	海关总署	2000年10月14日
	11	《外商投资企业进口设备有关问题的通知》	对外贸易经济合作部	2000年11月8日
	12	《中华人民共和国进出口关税条例》	国务院	2004年1月1日
	13	《关于办理外商投资项目〈国家鼓励发展的内外资项目确认书〉有关问题的通知》	国家发展和改革委员会	2006年3月1日

续表

税种	序号	法律、法规	颁布部门	实施时间
关税及进出口税收	14	《关于〈办理鼓励类外商投资企业免税确认书有关问题〉的复函》	商务部	2006年4月6日
	15	关于办理外商投资企业《国家鼓励发展的内外资项目确认书》有关问题的通知	商务部	2006年4月29日
	16	关于《明确外商投资企业出口应税商品予以征税》的公告	海关总署	2007年11月16日
	17	关于《产品全部直接出口的允许类外商投资项目进口设备的税收政策问题》	财政部、海关总署	2007年12月1日
	18	关于《产品全部直接出口的允许类外商投资企业进口设备税收政策问题》的意见	财政部办公厅、商务部办公厅、海关总署办公厅、国家税务总局办公厅	2008年2月21日
	19	关于调整《外商投资项目不予免税的进口商品目录》等目录商品税号的公告	海关总署	2008年9月1日
	20	关于《鼓励类外商投资项目进口设备免征增值税过渡期安排》的公告	财政部、海关总署、国家税务局	2009年1月1日

续表

税种	序号	法律、法规	颁布部门	实施时间
关税及进出口税收	21	关于《辽宁省外商投资企业再投资项目适用税收政策问题》的批复	海关总署	2010年5月30日
	22	关于执行《外商投资产业指导目录（2011年修订）》有关事宜	海关总署	2012年1月30日
	23	关于执行《外商投资产业指导目录（2015年修订）》的公告	海关总署	2015年4月10日
	24	关于修改《中华人民共和国对外贸易法》等十二部法律的决定	全国人民代表大会常务委员	2016年11月7日
	25	关于公布《中西部地区外商投资优势产业目录（2017年修订）》	国家发展和改革委员会、商务部	2017年3月20日
	26	关于执行《中西部地区外商投资优势产业目录（2017年修订）》的公告	海关总署	2017年3月20日
	27	关于执行《外商投资产业指导目录（2017年修订）》有关问题的公告	海关总署	2017年7月28日
出口退税	1	《关于出口企业收购外商投资企业生产的产品出口后准予退税的通知》	国家税务总局	1992年8月
	2	《关于明确部分出口企业出口高税率产品和贵重产品准予退税的通知》	国家税务局、对外经济贸易部	1993年3月31日

续表

税种	序号	法律、法规	颁布部门	实施时间
出口退税	3	《关于对外承接外轮修理修配业务有关退税问题的通知》	国家税务总局	1998年7月1日
	4	《关于境外带料加工装配业务有关出口退税问题的通知》	国家税务总局	1999年5月1日
	5	《关于骗取出口退税企业给予行政处罚的暂行规定》	国家税务总局	2000年9月27日
	6	《关于外（工）贸改制企业出口货物退（免）税有关问题的通知》	国家税务总局	2001年8月1日
	7	《关于办理出口退税账户托管贷款业务的通知》	国家税务总局	2001年8月21日
	8	《关于进一步规范外贸出口经营秩序切实加强出口货物退（免）税管理的通知》	国家税务总局	2006年3月1日
	9	《关于境内区外货物进入海关特殊监管区域有关问题的通知》	国家税务总局	2008年2月15日
	10	《关于货物贸易外汇管理制度改革试点后有关出口退税问题的通知》	国家税务总局	2011年11月7日
	11	《关于外贸企业出口视同内销货物进项税额抵扣有关问题的公告》	国家税务总局	2012年6月1日

续表

税种	序号	法律、法规	颁布部门	实施时间
出口退税	12	《关于外贸企业使用增值税专用发票办理出口退税有关问题的公告》	国家税务总局	2012年6月1日
	13	《关于货物贸易外汇管理制度改革的公告》	国家税务总局	2012年8月1日
	14	《关于外贸综合服务企业出口货物退（免）税有关问题的公告》	国家税务总局	2014年4月1日
	15	《关于发布〈境外旅客购物离境退税管理办法（试行）〉的公告》	国家税务总局	2015年6月2日
	16	《关于促进外贸回稳向好的若干意见》	国家税务总局	2015年5月5日
	17	《关于进一步优化外贸综合服务企业出口货物退（免）税管理的公告》	国家税务总局	2016年10月1日
	18	《关于调整完善外贸综合服务企业办理出口货物退（免）税有关事项的公告》	国家税务总局	2017年11月1日
	19	《关于促进外贸综合服务企业健康发展有关工作的通知》	商务部等五部门	2017年9月25日

（三）我国现行涉外税收优惠政策

随着我国经济发展战略由改革开放初期的以"引进来"为

主改为"引进来、走出去"并重,2008年税制调整后,我国取消了大部分专门针对"引进来"经济发展战略目标设立的税收优惠政策,逐步颁发、制定一些鼓励企业"走出去"的税收优惠政策。

1. 增值税涉外税收优惠政策

(1) 差额征税。营业税改征增值税试点缴纳增值税的一般纳税人,提供国际货物运输代理服务,以其取得的全部价款和价外费用,扣除支付给国际运输企业的国际运输费用后的余额为销售额。

(2) 免税。一是营业税改征增值税试点缴纳增值税的一般纳税人,自2014年1月1日至2018年12月31日提供的离岸服务外包业务,试点纳税人提供的国际货物运输代理服务免征增值税。二是境内的单位和个人提供的下列应税服务免征增值税,但财政部和国家税务总局规定适用增值税零税率的除外:

①工程、矿产资源在境外的工程勘察勘探服务。②会议展览地点在境外的会议展览服务。③存储地点在境外的仓储服务。④标的物在境外使用的有形动产租赁服务。⑤为出口货物提供的邮政业服务和收派服务。⑥在境外提供的广播影视节目(作品)的发行、播映服务。⑦符合本规定第一条第(一)项规定但不符合第一条第(二)项规定条件的国际运输服务。⑧符合本规定第二条第一款规定但不符合第二条第二款规定条件的港澳台运输服务。⑨向境外单位提供的下列应税服务:技术转让服务、技术咨询服务、合同能源管理服务、软件服务、电路设计及测试服务、信息系统服务、业务流程管理服务、商标著作权转让服务、知识产权服务、物流辅助服务(仓储服务、收派服务除外)、认证服务、鉴证服务、咨询服务、广播影视节目(作品)制作服务、期租服务、程租服务、湿租服务。但不包括:合同标的物在

境内的合同能源管理服务，对境内货物或不动产的认证服务、鉴证服务和咨询服务；广告投放地在境外的广告服务；保险机构为出口货物提供的保险产品；境内单位或个人在境外提供建筑业、文化体育业（除播映）；单位或者个人出租境外的属于不动产的电信网络资源（包括境外电路、海缆、卫星转发器等）取得的收入，不属于营业税征税范围；自2011年1月1日起，注册在深圳市的保险企业向注册在前海深港现代服务业合作区的企业提供国际航运保险业务取得的收入；2011年8月1日起，对注册在东疆保税港区的航运企业从事海上国际航运业务取得的收入，免征营业税。对注册在天津的保险企业从事国际航运保险业务取得的收入；注册在平潭的保险企业向注册在平潭的企业提供国际航运保险服务取得的收入；对境内单位提供的外派海员等劳务，免征营业税。其他免征营业税的劳务还包括标的物在境外的建设工程监理；以对外劳务合作方式，向境外单位提供的完全发生在境外的人员管理劳务；国家重点鼓励的文化服务出口；文化企业在境外演出从境外取得的收入。

（3）零税率。一是中华人民共和国境内（以下称境内）的单位和个人提供的国际运输服务、向境外单位提供的研发服务和设计服务，适用增值税零税率。如：国际运输服务，指在境内载运旅客或者货物出境；在境外载运旅客或者货物入境；在境外载运旅客或者货物。境内的单位和个人适用增值税零税率，以水路运输方式提供国际运输服务的，应当取得《国际船舶运输经营许可证》；以公路运输方式提供国际运输服务的，应当取得《道路运输经营许可证》和《国际汽车运输行车许可证》，且《道路运输经营许可证》的经营范围应当包括"国际运输"；以航空运输方式提供国际运输服务的，应当取得《公共航空运输企业经营许可证》且其经营范围应当包括"国际航空客货邮运输业务",或者持有《通用航空经营许可证》且其经营范围应当包括"公务飞行"。航天运输服务参照国际运输服务,适用增值税零税率。向境外单位提供的设计服务,不包括对境内不动产提供的设计服务。二是纳入增值税征收范围的文化服务出口实行增值税零税率或免税。三是对国家重点鼓励的文化产品出口实行增值税零税率或免税。四是电信行业纳入营业税改增值税范围。

2. 企业所得税涉外税收优惠条款

(1) 税收抵免。

①直接抵免。企业直接作为纳税人就其在境外所得在境外缴纳的所得税额在我国应纳税额中抵免。抵免限额为该项所得依照本法规计算的应纳税额;超过抵免限额的部分,可以在以后五个年度内,用每年度抵免限额抵免当年应抵税额后的余额进行抵补。直接抵免主要适用于企业就来源于境外的营业利润所得在境外所缴纳的企业所得税,以及就来源于或发生于境外的股息、红利等权益性投资所得、利息、租金、特许权使用费、财产转让等所得在境外被源泉扣缴的预提所得税。②间接抵免。居民企业从其直接或者间接控制的外国企业分得的来源于中国境外的股息、红利等权益性投资收益,外国企业在境外实际缴纳的所得税税额中属于该项所得负担的部分,可以作为该居民企业的可抵免境外所得税税额,在抵免限额内抵免。③税收饶让。我国企业所得税法目前尚未单方面规定税收饶让抵免,但我国与有关国家签订的税收协议规定有税收饶让抵免安排。居民企业从与我国政府订立税收协议(或安排)的国家(地区)取得的所得,按照该国(地区)税收法律享受了免税或减税待遇,且该免税或减税的数额按照税收协议规定视同已缴税额在中国的应纳税额中抵免的,改免税或减税额可作为企业实际缴纳的疆外所得额用于办理税收抵免。

分国（地区）计算境外税额的抵免限额公式：某国（地区）所得税抵免限额＝中国境内、境外所得依照企业所得税法及实施条例的规定计算的应纳税总额×来源于某国（地区）的应纳税所得额÷中国境内、境外应纳税所得总额。

（2）税率优惠。

①以境内、境外全部生产经营活动有关的研究开发费用总额、总收入、销售收入总额、高新技术产品（服务）收入等指标申请并经认定的高新技术企业，其来源于境内的所得可以享受高新技术企业所得税优惠政策，即对其来源于境外所得可以按照15%的优惠税率缴纳企业所得税，在计算境外抵免限额时，可按照15%的优惠税率计算境内外应纳税总额。②自2014年1月1日起至2018年12月31日止，在国务院批准的服务外包示范城市（31个）实行以下企业所得税优惠政策：对经技术认定的技术先进型服务企业，减按15%的税率征收企业所得税。经认定的技术先进型服务企业发生的职工教育经费支出，不超过工资薪金总额8%的部分，准予在计算应纳税所得额时扣除；超过部分，准予在以后纳税年度结转扣除。

（3）特别纳税调整。包括对纳税人转让定价、资本弱化、受控外国企业及其他避税情形而进行的税收调整。企业与境外关联方之间的业务往来，未按照税收法律、法规以及其他有关规定确定的原则进行时，将面临被税务机关纳税调整的风险。

3. 个人所得税涉外税收优惠政策

（1）免征。

①中国政府参加的国际公约、签订的协议中规定免税的所得。②在中国境内无住所，但是在一个纳税年度中在中国境内连续或者累计居住不超过90日的个人，其来源于中国境内的所得，由境外雇主支付并且不由该雇主在中国境内的机构、场所负担的

部分,免于缴纳个人所得税。

在境外缴纳的个人所得税税额:指纳税义务人从中国境外取得的所得,依照该所得来源国家或者地区的法律应当缴纳并且实际已经缴纳的税额。

依照税法规定计算的应纳税额:指纳税义务人从中国境外取得的所得,区别于不同国家或者地区和不同所得项目,依照税法规定的费用减除标准和适用税率计算的应纳税额;同一国家或者地区内不同所得项目的应纳税税额之和,为该国家或者地区的扣除限额。

纳税义务人在中国境外一个国家或者地区实际已经缴纳的个人所得税额,低于依照前款规定计算出的该国家或者地区扣除限额的,应当在中国缴纳差额部分的税款;超过该国家或者地区扣除限额的,其超过部分不得在本纳税年度的应纳税额中扣除,但是可以在以后纳税年度的该国家或者地区扣除限额的余额中补扣。

(2)减征。

①在中国境内无住所,但是居住一年以上五年以下的个人,其来源于中国境外的所得,经主管税务机关批准,可以只就由中国境内公司、企业以及其他经济组织或者个人支付的部分缴纳个人所得税。②对在中国境内无住所而在中国境内取得工资、薪金所得的纳税义务人和在中国境内有住所而在中国境外取得工资、薪金所得的纳税义务人,可以根据平均收入水平、生活水平以及汇率变化情况确定附加减除费用。即每月在减除3500元费用的基础上,再减除1300元附加减除费用。华侨和香港、澳门、台湾同胞,照此执行。

4. 税收协定优惠

(1)我国税收协定概况。税收协定属于国际法的范畴。双边税收协定由缔约国双方政府谈判后达成,经过各自国家的立法程序后生效,对于缔约国政府具有法律上的约束力,当国际税收协定与国内税法不一致时,纳税人适用税收协定一般遵循以下原则:一是税收协定优先的原则,即国内税收法律法规规定税率高于税收协定的,按税收协定执行。二是孰优原则,即国内法规定税率低于税收协定的,按国内法执行。

(2) 税收协定中的涉外税收优惠政策。

①营业利润。企业在境外从事工程作业或提供劳务时,营业活动时间未超过有关税收协定规定天数或期限的(通常为任何12个月中连续或累计超过183天),在境外所在国不构成常设机构,其营业利润免征境外国家的所得税。②股息。企业从境外取得的股息,依据税收协定相关条款的规定,可适用优惠税率,如0、5%、7%、8%等。③利息。企业从境外取得的利息,依据税收协定相关条款的规定,可适用优惠税率,如0、5%、7%、7.5%等。④特许权使用费。企业从境外取得的特许权使用费(含设备租赁),依据税收协定相关条款的规定,可适用优惠税率,如5%、6%、7%。⑤财产收益。企业从境外取得的财产收益,依据税收协定相关条款的规定判定缔约国是否有征税权,没有征税权的,在境外不负有纳税义务。

(3) 我国税收协定签订情况。截至2017年10月,我国已正式签署103个避免双重征税协定,其中99个协定已生效,和香港、澳门两个特别行政区签署了税收安排,与台湾地区签署了税收协议。税收协定可以降低所在东道国税负、消除双重征税、协商解决税务争端等。同时还可以享受在缔约双方国家(地区)的平等待遇,通常从营业利润、股息、利息、特许权使用费和财产收益等方面明确各国(地区)的征税权及企业可享有的优惠待遇。如表3-5至表3-11所示。

第三章 我国涉外税收制度发展历程及现行涉外税制

表 3-5　　　　我国签订的多边税收条约

名称 Designation	签署日期 Signed on	生效日期 Effective from	执行日期 Applicable since
多边税收征管互助公约	2013.8.27	2016.2.1	2017.1.1

表 3-6　　　　我国签订的避免双重征税协定一览表

序号 Serial No.	国家或地区 Jurisdiction	签署日期 Signed on	生效日期 Effective from	执行日期 Applicable since
1	日本 JAPAN	1983.9.6	1984.6.26	1985.1.1
2	美国 U.S.A.	1984.4.30	1986.11.21	1987.1.1
3	法国 FRANCE	1984.5.30	1985.2.21	1986.1.1
3	法国 FRANCE	2013.11.26	2014.12.28	2015.1.1
4	英国 U.K.	1984.7.26	1984.12.23	1985.1.1
4	英国 U.K.	2011.6.27	2013.12.13	中（China）：2014.1.1 英（UK）：所得税和财产收益税（Income Tax and Capital Gains Tax）：2014.4.6； 公司税（Corporation Tax）：2014.4.1

续表

序号 Serial No.	国家或地区 Jurisdiction	签署日期 Signed on	生效日期 Effective from	执行日期 Applicable since
5	比利时 BELGIUM	1985.4.18	1987.9.11	1988.1.1
	比利时 BELGIUM	2009.10.7	2013.12.29	2014.1.1
6	①德国 GERMANY	1985.6.10	1986.5.14	1985.1.1/7.1
	德国 GERMANY	2014.3.28	2016.4.6	2017.1.1
7	马来西亚 MALAYSIA	1985.11.23	1986.9.14	1987.1.1
8	挪威 NORWAY	1986.2.25	1986.12.21	1987.1.1
9	丹麦 DENMARK	1986.3.26	1986.10.22	1987.1.1
	丹麦 DENMARK	2012.6.16	2012.12.27	2013.1.1
10	新加坡 SINGAPORE	1986.4.18	1986.12.11	1987.1.1
	新加坡 SINGAPORE	2007.7.11	2007.9.18	2008.1.1
11	加拿大 CANADA	1986.5.12	1986.12.29	1987.1.1
12	芬兰 FINLAND	1986.5.12	1987.12.18	1988.1.1
	芬兰 FINLAND	2010.5.25	2010.11.25	2011.1.1

续表

序号 Serial No.	国家或地区 Jurisdiction	签署日期 Signed on	生效日期 Effective from	执行日期 Applicable since
13	瑞典 SWEDEN	1986.5.16	1987.1.3	1987.1.1
14	新西兰 NEW ZEALAND	1986.9.16	1986.12.27	1987.1.1
15	泰国 THAILAND	1986.10.27	1986.12.29	1987.1.1
16	意大利 ITALY	1986.10.31	1989.11.14	1990.1.1
17	荷兰 THE NETHERLANDS	1987.5.13	1988.3.5	1989.1.1
17	荷兰 THE NETHERLANDS	2013.5.31	2014.8.31	2015.1.1
18	②捷克斯洛伐克 （适用于斯洛伐克） CZECHOSLOVAKIA	1987.6.11	1987.12.23	1988.1.1
19	波兰 POLAND	1988.6.7	1989.1.7	1990.1.1
20	澳大利亚 AUSTRALIA	1988.11.17	1990.12.28	1991.1.1
21	③南斯拉夫（适用于波斯尼亚和黑塞哥维那） YUGOSLAVIA（BOSNIA AND HERZEGOVINA）	1988.12.2	1989.12.16	1990.1.1
22	保加利亚 BULGARIA	1989.11.6	1990.5.25	1991.1.1

续表

序号 Serial No.	国家或地区 Jurisdiction	签署日期 Signed on	生效日期 Effective from	执行日期 Applicable since
23	巴基斯坦 PAKISTAN	1989.11.15	1989.12.27	1989.1.1/7.1
24	科威特 KUWAIT	1989.12.25	1990.7.20	1989.1.1
25	瑞士 SWITZERLAND	1990.7.6	1991.9.27	1990.1.1
	瑞士 SWITZERLAND	2013.9.25	2014.11.15	2015.1.1
26	塞浦路斯 CYPRUS	1990.10.25	1991.10.5	1992.1.1
27	西班牙 SPAIN	1990.11.22	1992.5.20	1993.1.1
28	罗马尼亚 ROMANIA	1991.1.16	1992.3.5	1993.1.1
	罗马尼亚 ROMANIA	2016.7.4		
29	奥地利 AUSTRIA	1991.4.10	1992.11.1	1993.1.1
30	巴西 BRAZIL	1991.8.5	1993.1.6	1994.1.1
31	蒙古 MONGOLIA	1991.8.26	1992.6.23	1993.1.1
32	匈牙利 HUNGARY	1992.6.17	1994.12.31	1995.1.1

第三章 我国涉外税收制度发展历程及现行涉外税制

续表

序号 Serial No.	国家或地区 Jurisdiction	签署日期 Signed on	生效日期 Effective from	执行日期 Applicable since
33	马耳他 MALTA	1993.2.2	1994.3.20	1995.1.1
	马耳他 MALTA	2010.10.18	2011.8.25	2012.1.1
34	阿联酋 UNITED ARAB EMIRATES	1993.7.1	1994.7.14	1995.1.1
35	卢森堡 LUXEMBOURG	1994.3.12	1995.7.28	1996.1.1
36	韩国 KOREA	1994.3.28	1994.9.27	1995.1.1
37	俄罗斯 RUSSIA	1994.5.27	1997.4.10	1998.1.1
	俄罗斯 RUSSIA	2014.10.13	2016.4.9	2017.1.1
38	巴新 PAPUA NEW GUINEA	1994.7.14	1995.8.16	1996.1.1
39	印度 INDIA	1994.7.18	1994.11.19	1995.1.1
40	毛里求斯 MAURITIUS	1994.8.1	1995.5.4	1996.1.1
41	克罗地亚 CROATIA	1995.1.9	2001.5.18	2002.1.1
42	白俄罗斯 BELARUS	1995.1.17	1996.10.3	1997.1.1

续表

序号 Serial No.	国家或地区 Jurisdiction	签署日期 Signed on	生效日期 Effective from	执行日期 Applicable since
43	斯洛文尼亚 SLOVENIA	1995.2.13	1995.12.27	1996.1.1
44	以色列 ISRAEL	1995.4.8	1995.12.22	1996.1.1
45	越南 VIET NAM	1995.5.17	1996.10.18	1997.1.1
46	土耳其 TURKEY	1995.5.23	1997.1.20	1998.1.1
47	乌克兰 UKRAINE	1995.12.4	1996.10.18	中（China）：1997.1.1 乌（Ukraine）：股利特个人（Dividend, Interest, Royalties and Individual Income Tax）：1996.12.17；企业所得税（corporate Income Tax）：1997.1.1
48	亚美尼亚 ARMENIA	1996.5.5	1996.11.28	1997.1.1
49	牙买加 JAMAICA	1996.6.3	1997.3.15	1998.1.1
50	冰岛 ICELAND	1996.6.3	1997.2.5	1998.1.1
51	立陶宛 LITHUANIA	1996.6.3	1996.10.18	1997.1.1
52	拉脱维亚 LATVIA	1996.6.7	1997.1.27	1998.1.1

第三章 我国涉外税收制度发展历程及现行涉外税制

续表

序号 Serial No.	国家或地区 Jurisdiction	签署日期 Signed on	生效日期 Effective from	执行日期 Applicable since
53	乌兹别克斯坦 UZBEKISTAN	1996.7.3	1996.7.3	1997.1.1
54	孟加拉国 BANGLADESH	1996.9.12	1997.4.10	中（China）1998.1.1 孟（Bangladesh）1998.7.1
55	④南斯拉夫联盟（适用于塞尔维亚和黑山） YUGOSLAVIA（SERBIA AND MONTENEGRO）	1997.3.21	1998.1.1	1998.1.1
56	苏丹 SUDAN	1997.5.30	1999.2.9	2000.1.1
57	马其顿 MACEDONIA	1997.6.9	1997.11.29	1998.1.1
58	埃及 EGYPT	1997.8.13	1999.3.24	2000.1.1
59	葡萄牙 PORTUGAL	1998.4.21	2000.6.7	2001.1.1
60	爱沙尼亚 ESTONIA	1998.5.12	1999.1.8	2000.1.1
61	老挝 LAOS	1999.1.25	1999.6.22	2000.1.1
62	塞舌尔 SEYCHELLES	1999.8.26	1999.12.17	2000.1.1
63	菲律宾 THE PHILIPPINES	1999.11.18	2001.3.23	2002.1.1
64	爱尔兰 IRELAND	2000.4.19	2000.12.29	中（China）2001.1.1 爱（Ireland）2001.4.6

续表

序号 Serial No.	国家或地区 Jurisdiction	签署日期 Signed on	生效日期 Effective from	执行日期 Applicable since
65	南非 SOUTH AFRICA	2000.4.25	2001.1.7	2002.1.1
66	巴巴多斯 BARBADOS	2000.5.15	2000.10.27	2001.1.1
67	摩尔多瓦 MOLDOVA	2000.6.7	2001.5.26	2002.1.1
68	卡塔尔国 KATAR	2001.4.2	2008.10.21	2009.1.1
69	古巴 CUBA	2001.4.13	2003.10.17	2004.1.1
70	委内瑞拉 VENEZUELA	2001.4.17	2004.12.23	2005.1.1
71	尼泊尔 NEPAL	2001.5.14	2010.12.31	2011.1.1
72	哈萨克斯坦 KAZAKHSTAN	2001.9.12	2003.7.27	2004.1.1
73	印度尼西亚 INDONESIA	2001.11.7	2003.8.25	2004.1.1
74	阿曼 OMAN	2002.3.25	2002.7.20	2003.1.1
75	尼日利亚 NIGERIA	2002.4.15	2009.3.21	2010.1.1
76	突尼斯 TUNIS	2002.4.16	2003.9.23	2004.1.1
77	伊朗 IRAN	2002.4.20	2003.8.14	2004.1.1

第三章 我国涉外税收制度发展历程及现行涉外税制

续表

序号 Serial No.	国家或地区 Jurisdiction	签署日期 Signed on	生效日期 Effective from	执行日期 Applicable since
78	巴林 BAHRAIN	2002.5.16	2002.8.8	2003.1.1
79	希腊 GREECE	2002.6.3	2005.11.1	2006.1.1
80	吉尔吉斯 KYRGYZSTAN	2002.6.24	2003.3.29	2004.1.1
81	摩洛哥 MOROCCO	2002.8.27	2006.8.16	2007.1.1
82	斯里兰卡 SRILANKA	2003.8.11	2005.5.22	2006.1.1
83	特立尼达和多巴哥 TRINIDAD AND TOBAGO	2003.9.18	2005.5.22	针对不同所得项目分别于 2005.6.1 和 2006.1.1 起执行
84	阿尔巴尼亚 ALBANIA	2004.9.13	2005.7.28	2006.1.1
85	文莱 BRUNEI	2004.9.21	2006.12.29	2007.1.1
86	阿塞拜疆 AZERBAIJAN	2005.3.17	2005.8.17	2006.1.1
87	格鲁吉亚 GEORGIA	2005.6.22	2005.11.10	2006.1.1
88	墨西哥 MEXICO	2005.9.12	2006.3.1	2007.1.1
89	沙特阿拉伯 SAUDI ARABIA	2006.1.23	2006.9.1	2007.1.1
90	阿尔及利亚 ALGERIA	2006.11.6	2007.7.27	2008.1.1

续表

序号 Serial No.	国家或地区 Jurisdiction	签署日期 Signed on	生效日期 Effective from	执行日期 Applicable since
91	塔吉克斯坦 Tajikistan	2008.8.27	2009.3.28	2010.1.1
92	埃塞俄比亚 ETHIOPIA	2009.5.14	2012.12.25	2013.1.1
93	土库曼斯坦 TURKMENISTAN	2009.12.13	2010.5.30	2011.1.1
94	捷克 CZECH	2009.8.28	2011.5.4	2012.1.1
95	赞比亚 ZAMBIA	2010.7.26	2011.6.30	2012.1.1
96	叙利亚 SYRIA	2010.10.31	2011.9.1	2012.1.1
97	乌干达 UGANDA	2012.1.11	（尚未生效）	
98	博茨瓦纳 BOTSWANA	2012.4.11	（尚未生效）	
99	厄瓜多尔 ECUADOR	2013.1.21	2014.3.6	2015.1.1
100	智利 CHILE	2015.5.25	2016.8.8	2017.1.1
101	津巴布韦 ZIMBABWE	2015.12.1	2016.9.29	2017.1.1
102	柬埔寨 CAMBODIA	2016.10.13	（尚未生效）	
103	肯尼亚 KENYA	2017.9.21	（尚未生效）	

第三章 我国涉外税收制度发展历程及现行涉外税制

表3-7 内地与港澳签订的避免双重征税安排一览表

序号 Serial No.	地区 Region	签署日期 Signed on	生效日期 Effective from	执行日期 Applicable since
1	香港特别行政区 HKSAR	2006.8.21	2006.12.8	内地（Mainland）： 2007.1.1 香港（HKSAR）： 2007.4.1
2	澳门特别行政区 MCSAR	2003.12.27	2003.12.30	2004.1.1

表3-8 大陆与台湾签订的避免双重征税协议

序号 Serial No.	地区 Region	签署日期 Signed on	生效日期 Effective from	执行日期 Applicable since
1	台湾 Taiwan	2015.8.25	（尚未生效）	

表3-9 我国签署的税收情报交换协定一览表

序号 Serial No.	国家或地区 Jurisdiction	签署日期 Signed on	生效日期 Effective from	执行日期 Applicable since
1	巴哈马 Bahamas	2009.12.01	2010.08.28	2011.01.01
2	英属维尔京 the British Virgin Islands	2009.12.07	2010.12.30	2011.01.01
3	马恩岛 the Isle of Man	2010.10.26	2011.08.14	2012.01.01
4	根西 Guernsey	2010.10.27	2011.08.17	2012.01.01

续表

序号 Serial No.	国家或地区 Jurisdiction	签署日期 Signed on	生效日期 Effective from	执行日期 Applicable since
5	泽西 Jersey	2010.10.29	2011.11.10	2012.01.01
6	百慕大 Bermuda	2010.12.02	2011.12.31	2012.01.01
7	阿根廷 Argentina	2010.12.13	2011.09.16	2012.01.01
8	开曼 Cayman	2011.09.26	2012.11.15	2013.01.01
9	圣马力诺 San Marino	2012.07.09	2013.04.30	2014.01.01
10	列支敦士登 Liechtenstein	2014.01.27	2014.08.02	2015.01.01

表 3-10　　国际运输收入税收处理情况一览表

（空运）

项目	国家（或地区）	依据
1. 互征企业所得税	税款不超过总收入的 1.5%：菲律宾	避免双重征税协定（或安排）
2. 互免企业所得税	除项目 1 所列国家外其他所有与我有税收协定的国家（地区）	避免双重征税协定（或安排）
	津巴布韦、土库曼斯坦、叙利亚、秘鲁、马达加斯加、黎巴嫩、阿富汗、扎伊尔、文莱	航空协定税收条款

续表

项目	国家（或地区）	依据
3. 互免个人所得税	津巴布韦、越南、蒙古、老挝、科威特、孟加拉国、阿曼、文莱、乌克兰、哈萨克斯坦、马尔代夫、乌兹别克斯坦、土库曼斯坦、苏联、黎巴嫩、吉尔吉斯、白俄罗斯	航空协定税收条款
	韩国	税收协定议定书
	法国、英国、巴林	双边专项国际运输互免税协议
4. 互免间接税	日本、丹麦、新加坡、阿联酋、韩国、印度、毛里求斯、斯洛文尼亚、以色列、乌克兰、牙买加、马来西亚（2000年议定书）、香港、澳门	避免双重征税协定（或安排）
	津巴布韦、越南、乌兹别克斯坦、美国、乌克兰、土库曼斯坦、叙利亚、罗马尼亚、秘鲁、阿曼、新西兰、马达加斯加、黎巴嫩、吉尔吉斯、科威特、哈萨克斯坦、以色列、加拿大、文莱、比利时、白俄罗斯	航空协定税收条款
	美国、法国、泰国、土耳其、卢森堡、荷兰、芬兰、新加坡、斯里兰卡、巴林、波兰	互免国际运输收入税收协议或换函

表 3－11　国际运输收入税收处理情况一览表

（海运）

项目	国家（或地区）	依据
1. 互征企业所得税	减半征收：泰国、马来西亚、孟加拉、印尼、斯里兰卡税款不超过总收入的1.5%：菲律宾	避免双重征税协定（或安排）

续表

项目	国家（或地区）	依据
2. 互免企业所得税	除项目1所列国家外其他所有与我有税收协定（或安排）的国家（或地区）	避免双重征税协定（或安排）
	智利、朝鲜、黎巴嫩	海运协定税收条款
	阿根廷	互免国际运输收入税收协议或换函
3. 互免个人所得税	前南斯拉夫、克罗地亚、希腊、黎巴嫩	海运协定税收条款
	韩国	税收协定议定书
4. 互免间接税	日本、丹麦、新加坡（第8条及议定书）、阿联酋、韩国（第8条及议定书）、印度（第8条及议定书）、毛里求斯、斯洛文尼亚、以色列、乌克兰、牙买加、马来西亚（2000年议定书）、香港	避免双重征税协定（或安排）
	日本、比利时、德国、挪威、丹麦、芬兰、瑞典、荷兰、保加利亚、巴基斯坦、塞浦路斯、罗马尼亚、巴西、马耳他、克罗地亚、越南、乌克兰、希腊、古巴、格鲁吉亚、阿尔及利亚、智利、朝鲜、意大利、加拿大	海运协定税收条款
	美国、前南斯拉夫（互免海运收入税收协定）、俄罗斯（海运合作协定）、老挝（河运协定）、波兰、斯里兰卡、阿根廷、智利、意大利	互免国际运输收入税收协议或换函

经济全球化背景下我国涉外税收存在的问题

一、我国涉外税收制度存在的问题

涉外税收政策与我国的经济战略发展目标密不可分,涉外税收政策通过影响我国涉外投资规模与结构,对我国的经济发展产生重大影响,是贯彻和实现我国各阶段经济发展战略目标的重要保障,而涉外税收是国家税收的组成部分,涉外税收政策的制定与实施必须在国家税收制度的框架范围内,下文将从我国现行税收制度存在的问题出发,分析我国涉外税制存在的问题。

(一) 现行涉外税收制度设计缺陷

1. 现行涉外税收制度设计滞后于经济发展

我国的涉外税收政策是随着国家对外经济

贸易活动的发展而逐步建立起来的，改革开放以来，为适应对外经济发展需要，我国涉外税收政策围绕国家宏观经济战略目标，进行了一系列改革，其政策选择取向经历了由改革开放初期"引进来"为主（1979~2001年）、到"走出去"与"引进来"并重（2002~2012年）、再到"助推构建开放型经济新体制的大国税收"（2013年至今）三个发展阶段。

"引进来"为主（1979~2001年）阶段我国的经济发展战略主要是以"最大限度招商引资"为目标，以"全面优惠促开放"为导向，这一阶段的涉外税制体现出税负从轻、优惠从宽、手续从简的若干特点。这一阶段，我国陆续颁布了一系列扩大税收优惠政策的法律、法规，并逐步建立起"经济特区、经济技术开发区、沿海经济开发区、其他特定地区和内地一般地区"的多层次涉外税收优惠格局，这些涉外税收制度对我国改革开放初期引进外国资金、技术和人才，开展对外经济技术合作发挥了至关重要的作用。

"走出去"与"引进来"并重（2002~2012年）阶段侧重于逐步取消原有内外有别的税收法律、法规，修订并完善涉外税收制度，引导"引进来"企业"从量向质"转变，促进我国产业结构升级，同时也制定一些税收优惠措施，鼓励我国具有比较优势的企业走出国门。

"助推构建开放型经济新体制的大国税收"（2013年至今）阶段我国涉外税收政策的取向对内主要着力于提高征管效率与水平，加强跨境税源管理，服务"走出去"企业。对外则充分展现大国责任担当，深度参与全球税收合作，提高在国际社会中的税收话语权，维护国家税收权益。

从我国涉外税收政策三个发展阶段的政策取向可以看出，在"引进来"阶段，国家出台的有针对性的政策明显比较多，极大地促进了我国吸引外资规模和经济发展，而后两个阶段国家专门针对"走出去"企业的政策则比较少，2014年起，我国已连续四年成为净资本输出国，但目前我国关于"走出去"企业的相关税收政策较少且比较零散，缺乏系统性和规范性，实际操作比较困难。同时随着经济全球化和数字经济的发展，彻底改变了传统商业模式和消费模式，原有税法中对纳税主体、征收对象、征收范围的规定已不适应经济发展形势。

2. 现行主要税种设计缺陷

涉外税收的主要税种为所得税和增值税（货物与劳务税），下面将分析我国现行所得税和增值税设计存在的问题。

所得税设计缺陷。从企业所得税来看，虽然我国目前的涉外税收政策能解决可能产生的国际双重征税问题，为我国"走出去"企业营造良好的税收环境，但仍然存在一些不足，主要表现在：一是境外所得抵免不彻底。我国企业所得税法对大多数企业实行"分国不分项"的税收抵免制度，仅对中石油等少数企业采取综合抵免制度。同时，由于抵免层级只限三层以内，三层以外的不能抵免，因此，不同投资国之间的超限额与抵免余额不能完全相互抵消，不能完全避免重复征税。二是特别纳税调整难以执行。我国企业所得税法规定，对外投资企业境外所得的成本费用需要依照我国企业所得税法的相关规定核算调整以计算应纳税额和抵扣限额，由于与投资所在国的有关财务核算、税法规定无法衔接，这使税务机关和企业财务核算工作十分繁琐，增加了征纳双方成本。三是境外亏损弥补限制过严。由于我国不允许税前提取海外投资风险准备金，企业缺少海外投资的风险保护。按照现行规定，境外亏损不能抵减境内盈利，而且境外不同国家的盈亏不能互抵。这容易使境外亏损得不到正常弥补，不仅增加企业税收负担，也增加了境外投资的风险。从货物和劳务税来看，增值税出口退税不彻底，部分企业重复征税问题未能根本解决，既不利于服务业的发展，也不利于货物和劳务出口实现彻底退税，以零税负进入国际市场，影响了产品的国际竞争力。

增值税（货物与劳务税）设计缺陷。增值税是对销售货物、进口货物和提供货物加工、修理修配等劳务征收的税种。目前一般纳税人实行的增值税税率主要包括17％、13％、11％和6％四档，其中17％、11％属于基本税率，13％和6％属于低税率，对小企业则适用3％的低税率，但不得抵扣进项税额。一般来说，增值税的税基应当是货物和劳务的最终消费，其作用机制是允许进项税额从销项税额中得到抵扣，每一环节所缴纳的增值税净额只与新增价值有关，直到最终消费环节，因此，要确保增值税只与最终消费有关且不扭曲企业日常生产经营决策就必须保证增值税的抵扣链条不能中断，如果抵扣链条中断，则进项税额不能抵扣，否则会给企业生产经营造成负担。与大多数国家采用消费型增值税不同，中国采用的是生产型增值税，由于中国增值税的征收环节主要是在生产和流通环节，在经济下行的情况下，增值税抵扣链条容易中断，加重了企业负担。另外，中国增值税制度仅仅是部分实现了目的地原则，即出口实行零税率，进口与国内生产一样按照相同的税率和征收依据征税，使得某些出口的进项税额并未得到完全抵扣，出口商在许多情况下仍然要承担一定的增值税成本，这样的制度设计不利于国内企业出口商品和参与国际竞争。增值税退税的缺失和不确定性也对中国对外国直接投资产生了负面影响，同时也降低了外商到中国投资的吸引力。

（二）现行税制结构设计不合理之处

我国现行税收制度存在税收收入来源及税收缴纳环节不合理等问题，表现为流转税比重较高，所得税比重较低；企业缴税比重较高，个人缴税比重较低；生产流通环节缴税比重较高，而收入和分配环节缴税比重较低的"三高三低"特征。

1. 间接税占比高，直接税占比低

2002~2014年，我国涉外税收收入中直接税（主要指企业所得税与个人所得税）所占比重平均为27.73%，间接税（主要指增值税、营业税、消费税）所占比重平均为68.60%，间接税在涉外税收收入中的比重远远大于直接税所占比重。这一比例远远超过发达国家。根据OECD统计数据显示，在2014年发达国家税收收入中，仅有33%左右来源于间接税（货物与劳务税），约有60%左右来源于间接税（企业所得税及个人所得税），5.5%左右来源于财产税。

2. 企业缴税占比高，个人缴税占比低

2002~2014年，个人所得税在涉外税收收入中的比重平均约为6.16%，意味着在涉外税收收入中自然人所承担的税负较少，企业所承担的税负较重。而据OECD统计数据显示，发达国家税收收入中，约有24%的税负由个人承担，企业承担的税负约为76%左右。个人缴纳的税收占比小，意味着我国约94%的税收收入由企业缴纳，使企业的经营状况和纳税后的净收益与税收负担密切相关，在经济不景气的情况下，企业的税收负担痛感增大，导致企业选择向国际避税地投资，以逃避国内税收负担。

3. 生产流通环节占比高，消费分配环节占比低

我国增值税、营业税及消费税等间接税主要是在生产和流通环节征收，间接税在税收收入中所占比重平均为68.60%，意味着我国68%左右的税收收入要作为价格的构成要素嵌入各种商品和要素的价格之中，也就是我国税收同商品和要素的价格高度相关。一方面使得商品的价格同税收制度的变化捆绑在一起，难免扭曲价格的正常形成机制，另一方面由于中外税制结构的巨大差异，如此高的税收收入来源于生产、流通领域，可能导致境内外商品和要素价格之间的"反差"或"倒挂"，使企业在国际贸易中处于劣势。

（三）税收协定滞后于经济发展

1. 税收协定覆盖不全面

截至 2017 年底，我国与 105 个国家签订了税收协定，与中国香港、澳门和台湾地区签订了避免双重征税协议，但对于全球 224 个国家和地区来说，我国对外签订的税收协定还不到一半，在"一带一路"沿线国家中，还有 10 个国家没有与我国签订税收协定，这给我国"走出去"企业在选择投资国别时带来了障碍，不利于企业发展及参与市场公平竞争。

2. 税收协定内容陈旧

虽然我国近几年来税法不断进行完善，但是现有的税收协定许多是在改革开放初期谈签的，距现在已有 30 余年，许多条款已经过时，不利于维护我国税收权益。由于改革开放初期我国的经济发展战略目标是以鼓励吸引外资为主，原来对外签订的税收协定更多的是考虑作为收入来源地的我国的税收利益，一般是要求发达国家单方面给予饶让抵免，对于发展中国家，则一般相互给予饶让抵免。但随着近年来我国对外投资规模快速增长，自 2014 年起，我国已连续三年成为净资本输出国，原来签订的税收协定显然已不能很好地维护我国的税收利益。虽然近两年在税收协定谈签时，我国已开始重视维护作为资本输出国的税收权益，在税收协定中不再列入饶让抵免条款且协定中不给予对方饶让，但对于"走出去"企业来说，将无法享受其投资所在国的税收优惠政策，影响企业对外投资的积极性。

3. 税收协定实际运用效果不理想

据 2014 年北京市国税局对 281 户主动向税务机关申报了境外所得的企业开展的调查结果显示，我国"走出去"企业很少利用税收协定维护合法权益并享受投资东道国税收优惠，而"引进来"企业则充分运用与我国谈签的税收协定申请税收优惠。2011～2013 年，北京市 281 户"走出去"企业取得的境外所得共计 2079 亿元，其中近 90% 来源于已与我国签署税收协定或安排的国家和地区，但仅有 26 户企业曾在境外享受税收协定待遇，占比仅为 9.25%。与国内企业不同的是，"引进来"企业仅 2014 年向北京市国税局申请享受税收协定待遇审批和备案就达 900 余户次。

（四）税收法定原则落实不到位

目前，我国由全国人民代表大会及其常务委员会制定的税收程序法律只有《中华人民共和国税收征收管理法》一部，税收实体法律则只有《中华人民共和国个人所得税法》《中华人民共和国企业所得税法》《中华人民共和国车船税法》《中华人民共和国环境保护税法》以及在 2018 年 7 月 1 日起施行的《中华人民共和国船舶吨税法》和《中华人民共和国烟叶税法》，除此之外，其他税收法律、法规都是全国人民代表大会及其常务委员会授权国务院相关部门制定，并以暂行条例的形式发布实施，税收的法定原则落实不够。由于全国人大授权后对税收立法监督缺位，使得现行税收法律、法规中一些条款表述不具体、不准确，企业及执法部门在执行过程中存在分歧，且有许多漏洞可钻，导致税收工作缺乏稳定性和透明度，直接影响了税法应有的权威性和严肃性。

二、我国涉外税收征管存在的问题

（一）我国涉外税收征管现状

1. 涉外企业逃避税严重

随着我国加入 WTO 和改革开放进程的深入，涉外税收规模呈现飞速增长的态势，逐步构成我国财政收入来源的重要组成部分，但由于涉外税收法律制度和征管方面存在的不足和落后，跨国企业逃避税规模也在逐年递增，严重侵蚀着我国税收收入。另外，数字经济作为信息和通讯技术（ICT）创新的产物，正促使全球商业模式和经济结构悄然发生巨大变化，如表 4-1 所示，相比 2014 年，2005 年中国网络经济市场规模是其 59.63 倍，达到了 8706.2 亿元，数字经济的发展带来了跨国公司全球价值链的整合，给我国基于传统经济模式建立的税制体系和征管体系带来了更为严峻的挑战，种种现象的背后凸显的是一个亟待解决的根本性问题——跨国企业正借助数字经济的大背景以及中国涉外税收征管方面的不足，规避在我国的纳税义务，且几经国家出台各种政策治理，仍未得到有效控制。根据国家统计局的数据，外商投资企业有一半以上年报显示连年亏损，然而，在我国另一个现象却是我国利用外资和对外直接投资金额连年增长，跨国企业数量越来越多。如表 4-1 所示，截止 2014 年末，中国对外直接投资规模为 1029 亿美元，居世界第三，实际利用外资规模为 1195.6 亿美元，居世界第一，中国已经超越美国成为全球外国投资的第一大目的国。同时，我国反避税收入也随着对外直接投资和利用外资规模逐年攀升，我们发现，"越亏越投"的背后是

第四章 经济全球化背景下我国涉外税收存在的问题

这些跨国企业可以利用各种逃避税手段实现"扭亏为盈"。由于中国的税制不完善、税收征管手段落后、税收监管不力等原因，中国成为数字经济背景下跨国企业逃避税的重灾区。一些跨国企业利用中国与其他国家税制之间的差异和全球一体化的经营模式，逃避在中国的纳税义务，同时，一些国家为吸引外来投资实施的税收竞争，为这些跨国企业逃避税提供了空间和土壤。据商务部和国家税务总局统计，截至2012年末，世界500强企业有490家在中国投资，跨国企业在中国设立的研发中心、地区总部等功能性机构达1600多家，2012年我国涉外税收收入总额为21768.86亿元，据估算，仅外资工业企业增值税和所得税逃避税规模就约为6000亿元，给国家财政收入造成巨额损失，总之我国涉外税收征管方面的不完善已经严重影响我国的涉外税收财政收入的完整性，必须进行有针对性的改革。

表4-1 中国对外直接投资、实际利用外资、数字经济规模及反避税收入情况

年份	对外直接投资规模（亿美元）	实际利用外资规模（亿美元）	中国网络经济市场规模（亿元）	反避税收入（亿元）
2005	122.60	603.25	146	4.60
2006	211.60	630.21	336	6.79
2007	265.10	747.68	475	10.00
2008	559.10	923.95	569	12.40
2009	565.30	900.33	743	20.91
2010	688.10	1057.35	1513.2	102.70
2011	746.50	1160.11	2499.1	239.00
2012	878.00	1117.16	3850.4	346.00
2013	1078.40	1175.86	6004.1	468.60
2014	1029.00	1195.60	8706.2	523.00

2. 涉外企业逃避税主要途径

虽然中国政府已经采取了一系列措施来防范和治理跨国企业的逃避税行为，但随着经济全球化和数字经济的发展，且由于数字经济对经济各行业广泛的渗透性、对无形资产高度的依赖性，以及对加速整合企业全球价值链的影响，使得跨国企业可以在数字经济背景下利用互联网交易方式、数字化产品和手段，采用各种途径，规避在我国的纳税义务。随着跨国公司自身逃避税经验的积累、数字经济和经济全球化的影响，涉外企业在我国逃避税的手段变得五花八门，手段也不断翻新。

（1）所得税逃避税途径。归纳起来，跨国企业逃避所得税的途径主要有以下五种：

一是利用转让定价避税。转让定价是跨国企业最常使用的避税手段，数字经济下，跨国企业利用关联交易互相提供产品或劳务、无形资产转让时难以估值及我国税务机关获取相关信息滞后等征税漏洞，逃避在中国的纳税义务。据统计，截至2008年底，在中国注册成立的66万户外资企业中，有65%左右的企业是亏损的，但如此大面积的亏损却没有抑制外资企业投资中国的信心，反而出现越亏越投的情况，出现这种情况的主要原因是2008年我国税改取消了对外资企业的优惠税制后，大量企业利用其全球化的经营模式和一些数字手段，通过转让定价策略逃避在我国的纳税义务。具体策略就是人为减少在我国的应纳税所得：第一，把在中国的收入最小化。通过合同安排，把企业在中国的功能、资产、风险和利润降至最低，如跨国公司各国税率和税收规则方面的差异，利用其在国外设立的子公司或分支机构，将商品或劳务高价出售给国内子公司或分支机构，在转手高价出售给国外子公司或分支机构，这样一来造成的"高进低出"将大大提高运营成本，甚至出现账面亏损的假象，把留在中国国内的应税所得降到最低,以此逃避其纳税义务。又比如将无形资产之类的可移动性资产的风险和法定所有权分配给低税率国家的集团公司成员,或通过特许安排、成本分摊协议等向税收优惠地区转移无形资产的相关权利,从而降低在中国相应的收入分配。第二,把在中国的扣除最大化。通过举债来支付给其他国家关联公司利息、特许权使用费、服务费等形式,最大化地降低在中国的应纳税收入,或者涉外企业在中国成立子公司的时候,在其经营筹措资金时,一般尽量采用借款举债,避免自有资金和股票的方式,众所周知,在我国负债利息可以税前扣除,大大降低了涉外企业的纳税负担,逃避纳税义务。

二是利用混合错配避税。混合错配安排可导致非立法本意的双重不征税或长期的递延纳税,如一次借款产生两次扣除:在一方税前扣除但在另一方却没有相应的应税所得,或者滥用外国税收抵免制度或参股所得免税制度。其途径主要为通过从市场所在国或中间控股国剥离收入,通过规避 CFC 规则,或通过规避其他反滥用制度等方式来实现。数字经济背景下,跨国企业利用我国与其他国家对某些交易在所得性质、实体性质、交易性质认定及税前扣除制度等方面的税制差异,采用混合金融工具安排、混合体支付、反向混合、双重居民身份扣除等混合错配策略,加大在我国的费用扣除或不计收入,由于我国税法规定因债权融资产生的利息费用可在税前扣除,一些在中国的跨国企业通过大量向他国关联企业进行债权融资,以逃避在我国的纳税义务。

三是规避预提所得税的产生。按照我国税法规定,外国企业在中国境内虽然没有常设机构,但却取得来源于中国境内的利润(股息、红利)、利息、租金、财产转让所得、特许权使用费等所得,均应就其收入全额(除有关文件和税收协定另有规定外)征收预提所得税。数字经济下,一些跨国企业利用中国与一些国家签订的税收优惠协定，通过在有广泛税收优惠协定网络，但又没有足够条款防止协定滥用的国家成立空壳公司，再利用互联网和数字手段在中国完成交易，赚取所得，从而规避预提所得税的产生。如中国对外资企业征收股息预提所得税，一般是按照20%的税率，但对新加坡、塞舌尔、中国香港、中国澳门等地却按5%的优惠税率征收。一些跨国企业就利用内地与香港签订的税收优惠协定，进行重组，把注册地迁往香港，按照中央政府和香港特区签订的税收优惠协定，当注册地在香港的企业从中国内地派出股息时，只需向内地税务部门缴纳5%的所得税，从而降低在中国的预提所得税。

四是规避应纳税实体存在。在涉外企业眼中，税收负担也是一种营运成本，减少营运成本就意味着利润的增加，税收负担的轻重直接影响其投资收益的多少，投资者对低税率甚至零税率的渴望是其规避纳税实体而逃避税收义务的内在动因。按照我国税法规定，一个非居民企业当其在我国设有常设机构时，其相应的营业利润需要在我国征税。传统经济模式下，由于通讯不畅、物流业不发达、外汇管制、关税壁垒等原因，跨国企业想在我国开展经营活动，一般需要在我国境内设立生产、营销、分销等实体存在，这些活动所赚取的利润应该在我国纳税。但随着通讯与信息技术及国际物流业的发展，使得一些跨国企业可以利用数字化手段管理企业，并通过互联网或其他数字方式完成交易，赚取利润，而不用在我国有纳税实体的存在，从而达到避税目的。比如跨国公司低利率国家设立子公司或分支机构，将原材料、商品和劳务通过关联交易低价出售给该子公司或分支机构，通过互联网技术转手再高价卖给中国企业或个人，直接将高额利润留在避税地，而且只需缴纳相对于中国国内设立分支机构较低的税费。

五是滥用国际税收协定。滥用国际税收协定是跨国公司设法获得一个国家的某种"资格"来减轻其在另一个国家的有限纳税义务,自加入 WTO 以来,我国和许多国家签订了国际税收协定,在实践中,涉外企业往往通过在某个国际税收协定签约国成立公司,然后以该公司的名义来我国从事经济活动,从而享受税收优惠,达到避税目的。

(2)增值税逃避税途径。涉外企业逃避增值税的途径主要有两种:

一是远程销售商品、提供服务给中国免税企业。增值税的设计初衷是税负由最终消费者承担,如果跨国企业通过远程销售商品或提供服务给中国企业,由于企业购进商品和服务的进项增值税可以抵扣销售货物和服务时的销项增值税,因此 B2B(企业与企业)之间的跨境数字交易一般不会出现避税行为。但如果跨国企业通过远程向中国免征增值税的居民企业(如金融服务业)提供数据处理服务,由于中国对金融服务业等行业不征收增值税,税负无法向消费者转嫁,这种情况将会导致增值税实际是被供应商所在国征收,而作为市场所在地的中国却不能征收增值税。

二是远程销售商品、提供服务给中国个人消费者。如上所述,在 B2B 模式下,跨国企业一般不会出现逃避增值税行为,但在 B2C(企业与个人消费者)模式下,跨国企业通过远程销售商品或提供服务给中国个人消费者时,如果是销售有形商品,按中国税法规定则需要征收关税。首先,由于税收遵从成本较高,目前我国关税是采取由消费者自愿申报和海关查收相结合的征收方式,且对小额进口商品不征收关税,但由于海关税务征管手段落后、稽查不力等原因,只有约 6% 左右的进口商品被查到并补缴关税,所以大多数消费者都选择逃避关税。其次,中国是实行价内税的国家,增值税一般是由销售企业代扣代缴,但数字经济下,当跨国企业通过远程向中国消费者销售无形商品或提供服务时,由于全部交易都可以通过互联网完成,而中国并没有和这些跨国企业达成由他们代扣代缴增值税的共识,跨国企业都没有代扣代缴增值税,而是采取降低销售价格的方式,把应缴纳的增值税作为优惠直接让利给中国个人消费者,由于这些交易都是通过数字手段完成,具有较强的隐蔽性,中国税务部门无法对跨国公司的此类销售行为征收增值税,造成巨大的税收流失。

(二) 我国涉外税收征管存在的问题

1. 涉外税收征管制度滞后

首先,我国现行税收征管制度主要侧重于"引进来"企业和个人的涉税事务,基本未涉及"走出去"企业和个人的涉税事务,对"走出去"企业和个人涉税事务的征管主要是参照居民企业,但由于"走出去"企业和个人的涉税事务主要发生在境外,对他们的征管与监督明显不同于居民企业,难度更大,而目前我国缺乏对"走出去"企业和个人行之有效的税收征管制度。

其次,我国现行的税收征管制度是在传统经济模式上建立起来的,主要是针对传统商业模式和消费模式。虽然我国政府对于税收征管越来越重视,对《税收征管法》不断地进行修订完善。但随着数字经济和国际电子商务的飞速发展,给外国现行税收属地化管理模式带来巨大挑战。一些涉外企业利用数字化技术和手段逃避在我国的纳税义务,我国的税收征管制度制定仍然滞后于新的经济发展模式,进而影响税制改革和经济增长。

2. 涉外税收征管不力

首先,我国涉外税收的征税主体、征管手段单一,主要是依靠税务部门。发达国家的征税主体有国家行政部门、金融机构、第三方交易平台及税务服务机构等，他们负责监督和指导纳税人进行纳税工作。与发达国家相比，我国的税收征管工作主要依靠税务机关，来自其他部门和社会机构的帮助很少，需要税务工作人员对涉外企业进行逐一排查、核算及征收，在缺乏有效信息与税收工作人员的情况下，税务部门难以实施有效征管。

其次，涉外税源分级、分类管理不到位，税收征管覆盖面不全。我国涉外税收征收部门仅涉及国家税务总局和省级税务局，这样的制度安排使省级以下的税务机关无法及时获得、理解和贯彻执行国家颁布的涉外税收政策，省级以下的税务机关对涉外企业的税收征管重视度不够、积极性不高。同时，由于地方的经济情况在一定程度上是依靠当地的税收情况所判定的，所以地方政府在对于涉外企业的税收征管上也存在一定的干涉，政府在一定情况下会提前或者推迟企业的税款缴纳，甚至是减免税款。

最后，税务机关在涉外税收征管中存在权限重叠和划分不清楚的情况。我国目前对涉外企业的境内代表机构的税收征管上，国家与地方税务局的征管权限划分不一样，但由于国家税务总局的相关规定不完善，并没有完全划分清楚征管权限，造成涉外企业在我国境内不同地方所成立的境内代表机构的纳税义务存在巨大差异，同一笔经济业务在有的地方上需要缴纳税款，而在其他的地方上却不用缴纳税款，不利于企业公平竞争与正常经营。同时，对于涉外企业税收征管的范围上存在一些不清楚的地方，使得同一企业需要向国家以及地方性税务局两个系统同时申报纳税义务，加大了企业纳税工作量。

3. 涉外税收征管信息化程度低

经过十余年税收信息化的建设，我国的纳税申报、服务等管理信息系统已初具雏形，如可以从国家税务总局的官网上查询相关税收法律、法规，也可以在该网站上进行注册登记、申请纳税申报办理相关的纳税事宜等，纳税人也可以通过12366专线对税务征管进行查询等。但与发达国家相比，我国税收征管信息化程度仍然较低，缺乏高效的纳税监督和稽查信息化系统。

首先，涉外税收信息收集不全。一是税源登记数据不全，由于国税、地税税收管辖权划分不清，可能导致对一些涉外企业的税收征管缺位，涉外税源登记数据不全；二是税务机关与政府其他管理机关的涉税信息共享制度尚未健全；三是纳税人、扣缴义务人和其他有关单位如实向税务机关提供纳税和代扣代缴、代收代缴税款信息；四是税务机关缺乏专门针对"走出去"企业的涉税税收信息收集；五是在某些地方由于该地的涉外税收很少，税务机关在进行登记时只保留了几个重要的财务指标，涉税税收数据收集不全。

其次，涉外税收信息不真实。由于我国税务机关获取涉税信息数据的渠道不畅，第三方信息缺口较大、共享率低，金融机构交易信息获取未取得明显进展，税务、企业、银行三方联网难度较大，关键数据、核心数据抓取困难，且基础数据存在不足、不实、不准、不及时等问题，使得我国的涉外税收信息不真实。同时，涉外企业利用各种手段和途径逃避在我国的纳税义务，还利用我国与其他国家税制和会计准则差异，操纵涉税信息，大部分涉外企业在进行税务登记时均显示常年处于亏损的情况，提供虚假涉税信息。

再次，涉外税收信息不对称。由于涉外税收信息收集不充分，涉税部门之间的沟通少，信息共享不够，使得涉税信息不对称，税务机关难以进行有效征管。主要表现为税务机关与税务人员、税务机关与纳税人，以及税务机关内部各部门之间，尤其表现为纳税人生产经营的真实情况和税务部门能够获取的企业会计信息反映的业务状况不一致。

最后，涉外税收信息难以有效使用。目前，我国上线的税收征管类系统复杂多样，系统之间难以有效对接、共享数据，影响了数据的分析与使用。省局税务机关尚未建立统一的数据库，风险应对、税源管理、税收分析等均需从中国税收征管信息系统（CTAIS）中抽取，数据管理能力亟待提高。未对纳税人报送数据、第三方数据、业务部门现有数据展开交叉分析和有效利用，数据集成率、分析率和利用率低，信息技术与税收业务的融合度有待提高。

4. 涉外税收稽查不力

根据国家税务总局 2015 年 8 月颁布的《推进税务稽查随机抽查实施方案》的规定，税务机关对各省、市重点税源企业的抽查率仅为 20% 左右；对非重点税源企业，每年抽查率不超过 3%；对非企业纳税人，每年抽查率不超过 1%。税务机关对纳税人的税收检查概率非常低，而且税务稽查采取摇号方式随机抽取稽查企业，大大降低了企业对避税行为被抽查到的预期，加大了企业的避税动机。另外在 2014 年 12 月国家税务总局颁发的《第一批税务行政处罚权力清单》中，共罗列了 3 类 8 项处罚权力事项，对于大多数违规行为仅处以 1 万元以下的罚款，意味着即使企业的避税行为被税务机关稽查到，企业的违规成本也不高。因此，随着经济全球化的深入发展，越来越多的跨国企业利用我国税收监管漏洞，通过全球一体化的经营模式和复杂的税收筹划规避在我国的纳税义务，造成对我国税基的侵蚀，给我国财政造成巨额损失。

5. 涉外税收征管专业化人才缺乏

随着我国国际化进程的快速推进和涉外税收规模的扩大，涉外税收专门人才的需求量是很大的，而且这类人才的素质要高于一般的税务干部，人才供求之间的矛盾显而易见。在我国的税务机关内只有国家级以及省级税务机关才会对涉外企业的税收征管进行反避税的工作，从这一方面反映出我国在涉外税收征管人才方面的缺失。由于每个地方性单位在对于吸引外商方面都不懈地努力着，每个地方都会有关于对外商税收征管的业务，但是我国在这方面的人才不能够很好地满足地方性的需要。虽然我国的税务征收工作量极大，有关税务方面的人才却很少，能够把内资企业的税款核算清楚已经是我国现行情况的极限了，但是涉外税收在我国的税收占有很大一方面。如果不把涉外税收清算清楚，会对我国的税收产生很大影响，对于我国的内资企业也有着不公平的待遇。在这样的情况下，培养一批专属于涉外税收的人才是我国税收征管工作的重中之重。

6. 反避税管理体系不健全

反避税工作涉及社会工作的各个部门，许多跨国公司和投资者利用我国经济、行政、制度上面的不完善、不协调、不同步等漏洞，抽逃资金、人为调节利润，以达到逃避税收，侵占我国税收入的目的。因此，在做好涉外税收各个点上制度和实践完善的同时，也要以点带面建立一套反避税管理体系，统筹兼顾，形成一张反避税大网，从各环节、各方面控制、围堵逃避税行为，这就要求我国在涉外税收领域以税务机关为主，海关、外贸、金融、工商等部门都加入到反避税管理体系，建立一套行之有效的内部交流机制，以达到形成信息共享、共同监督的反避税管理体系。

第五章

西方税收理论的启示与借鉴

一、西方主流经济学派的税收理论

西方主流税收理论可分为古典经济学派、凯恩斯学派、新古典综合学派、新剑桥学派、货币学派、供给学派、理性预期学派、公共选择学派及制度学派等。其中,古典经济学派及凯恩斯学派税收理论在很长一段时期占据主流经济学派的地位,时至今日,有关这两派的经济理论与政策主张学界一直存在着比较激烈的讨论。由于市场失灵现象的存在,凯恩斯学派的税收理论被西方国家普遍作为实施税收政策的依据。

(一)古典学派税收理论

1. 产生背景

古典经济学派由英国人威廉·配第和法国

人布阿吉尔贝尔创立，经过亚当·斯密，大卫·李嘉图，斯图亚特·穆勒，西斯蒙第和庇古的发展，在17世纪到20世纪初达到发展的巅峰，成为当时的主流学派。

古典经济学派的产生背景主要归结于当时国家对经济的过度干预，因此，古典经济学派的基本观点是反对国家干预经济，认为经济运行可以依靠自身的力量自身调节，就可以促进经济发展。认为政府在保卫国家安全，建立和维护国家法律及建立和维护公共机关等三个领域行使职能即可，除此之外，国家不可介入甚至操控经济运行。

2. 代表人物及主要观点

古典经济学派关于财税理论的论述主要集中在税收理论上，主要观点有以下五点：（1）税收理论最本质的认识是税收不能侵蚀资本：认为政府的征税行为不可以侵蚀企业的资本，任何可能侵蚀企业资本的税种和征税行为都是不可取的。（2）税收的主要源泉来自于土地、利润和工资：因为古典经济学派主张税收不能侵蚀资本的观点，因此除了资本之外，只有在实现利润获取收入的时候才进行征税，因此税收的源泉必定来源于土地、利润和工资。（3）在征税过程中，要保证税收的平等和确定性，以及征收的便利和最小征收成本等原则。（4）主张税收制度不应该由单一的土地税构成，应该建立直接税和间接税相结合的税收体系。（5）古典经济学派关于税收转嫁和归宿的研究主要集中在李嘉图对其的研究，他认为税收转嫁的最终归宿要么是落在资本上，要么是落在收入上，但是不一定落在资本上就是资本税，落在收入上就是所得税。

古典经济学派在其发展中涌现出许多杰出的学者，并对古典学派的发展发挥巨大的作用。配第在《赋税论》中对税赋理论进行了详细的论述，认为税赋不应该危害人们的生活，所纳赋税的大小应该按照人们在公共秩序中享受的权益大小而定；亚当·斯密在配第赋税论的基础上继续研究，主要代表作是《国富论》，他把赋税分为四种，他的研究直接奠定了税收制度的基本原则；李嘉图把亚当·斯密的古典税收体系进一步完善，在《政治经济学及赋税原理》中对税收问题进行全面论述，并且以税收转嫁理论为主线，李嘉图对税收的分析主要侧重于税收对经济运行的影响；西斯蒙第认为赋税不应当过重尤其不应该伤及资本，对于维持生活所必需的收入不应该课税；庇古把赋税最小牺牲原则应用于其税收理论研究中，并对商品课税，所得税，支出税，财产税进行详细分析，并且认为所得税课税比对商品课税更容易贯彻最小牺牲原则。

(二) 凯恩斯学派税收理论

1. 产生背景

20世纪30年代在资本主义国家爆发的经济危机使得英国萎靡不振，传统的古典经济学派理论所倡导的政府不干预政策对于解决经济衰退和失业问题显得尤为乏力，使得人们对于古典经济学派的放任自由理论产生了怀疑，也从根本上动摇了古典经济学派关于财政理论的基本原则。人们仔细分析这次经济危机，希望可以找出一种新的理论来解释这次经济危机爆发的原因，并加以解决，因此凯恩斯学派应运而生。

经济大萧条，失业问题严重，这些现实导致古典经济学派理论黯然失色，取而代之的是以政府干预为核心的凯恩斯理论，并迅速成为西方国家的主流经济学流派。

2. 代表人物及主要观点

凯恩斯学派的税收理论基础是有效需求理论，所谓有效需求是指在需求供给函数中，总需求等于总供给时的数值，凯恩斯认为该次经济危机的主要原因是有效需求不足导致的,并指出解决的方法是国家干预经济运行,具体采用赤字财政政策,运用财政政策和货币政策的方法增加政府投资支出和消费支出,用以弥补有效需求不足的缺口,达到充分就业条件下的经济均衡。可见,凯恩斯认为税收是调节需求的一种手段,这个观点也是凯恩斯税收理论的基本观点,引出他的税收调控理论。该理论认为在经济衰退时,政府可以采用减税和增加支出的政策,减税可以增加居民收入,增加政府支出可以通过举债来进行,也就是财政赤字,从而刺激人们的消费需求,从而促进经济增长和就业。同时,凯恩斯认为税收可以调节人们的财富,通过对财富的调节,尤其是对富人财富的调节,可以引导这些人更好地为社会服务。

(三) 新古典综合学派税收理论

1. 产生背景

早在马歇尔时代,新古典综合学派就开始萌芽,新古典综合学派主要以微观的研究方法进行理论研究,但是在方法上把边际分析法、帕累托和无差异曲线等概念融合起来,建立新的体系。

新古典综合学派在理论上同时借鉴了凯恩斯的宏观经济理论和新古典微观经济理论,这种借鉴是有现实原因的,在经济发展实践中发现虽然仅仅依靠市场内在力量调节经济运行是有缺陷的,但是国家的过度干预也不利于市场经济的良性发展,理想的应该是既有市场机制发挥作用的自由市场经济成分,又有国家对经济运行的干预和宏观调控的因素,两者有机的结合,而不是人为地分割。基于这种考虑,西方经济学家把新古典经济学派的微观经济理论和凯恩斯学派的宏观经济理论加以综合,形成新古典综合学派。

2. 代表人物及主要观点

希克斯和汉森对凯恩斯理论进行解释，使得变得通俗易懂，更加明了和通彻，提出了 IS－LM 模型，所提出的对策也更加仔细和可操作。同时，汉森还提出了补偿性的财政政策，作为对凯恩斯的赤字财政的扩展。凯恩斯理论对扩张的财政政策可以增加有效需求给出了详细解释，汉森在此基础上对紧缩性财政也在理论上做出了解释，形成了补偿性的财政政策。汉森认为税收对应对经济波动和经济危机，促进经济发展有很大的作用，并主张用较低的累进制所得税率，用以鼓励私人消费和投资支出。萨缪尔森在汉森的基础上提出了补偿性的货币政策，并分析了税赋两方面的经济性质，即税赋一方面它是政府购买公有物品的资金，另一方面赋税也会改变收入分配格局，为财力转移支出提供资金。

（四）新剑桥学派税收理论

1. 产生背景

新剑桥学派早在20世纪四五十年代开始出现，到20世纪60年代中后期逐渐形成，新剑桥学派是凯恩斯学派的分支，因主要代表人物都在剑桥大学任教而得名。新剑桥和新古典综合学派主要分歧点是对凯恩斯经济学有不同的解释。

2. 代表人物及主要观点

新剑桥学派和新古典综合学派都主张政府应积极干预经济运行，并且都把税收看成是国家调节经济活动的重要杠杆。不同点在于，新剑桥学派认为税制在设计上应当体现公平，应根据纳税人不同的负担能力进行课税，高收入者多纳税，少收入者少纳税，同时对奢侈品征税，对生活必需品免税。强调在运用税收的杠杆作用调节有效需求时不仅要注意总量的调节和宏观分析，还要做微观分析。

(五) 货币学派税收理论

1. 产生背景

资本主义国家在经过一段经济繁荣之后,开始陷入滞胀,但凯恩斯学派理论对滞胀应对乏力,既不能解释产生的原因,也不能提出解决对策。此时货币学派得以发展,在传统货币数量论的发展基础上,扩展成为现代货币数量论,货币学派由弗里德曼创建于20世纪50年代,在20世纪60年代末至70年代末成为当时最有影响的经济学派之一。

2. 代表人物及主要观点

货币学派关于税收理论的论述主要以弗里德曼为代表,货币学派最基本的经济观点是反对政府对经济的过度干预,税收理论也是在这个最基本的经济观点上发展起来的。整体上看,以弗里德曼为代表的货币学派坚持货币政策对经济运行和物价的波动具有至关重要的作用,实现经济均衡简单而又关键的措施在于制定稳定的货币供应量的指标。弗里德曼还首创了"负所得税"的概念,具体是指对于低收入者,政府对其发放补助金,政府先确定一定的收入保障额,对于低于这个保障额收入的人们,按照实际收入给予补助。

货币学派的政策主张主要体现在两点:(1)反对相机抉择的财政政策,货币学派认为相机抉择不利于经济生活,会造成经济生活不稳定,造成财政政策无效。弗里德曼认为经济出现的"滞胀"现象就是由于政府庞大的预算开支。他认为政府越发庞大的开支预算,会侵蚀市场的作用,并指出平稳的政府预算可以作为平稳器发挥作用。(2)主张实施单一规则,弗里德曼根据对现代货币数量理论的分析和求证,发现私人经济具有内在稳定性,因此反对凯恩斯学派相机抉择的财政政策,应当实行单一规则的货币政策。尽管实施单一规则的货币政策并不能消除其他因素对经济运行的干扰，甚至货币之外的因素会引起经济的剧烈波动，但是只要货币供给量始终能够保持与经济同步增长，就可以实现稳定经济的目标。

（六）供给学派税收理论

1. 产生背景

20世纪70年代出现的"滞胀"给供给学派的出现创造了条件，供给学派也以凯恩斯学派为主要批判对象，反对政府过度干预经济运行，充分发挥市场自我平衡机制，减少税收，实现财政收支由不平衡向平衡回归，认为"滞胀"的出现是由于供给不足导致的。凯恩斯学派对于西方国家普遍出现生产停滞，严重失业和通货膨胀并存的局面无法做出理论解释，也提不出解决问题的对策，在此条件下，供给学派就应运而生了。

供给学派的理论总体并无创新之处，主要沿袭了庸俗经济学派的观点，供给学派的理论精髓是由其代表人物拉弗提出的"拉弗曲线"，也是供给学派税收理论的基础。

2. 代表人物及主要观点

萨伊是供给学派的代表人物，他所倡导的经济学说也是供给学派税收理论的基础，萨伊的经济学说主要观点包括：供给可以自己创造需求，在此观点基础上分析得出，国家经济运行的主要矛盾是在供给方面而不是在需求方面。这一观点是供给学派理论体系的主要特色。税收也被看作是刺激供应者的一种手段，通过税收政策，使税收政策成为刺激产品供应，从而增加实际收入的工具，这样政府就能直接而有力地促进真正的需求和收入的扩大。

供给学派通过税率对纳税人经济生活的影响，高税率是否会挫伤人们工作积极性,减税是否会提高效率,拉弗曲线以及劳动收入和非劳动收入的税收差别等问题的分析研究,得出降低税率,削减政府开支,放松政府管制和减少货币增长等措施可以治理经济出现的"滞胀"现象,认为减税可以抑制通货膨胀,并且可以提高经济运行效率。根据供给学派的税收理论,20世纪80年代,美国制订了"经济复兴计划",用以解决"滞胀"振兴经济。但是供给学派的税收理论对于如何解决财富分配不均却没有能够给出自己的建议,但是这是其他学派也没有解决的。整体来看,供给学派理论体系最突出的两个特点是:(1)供给学派的经济理论和税收理论具有很强的可操作性,是对英美等国经济发展进行深入分析的基础上提出来的,建议对策非常符合英美等国的国情,并且被英美等国在制定经济政策中所采用,并对解决英美两国经济问题有很好的效果。(2)供给学派税收理论有三个明显的特点,第一,供给学派强调从供给方面入手来实施减税政策,通过减少税收,刺激人们工作的积极性;第二,供给学派认为通过减税,可以鼓励生产,增加供给,提高工作效率;第三,供给学派强调通过税收来恢复市场机制的活力,反对政府过度干预。以上三个税收观点对以后的税收研究均产生了巨大的影响。

(七) 理性预期学派税收理论

1. 产生背景

理性预期学派产生于20世纪50年代末60年代初,1961年卡尼基—梅隆大学的约翰·弗雷泽发表的论文《理性预期和价格变动理论》表示理性预期的产生,20世纪70年代西方国家出现的"滞胀现象"给理性预期学派的迅速发展带来了契机,在此期间,理性预期学派得到了良好的发展,在宏观经济学领域掀起一场"理性预期"思想大讨论。

理性预期学派在理论上全面否定凯恩斯学派的理论和主张，从宏观上分析理性预期理论在市场经济活动中的作用和实施经济政策的效果。

2. 代表人物及主要观点

理性预期学派基本观点包括三个：理性预期假说、自然率假说、货币中性和非中性假说。理性预期学派的代表人物是约翰·弗雷泽，他的一些观点奠定了理性预期学派基本观点的基础。从理性预期学派基本观点出发，提出了其税收政策观点。理性预期学派认为税收政策是无效的，在一个较长的时间内，随着人们获取信息数量和质量的提升，人们做出非理性选择的可能性越小，但是，税收政策的有效性是依赖于人们犯认识上的错误，所以当人们在一段长的时间内对发生的事情能够在理性预期的情况下做出自己的判断时，税收政策是无效的。同时认为，紧缩税收政策不会导致产出和就业的减少，根据前述分析，人们会根据预期到的政府所要实施的政策做出相应的调整，使税收政策的效果发生结构性变化，也就是由于人们的行为，会导致某些经济变量改变，而另一些经济变量不会发生改变。在抑制通货膨胀问题上，所倡导的和供给学派相似，都主张运用税收政策抑制通货膨胀。理性预期学派认为，税收政策在长期内是有效的，短期内是无效的。这种观点有几处值得商榷，第一，短期和长期的时间概念很难界定；第二，理性预期学派认为政策效果会有一个时滞，那么，一项长期政策效应和另一项长期政策效应就应当有一定的冲突，这点在理性预期学派的理论体系中没有做出合理的解释。但是在理性预期学派的理论分析中大量运用了计量模型来表达，运用数学模型来演绎，这说明用数学逻辑或者计量模型来描述其原理或经济运行状况，已经是经济分析中不可或缺的重要手段。

(八) 公共选择学派税收理论

1. 产生背景

1958年邓肯布莱克发表的《委员会与选举理论》是现代对公选择理论早期的研究，20世纪50年代也被看作是公共选择学派的萌芽时期，20世纪60年代由于和当时的主流经济理论差别太大，公共选择学派的发展进入低谷期，代表人物也因不受学术界的接受而遭受非议。即便如此，布坎南和塔洛克发表的《同意的计算》为现代公共选择理论奠定了强有力的基础，因此20世纪60年代也被看作是公共选择学派发展成型的阶段。到了20世纪80年代和90年代，公共选择理论得到迅猛发展，越来越多的人开始接受公共选择学派的理论和观点。公共选择理论的主要特征是用经济学的方法来研究广泛的非市场决策的政治问题，在政治学和经济学之间架起一座新的桥梁。公共选择学派同样主张自由放任，反对政府干预，主张政府预算平衡。

2. 代表人物及主要观点

布坎南是公共选择学派的主要代表人物，他提出了"俱乐部"理论模型，所谓俱乐部模型就是把社区比作俱乐部，在此基础上研究在面临外因因素的条件下任何一个为分享某种利益而联合起来的人们的一个自愿协会，如何确定最优成员数的一种理论，布坎南的税收理论是建立在"俱乐部"理论模型之上的，他的税收理论区别于之前任何一个经济学家关于税收理论的论述，因此他的税收理论是独树一帜的。

布坎南的税收理论研究从"公共产品和服务的需求理论"开始，研究税收对作为投票人、纳税人、受益人为一体的个人所做决定产生的影响，并通过数量模型对上述问题进行分析。布坎南还具体分析了个人决策和税收制度之间的关系，并分别分析了直接税和间接税对个人决策的影响，为了分析直接税对个人决策的影响，他还设计了一种税收制度。之所以要设计这种制度，是要通过这一制度更直接的表述纳税人所缴纳的税额与他所得到的收益之间的紧密联系。更为具体地分析了财产税和个人所得税怎样影响个人行为选择，并将财产做了人力财产和非人力财产的划分。对于间接税，布坎南分析了公司所得税、销售税和特定消费税如何影响个人对公共产品或服务的选择，并设定了税收价格不变的模型。布坎南把公共选择学派最优税理论解释为"旧税就是好税"，一种税之所以能够长久存在，一定是人们比较能够接受这种税的征收方式、税收负担等。在布坎南的税收理论中有两个重要的假设——一个是一种税是为一种公共产品筹资的，一个是人们的偏好是真实表露的。并根据这两个假设，由克拉克和格劳维斯设计了需求表露课税，也就是克拉克—格劳维斯税，但是在这种设计中，有两个重要的缺陷：一个就是只具有个人刺激兼容性，而不具有群体刺激兼容性；另一个是不能真实实现帕累托效率。

（九）制度学派税收理论

1. 产生背景

凡勃伦于1899年发表的《有闲阶级论》和1904年发表的《企业论》标志着制度学派的创立，到20世纪三四十年代，制度学派有了新的发展，在这个时期出现了很多过渡人物，例如米恩斯、伯利和艾尔斯等。到20世纪50年代，制度学派基本形成，60年代后有了较大发展，此时的代表人物有格鲁奇、缪尔达尔。总体来说，制度学派是随着美国工业的发展，以及由封建社会向资本主义社会过渡而发展的。制度学派以分析制度、结构见长，沿袭了凡勃伦的基本思想，更多地从制度方面来分析资本主义国家的经济运行，反对经济学研究数学化。

制度学派强调非市场因素是影响经济运行的关键因素，认为市场经济本身存在较大的缺陷，无法依靠自身使社会在人与人之间平等方面协调，并指出资本主义本身的缺陷和局限性，强调有必要调整资本主义的各种经济关系，并对其改良。

2. 代表人物及主要观点

制度学派的特点在于他们对制度结构的整体分析和价值分析表明了经济领域与政治领域各制度因素是相互作用于经济发展和社会发展的。但是，制度学派的唯心主义立场只承认天性、习惯、风俗的演进而否定历史发展进程的革命飞跃的观点具有很大的缺陷。

在制度学派的税收理论发展中，有众多的学者对其做出了巨大的贡献，主要包括以下几位：（1）康芒斯在1934年出版的《制度经济学》中阐述了自己的税收理论，并对课税的警察权力进行了解释，他认为政府的课税权利会对人们的收入分配产生较大影响，同时认为税收是对私有财产的索取，赞同征收所得税使用累进税率，因为这反映了纳税人过去的纳税能力，注重税收公平，并分析了避免税收的几种方法。（2）作为制度学派的代表人物，加尔布雷斯主张国家应当干预经济，并运用他所创的"二元体制论"和"结构改革论"来阐述他的税收理论。他的税收理论主要围绕如何建立合理的公共政策来为公共服务，认为服务于计划体制的项目可以优先获得政府的税收支援。加尔布雷斯重视所得税的收入调节作用，认为有助于实现公平目标的税收也有助于实现经济稳定，主张运用税收调节经济运行。

二、西方税收原则及主要观点

西方税收公平与效率理论是西方税收原则理论的当代表述，是西方税收理论最基本的内容之一，已经成为西方国家制定税制所遵循的基本指导思想。

（一）威廉·配第的税收原则

威廉·配第的税收理论主要体现在其《赋税论》中，他在书中对国家从哪些方面、以怎样合理而有效的方法才能筹得公共经费的问题进行了比较系统的论述。国家向纳税人征税时，配第非常强调必须体现公平。配第主张政府的税收要具有一种调节功能。如果政府征税适当，不仅不会减少社会财富，还会增加社会财富。配第还认为，对过剩产品课征的各种捐税是无害的。配第主张国家征税要适度而且还要便利，其实是对征税原则的一种粗略解释，直到亚当·斯密时代，亚当·斯密能对税收原则作出系统的阐述，是配第税收理论的自然延伸。

（二）尤斯梯的税收原则

继威廉·配第之后，官方学派的代表人物之一尤斯梯对税收原则理论进行了论述，在著作《国民经济的国家控制部分》提出了税收的六大原则：1. 促进自发纳税的课税方法，即纳税应当自愿缴纳，强调生活必需品与基本财产不可侵犯。尤斯梯意识到，纳税人向政府纳税，要养成自觉纳税的意识，而且政府征税不要过度，尤其是不要对纳税人的基本生活和生产资料征税；2. 不得侵害臣民的合理的自由和增加对产业的压迫，征税不能损害人们的自由和妨碍产业资本；3. 平等课税，征税时要考虑赋税的转嫁、家庭人数、负债、课税物品的隐匿及测定的困难、货币价值等情况，要公正纳税；4. 具有明确的法律依据，征收迅速，其间没有不公正之处；5. 挑选征收费用最低的商品货物征收，即征收费用要最低；6. 纳税手续简便，税款分期缴纳，时间安排得当，要给纳税人提供方便，使纳税人缴税便利，不至于给纳税人一时造成严重的税收负担。

（三）亚当·斯密的税收四原则

西方经济学界普遍认为，第一次明确而系统地、比较准确地加以阐述税收原则的人是亚当·斯密，在《国民财富的性质和原因的研究》一书中，提出了税收四原则：1. 平等原则，一切国民，都须在可能范围内，按照各自能力的比例，即按照各自在国家保护下享受收入的比例，缴纳国赋，以维持政府。亚当·斯密的税收平等原则在配第的税收平等思想的基础上有了发展；2. 确实原则，各国国民应当完纳的赋税，必须是确定的，不得随意变更。完纳的日期、完纳的方法、完纳的数额，都应当让一切纳税人及其他人了解得十分清楚；3. 便利原则，各种赋税完纳的日期以及完纳的方法，须予纳税人以最大的便利；4. 最少征收费原则，一切赋税的征收，须设法使人民所付出的尽可能等于国家所得的收入。因为过多的征收费会挫伤纳税人的积极性。亚当·斯密关于税收原则的观点是最为系统和全面的，从四个方面详细阐述了关于税收的原则，这一观点依然是当代世界各国制定税收制度所要遵循的基本原则。

（四）萨伊的税收原则

在萨伊看来，政府征税对纳税人来讲是一种损失，是货物或者劳务价值的消失，这种价值一旦被政府或其人员消费，对整个世界来说价值便损失掉了，由于政府支出不具有生产性，也使课税不能促进生产。据此，他提出了税收的五项原则：1. 税率最适度的租税。萨伊反对高税率征税，他认为税率越低，税负越轻，对纳税人剥夺越少，对再生产的破坏作用也就越少；2. 在最低程度上造成只烦恼纳税人而不增加国库的库况的增税，他主张一方面尽量减少纳税人的负担，另一方面也不给国库增加困难。因此，对征收费用以外的费用，越少越好；3. 各阶层人民负担公平的租税，实现公平的租税，必须是各阶层的人民共同负担税收，如果有某一个人或者某一个行业豁免了税，这是不公平的；4. 在最低程度上妨碍再生产的捐税，在租税从个人所剥夺的价值中，如果这价值是由个人自己支配，其大部分无疑将用于满足他们的愿望，但一部分总会储蓄起来。成为生产性资本进一步的累积，因此，所有租税都可以说有害生产，因为它阻止生产性资本的累积；5. 有利于国民道德，就是有利于普及对社会有用或有益的习惯的租税，萨伊认为，税收除具备取得财政收入的作用外，还是调节人们行为的有力工具。

（五）瓦格纳的税收原则

瓦格纳把亚当·斯密所论述的税收四原则进行了拓展，并提出了税收的四大原则和九小原则：1. 财政政策原则，即税收要为国家财政开支筹集收入，在此基础上提出了课税充足和课税的可能性两个具体原则；2. 国民经济原则，即国家征税应能促进国民经济发展，税收对国民经济的影响有消极、中性和积极三种可能，在此基础上发展了适当税源原则和适当税种原则；3. 公正赋税分配原则，税收豁免权的存在，违背了公正赋税分配原则，为了更好地贯彻这一原则，提出了课税普遍性原则和平等性原则；4. 税务行政原则，一个优良的税制，不仅要求它对财政、经济、政治几个方面发挥积极作用，而且要求它有科学征管办法，为了贯彻税务行政原则，又提出了课税明确原则、课税便利原则、最小课税费用原则。

三、现代西方主要税收原则基本理论

尽管在表述税收原则时，由于所强调的侧重点不同、论述的角度不一，可能会有一些差异，但从本质上看，税收制度的建立无非是公平和效率之间进行选择和权衡。所以西方税收理论对税收原则的表述，都倾向于用公平和效率原则来加以概述。

（一）税收公平原则

公平原则是设计税收制度首先要考虑的因素。根据西方税收理论解释，税收公平原则就是指国家征税要使各个纳税人承受的负担与其经济状况相适应，并使各个纳税人之间的负担水平保持均衡。它可以从两方面来把握：一是纳税人的经济能力或纳税能力相同的人应当缴纳数额相同的税收，即以同等的方式对待条件相同的人，税收不应是专断的或有差别的，这被称作"横向公平"。二是纳税人的经济能力或纳税能力不同的人应当缴纳数额不同的税收，即以不同的方式对待不同的人，这被称作"纵向公平"。税收既做到横向公平，又保证纵向公平，一个关键问题是要弄清公平是就什么而言的。即要确定用什么标准来衡量税收公平与否。这个问题的解释大体依据两个原则：受益原则和负担能力原则。

受益原则的本意是根据纳税人从政府所提供公共服务中享受

利益的多少，判定其应纳多少税。即享受利益多者多缴税；享受利益少者少缴税。从理论上看，按受益原则来确定纳税人的纳税份额显得非常合理。但在实践中却难以全面执行这个原则，主要的原因是要准确衡量人们的这些受益情况几乎是不可能的。因此，也就不好确定人们应负担多少税款。受益原则从理论上说符合公平含义，但在实践中应用起来有困难。它只能解决有些易于度量受益的纳税公平原则。

负担能力原则，即根据纳税人的纳税能力，判断其应纳多少税或其税负应为多大。衡量纳税人能力存在两种学说：客观学说和主观学说。所谓客观学说，是以纳税人拥有的财富多少作为测量其纳税能力的标准。主要用收入、财产和支出来衡量纳税人的财富状况。但是无论用哪一种尺度来衡量，都有其合理的一面，也有其不足。事实上，在现实生活中，绝对准确且公允的测度纳税能力的尺度是不存在的。一般而言，现实并可行的办法只能是：以一种尺度为主，同时兼顾其他两种尺度。

主观学说运用效用论和边际分析方法，提出衡量纳税人纳税能力的标准，由于主观学说是用主观心理感受来界定纳税人的税收负担，主张用纳税人因纳税而感到的牺牲程度大小作为测定其纳税能力的尺度。如果税收的课征，能使每一纳税人所感到的牺牲程度相同，那么课税的数额也就同其纳税能力相符，税收负担就公平。主观学说把效用牺牲分为比例牺牲、均等牺牲和最小牺牲三种。

（二）税收效率原则

税收效率是指税收在经济运行中所产生的效用和对征税中的成本控制。一般而言，税收效率包括税收的经济效率、税收的资源配置效率和税收的行政效率。税收效率原则是指为提高税收效率应遵循的基本准则。西方税收理论认为，衡量税收经济效率的标准是：税收的额外税收负担最小和额外受益最大。如果政府征税仅仅是税收本身，不对纳税人产生任何不利的影响，也不产生任何有利的影响，此时的税收负担就是正常的；如果政府征税以后，纳税人的税收负担不仅仅是税收本身，而且对纳税人造成了不利影响，则这种影响就是一种额外税收负担；如果政府征税以后，纳税人的税收负担不仅仅是税收本身，而且对纳税人产生了额外受益，则这种收益就是一种额外收益。西方税收理论认为，降低税收的额外负担最根本的途径就是尽可能保持税收对经济运行的"中性"，即政府征税对社会产生的影响应以征税数额为限，并且对市场运行不造成不良影响。这只是理论上的假设，在现实生活中，不存在税收"中性"。

税收行政效率是考察税务行政管理方面的成本开支情况。衡量税收行政效率的标准是税收成本占税收收入的比重最小。税收成本是指在税收征纳过程中发生的各种费用。降低税收费用主要从以下三方面着手：一是要简化税制，这是最根本的措施，优良的税制一定是效率原则和公平原则最优配置的简化税制。二是提高征收效率，以节约征税费用。三是尽可能减少纳税人的纳税成本，提高税务机关服务质量，进而达到降低税收成本的目的。

（三）西方税收原则评述

当代西方税收原则之所以归结为公平原则和效率原则，只不过是亚当·斯密所论述的税收原则的当代表述，其本质并没有改变，但当代的人们对税收原则的空间理解已经大大拓展，如人们对税收公平的理解，不仅有横向公平，而且还有纵向公平。而且从理论层面来看，又出现了税收公平客观学说和税收公平主观学说，尽管对税收公平主观学说中涉及效用的衡量无法用精确的计量方法去实现，但像比例牺牲、均等牺牲和最小牺牲的理念已经普遍贯彻到一国税制的制定上已经是不争的事实。西方经济学家对税收公平客观学说的发展，直接导致当代西方税收制度的建立和完善。因为根据税收公平客观学说的原理，要客观体现纳税人的税收负担公平，最现实和可靠的是衡量纳税人收入、消费和财产指标，只有综合这三项指标，才能比较客观地反映纳税人的纳税能力。所以在当代西方国家，普遍建立了以所得课税、流转课税和财产课税的符合税收体系，这实际上是税收公平理论在西方国家税制建设上的应用。当代西方经济学家对于税收效率原则的研究，已经在税收的行政效率和税收的经济效率两个方面展开。实证或计量研究成为研究税收效率的主要方法，西方经济学家对税收行政效率和经济效率方面的研究，正在广度和深度上继续发展。

四、西方最优课税理论

西方课税理论是税收理论的重要内容，其产生和发展经历了一个漫长的时期，而现代课税理论起源于20世纪20年代，后经过许多经济学家的完善和拓展，现已经形成比较完善的理论体系。

（一）最优课税理论的基本逻辑

课税理论涉及商品课税的设计、所得税累进税率的确定、直接税和间接税之间的搭配等问题，对这些问题探讨的核心是在公平与效率之间的一种权衡。换句话说，就是如何设计税制，才能使结果既有效率又公平。事实上，一国税制的设计，是公平与效率之间权衡的结果，而一个国家的税制改革更是各种因素综合考虑的选择。税制设计不仅涉及税制与财政体制的协调、税种之间的搭配、主体税种的构建、税制改革所谋求达到的目的等问题，而且更为本质的是税制改革是否能够促进经济增长。

古典经济学家认为，市场自身足以有效地配置资源，即靠市场机制的作用社会资源配置可以达到"帕累托效率"状态，如果一国税制能够在实现资源配置的"帕累托效率"状态下运行，这样的税制无疑是最优的。所以，按照古典经济学的观点，在市场机制作用下实现资源配置"帕累托效率"状态时的税制就是最优税制。

一国税制的制定无法让市场机制配置资源达到"帕累托最优"状态，因为政府税收犹如一个"楔子"打入资源配置当中，使消费者和生产者产生剩余损失，影响到了消费者和生产者的行为。资源并不能实现不受税收影响下的配置。由于在现实条件下实现最优税制的设计是无法满足的，那么寻求建立税制的"次优原则"理论成为课税理论的延续和深化。最早提出"次优原则"概念的是加拿大经济学家李普斯和美国经济学家兰卡斯特。"次优原则"在运用到税制设计时的基本思路是：在现实市场机制下，由于存在公共产品配置不足、信息不对称、宏观经济失衡等市场失灵问题，资源配置不能实现"帕累托最优"。因此，弥补市场失灵是政府干预经济运行的基本理由。由于政府向消费者和生产者征税，会产生"税收楔子"，而"税收楔子"的产生无疑会影响资源配置的效率，这样一来，符合"次优原则"的税制就是税制的运行使经济运行效率损失最小的税制，这是最适课税理论的基本观点。

(二) 最优商品课税理论

一次总付税不是最优税制，因为它不能在收入分配方面发挥调节作用，但一次总付税的课税效率最高，一次总付税有两个特性：税收数额固定和纳税人的任何行动（除了移居国外或自杀）都不能改变他或她的纳税义务。一次总付税可以充当参照物的角色，依据它可以测度通常遇到的次于最优的税收，这才是讨论一次总付税的意义所在。关于商品课税理论，有两种法则对它进行解释分析。

1. 拉姆齐法则

拉姆齐法则对商品税问题提出了极有价值的理论见解：拉姆齐在《对税收理论的贡献》一文中要解决的问题是：给定数量的政府收入，将通过对企业及个人的收入的某些或全部用途课征比例性税收来筹集。对不同用途所实施的税率可能是不同的，这些税率应该怎样调整，才能使效用的损失达到最小呢？拉姆齐在这篇文章中分析的结论是：做到效率损失最小并不要求对不同的商品课征统一的税率，而是要求使不同的商品税后需求量的变动比例能够统一。或者表达为使税收引起的效率损失最小，不同商品税率的确定应使对两种商品的需求同比例地减少。还可以从另一个角度理解拉姆齐文章的结论：在对商品课税时，如果各种商品的需求是相互独立的，对各商品课征的税率应与该商品自身的价格弹性成反比例。戴尔蒙德和米尔利斯把拉姆齐法则归结为：比例性命题和逆弹性命题。

2. 罗森的商品课税分析

罗森把闲暇考虑其中，通过对纳税人预算约束的分析，使我们能够获得对商品课税基本特征进一步认识。罗森的分析，是把人们的闲暇纳入其中，而且采取对闲暇在内一切商品都征同一比例的税收，人们的行为不会发生扭曲，不会产生额外负担，如果能在这种情况下开征商品比例税，则是最优的商品税。但在现实中，对闲暇是无法征税的。只有对所有消费品课税，才是可行的。所以,一般的商品课税,产生额外税收负担是不可避免的。最优商品课税的目标是选择对所有消费品课以同一税率,使得政府征税收入所带来的额外负担尽可能少。

最优商品课税的文献几乎都假设以社会福利函数最大化为前提。西方经济学家普遍认为,拉姆齐法则是最优商品税理论最为正式的表达和最为经典的结论,但拉姆齐仅从使额外负担最小化角度论述了最优商品税理论,科里特和黑格在拉姆齐法则的前提下,论证了理想的商品税制,但在现实生活中不能做到对闲暇直接课税,那么应该对与闲暇互补性强的商品征较高税,而对与闲暇互补性弱的商品课征较低税率,以通过税收效用间接地降低人们对闲暇的消费,增加劳动供给,从而符合效率原则。罗森用简单的代数方法也论证了这一原理。戴蒙德和米尔利斯研究了逆弹性命题,还进一步考虑了消费者能力或偏好的差异以及公平与效率二者之间的权衡。概括地看,西方最优商品理论向三个领域发展:一是基于拉姆齐的工作,放宽拉姆齐的假设条件,在更深、更广泛、更复杂的领域展开研究;二是与最优所得税问题一起研究;三是把最优商品税问题置于宏观经济运行进行研究。

(三) 最优所得课税理论

以所得作为税基的课税,如何设计累进税率以实现公平目标是研究最优所得课税的出发点。亚当·斯密、穆勒、马歇尔、庇古等经济学家都用不同的原则对所得课税进行了分析解释。埃奇沃思要早于庇古利用个人效用最大化的概念和社会福利函数分析了最优所得税问题。一般认为,埃奇沃思的分析方法开启了当代最适所得税的先河。他在最优所得税理论中开拓性贡献使得他可以名留史册,在此我们介绍两种关于所得课税的模型分析。

1. 埃奇沃思模型分析

埃奇沃思在 1897 年发表的一篇题为《税收的纯理论》的经典论文，在这篇论文里，埃奇沃思以一个简单的模型考察了最优所得问题。他的论文中作了三个假设：政府征税额度一定、个人的效用函数完全相同和可得到的收入总额是固定的。第一个假设是在既定的税收前提下，如何使全社会的福利最大化，第二个假设主要是把效用的衡量限定在收入上面，第三个假设是建立收入—货币—效用的等价关系，以便衡量个人的福利水平。埃奇沃思模型实际上提出设计所得税制的基本思想：如果对个人收入征税的话，应当征收累进税，即累进程度非常高的税制结构。也就是说，应从最高收入一端开始消减收入，甚至达到完全平等。从理论上说，高所得者的边际税率甚至可以为 100%。但是，埃奇沃思模型的假设条件是非常严格的。因为在现实生活中，边际税率可以设计得很高，但不可能达到 100%，假如边际税率达到了 100% 的话，人们就不可能获得超过某一边际收入而工作了。再有，埃奇沃思认为个人效用水平仅取决于所得，没有考虑到闲暇也应作为获得效用的一种途径。一旦考虑到个人效用不仅取决于所得，而且还取决于闲暇和其他因素，埃奇沃思设计的所得税就会带来额外税收负担。当然埃奇沃思模型的基本思路是正确的，但正因为存在扭曲人们决定的因素，要设计出埃奇沃思那样的所得税制是不可能的。

2. 斯特恩模型分析

斯特恩在《论最适所得税模型》一文中，把个人的工作积极性纳入分析框架，建立最适所得税模型，即在考虑了个人在所得与闲暇之间进行选择的基础上，研究所得税的累进程度，并且提出了具有一种不变的边际税率和一种固定的截距或缴款的线性税收函数。斯特恩的研究发现，在考虑闲暇与所得之间有较小替代关系，且必要的税收收入约等于个人所得是 20% 的条件下，税率大约为 19% 时，社会福利能实现最大化。斯特恩还发现，在其他条件不变的情况下，劳动供给弹性越大，税率的最适值就应越小。因为，劳动供给弹性越大，对劳动所得课税所产生的超额负担就越大。斯特恩将他的研究严格限制在线性所得税方式的范围内。但也有人对含有不同边际税率的一般的课税方式进行了分析，就是说，税率可以随收入变动而升降。为实现最大社会福利，要求边际税率在收入上的最高档次不为零。

一般认为，所得税是具有再分配性质的税种，在调节人们收入分配方面是一个优良的税种，早期西方学者对于所得税的争论是应不应当根据人们的收入情况按不同税率来征收。西方学者斯特恩对最优所得税理论的研究，最先是以个人效用函数最大化和功利主义目标为前提，提出"最小牺牲原则"的最优所得税理论。这一理论受到后人的质疑，认为牺牲无法度量，依据无法度量的理论推导出来的结论不能成立。斯特恩对最优所得税的研究工作偏重实证分析，所得出的结论是非常具体的，对最优所得税理论发展作出了贡献。米尔利斯的工作是最突出的，他研究了非线性所得税的情况，以后关于最优所得税的研究工作几乎都是在此基础上拓展的。

最优税率的理论和计算，一直是经济学家很关心的课题。人们已对基本模型进行了拓展，以观察引进新的复杂因素后，最优税率收到何种影响。当然，也不能指望这些理论能勾画出最优税制的蓝图。如我们一直强调的那样，答案在很大程度上取决于价值判断，而且经济学分析工具无法对伦理问题提供明确的答案。有关最优税制的文献，有助于对不同伦理和行为假定条件的影响进行系统的考察，从而使人们对税收政策的讨论能有系统性。

（四）最优税收结构理论

西方税收制度的建立经历了漫长的演变和发展过程概而论之，西方国家的税收制度大体经历了由简单的直接税为主体的税收制度，到以间接税为主体的税收制度，再到以所得税为主体或间接税为主体的现代税收制度三个阶段。现行西方国家的税收体系大致分为三大类：所得税类、商品税类和财产税类。除此之外，西方国家还设置了其他税种，如交易税，证券交易税，印花税和契约税等等。本书主要以所得税类、商品税类和财产税类来介绍最优税收结构。

1. 所得税制度

西方国家的所得税制度普遍建立于 20 世纪初，经过一个多世纪的发展，所得税已经成为绝大多数西方国家的主体税种。西方国家的税收体系都设有个人所得税和公司所得税，分别对个人所得和公司在经营活动中的收入进行征税。税率也大多采用超额累进税率，并且规定了所得扣除、宽免和税收抵免等减免规定。但是在个人所得税中，对所得的界定都是比较模糊和不确定的，只是用列举法规定各种所得。从公平和效率的角度看，个人所得税法中对毛所得的理解，反映了当代税收公平与效率原则的合理结合。早在 18 世纪，亚当·斯密就提出了"平等、确实、便利和征收费用最小原则"，按照斯密的观点，纳税不应有特权阶层，如果有的人纳税，有的人不纳税，这是最大的不公平，按照这个思路推理，在个人所得税上，如果对有些所得征税，对有些所得不征税，这就是对所得征税上最大的不公平，所以最优税收结构在个人所得税上的体现为：对各类所得都要进行统一课税。西方国家在公司所得税制最基本的三要素中内容也基本趋于相同，只是在计算公司所得税时，对于所得的规定、各项扣除及免税的规定不尽相同，这说明公司所得税制在西方国家从形式到税制要素都基本一样。

2. 商品税制度

当代西方国家商品税制是其税收体系的重要组成部分，商品税制在西方国家的发展历史悠久，在历史上曾经是西方国家主要的税收制度，只是到了20世纪，西方国家普遍建立了所得税制以后，所得税取代了商品税而成为主要税种，但商品税在其税收体系中仍然占有重要作用。商品税主要包括消费税、销售税、增值税和关税。商品税税基广泛，税源可靠流转税的课税对象是商品和劳务的流转额，随着一国经济的增长，商品和劳务的税种和规模不断增加，商品和劳务的流转额也会随之增加，并且商品税作为一种间接税，课税隐蔽，课税阻力小。商品税的税率一般采用比例税率，税负不因商品交易的性质、内容和规模的不同而有差别，几乎对所有的商品和劳务都按相同的税率课税。西方国家商品税制意在确立合理的税制结构，把扩大税基和优化税基综合起来考虑，因为合理和完善的税制既是西方国家促使本国经济复苏的制度保证，又是保证一国税收增收的关键。因此最优税收结构在商品税上表现为：既能避免增税带来的国民负担加重，又能防止因减税带来的财政赤字的扩大。这就要求在增税和减税之间找到一个平衡点，在开征新税种，扩大税基的同时，通过结构性减税提高不同收入阶层的实际可支配收入水平，刺激消费，扩大内需，起到增加财政收入的效果。

3. 财产税制制度

财产税就是以一定的财产额为课税对象，向拥有财产或转让财产的人课征的税。从西方国家税制发展过程来看，财产税制历史悠久，尽管当代西方国家税制结构中财产税并不是主要税种，但财产税形式多样，发挥着其他税种达不到的独特调节功能。正因如此，长期以来，西方国家非常重视随着社会经济发展而对财产税制度进行变革，以适应整个税制体系的客观需要。西方国家从两个角度对财产税进行分类：一是以课税对象为标准进行划分，财产税可分为静态财产税和动态财产税；二是以课征范围为标准进行划分，财产税可分为一般财产税和特种财产税。对一般财产税而言，课税对象应包括纳税人拥有或者支配的全部财产。但在西方国家的财产税实际征收过程中，由于许多动产无法征到税，而且对征收查实财产过于困难或征收费用过高或不易估价的财产，一般不列入课税范围内。财产税在实际征收过程中表现出许多弊端，主要体现在财产的价值不好确定和财产的边界不易界定两方面。在西方国家，财产税是地方特别是基层地方政府的主要收入来源，由各地方政府负责管理和支配，收入划归地方政府，用于提供满足当地的居民的公共产品和公共服务。但也正是如此，税制的复杂性和随意性增加了。近些年来，在西方国家，人们对财产税的反感情绪越来越大，使财产税成为除个人所得税以外最不受欢迎的税种，是因为财产税容易产生以下问题：1. 财产税加剧了地区发展的不平衡；2. 经济复苏缓慢，地方财政税收连年下降，而安全、教育和基础设施建设等开支却在不断增加，为此，地方政府不断大幅提高财产税，引起纳税人的强烈不满；3. 地方政府通过减免财产税来招商引资、对商业、工业用房实行减税，使财产税负担从商业、工业用房转移到居民住宅，也引起纳税人的不满。最优税收结构在财产税上的体现为：财产税结构的设计既要满足地方政府财政收入中对来源于财产税部分的要求，又要兼顾当地纳税人的情绪，防止挫伤纳税人积极性。

五、西方税收理论对我国的启示与借鉴

西方国家税收制度在漫长的演变和发展的过程中,涌现出了大批的学者,根据当时的经济和社会状况,提出了适合当时经济运行和课税需求的理论,每种理论都为当时的税收制度建设做出了贡献,西方国家的税收制度也大体经历了由简单的直接税为主体的税收制度,到以间接税为主体的税收制度,再到以所得税为主体或以间接税为主体的现代税收制度三个阶段。近年来,西方各国为了健全本国财政机制和提高本国企业在国际上的竞争力,都相继进行了不同程度的税制改革,并取得了显著的成绩。虽然我国和西方各国在政治体制,经济制度,社会文化等方面都有显著不同,但在西方国家税收理论和税收制度发展及改革进程中出现的优秀理论仍对我国的税制发展和改革有较多的启示和借鉴作用。

首先,税制设计要考虑税收的公平原则。西方税收理论认为国家征税需考虑纳税人承受的税收负担应与其经济状况相适应,纳税人之间的负担水平应保持均衡,即经济能力或是纳税能力相同的人应承担相同的税负(横向公平),经济能力或纳税能力不同的人应当缴纳数额不同的税收(纵向公平),使享受利益多者多缴税,享受利益少者少缴税,税收既做到横向公平,又保证纵向公平。在西方税收理论中,主要有两种学说来衡量纳税人纳税能力的大小:客观学说和主观学说。客观学说是以纳税人拥有的财富多少来作为衡量其纳税能力的标准,主要用其收入、财产和支出三个指标。主观学说则是运用效用论和边际分析方法来衡量纳税人的纳税能力,主张用纳税人因纳税而感到的牺牲程度

（效用的减少）大小作为测定其纳税能力的尺度，主要是用主观心理感受来界定纳税人的税收负担。从当今世界各国税制的发展情况来看，大多数国家都是采用收入、财产和消费支出这三个指标协调搭配来设计本国的税制体系。

  其次，税制设计要考虑税收的效率原则。税收效率是指税收在经济运行中所产生的效应和对征税成本的控制。包括经济效率、资源配置效率和行政效率。衡量税收经济效率的标准是税收的额外负担最小和额外受益最大，政府征税不应对纳税人产生额外的税收负担及任何不利影响，也不产生任何有利影响，即纳税人的行为在纳税前和纳税后不应有任何改变。

第六章

经济全球化背景下我国涉外税制与税收征管改革政策建议

与发达国家相比，我国涉外税收收入反映出直接税比重过小、间接税比重过大、税制结构不合理；主要来源于企业及生产、消费等流通环节，税收收入来源不合理等特征，从西方最优税收理论的观点来看，好的税收制度应该不会对经济活动产生扭曲性影响，且应征管便捷、远离生产和流通环节。在我国经济下行及"逆全球化"背景下，这样的税制设计加重了企业税收负担，不利于企业参与全球竞争，阻碍了我国吸引外商投资及经济发展，同时还会导致资本流向国际避税地和低税地，成为我国涉外投资结构恶化的又一重要原因。因此，应改革我国现有税收制度和征管制度，加快建立现代税收制度，以适应建立开放型经济新体制需要。

第六章　经济全球化背景下我国涉外税制与税收征管改革政策建议

一、经济全球化背景下国际税收规则变动新趋势

（一）反避税重点从避免"双重征税"转变为"避免双重不征税"

为了促进跨境投资，有效降低税收负担，原有的国际税收协调与合作的重点是为了解决"双重征税"问题，但随着经济全球化和数字经济的飞速发展，特别是国际电子商务和国际物流业的发展，跨国企业利用其全球一体化的经营模式和各国税制的差异，规避或减少其纳税义务，实现了"双重不征税"，甚至"多重不征税"，严重侵蚀了他国税基，干扰了市场自由竞争。据OECD不完全估计，税基侵蚀和利润转移（BEPS）将导致每年全球所得税（CIT）流失1000至2400亿美元，现行国际税务规则的缺陷导致了跨国公司利用BEPS避税，使得世界主要国家不得不采取强硬措施来遏制跨国公司的避税行为。鉴于此，2013年9月，G20成员国领导人一致背书决定制定BEPS行动计划，帮助各国应对BEPS问题。其一揽子国际税改项目主要包括三个方面的内容：一是保持跨境交易相关国内法规的协调一致；二是突出强调实质经营活动并提高税收透明度；三是提高税收确定性。具体由15项行动计划组成。涉及"数字经济""混合错配安排""受控外国公司制度安排""利息扣除""有害税收实践""滥用税收协定优惠""转让定价"等方面。到目前为止，已有约90个国家（地区）以成员身份，5个区域性税收组织以观察员身份加入了这项行动，美国、加拿大、墨西哥、英国、法国、俄罗斯、爱尔兰、西班牙、南非、越南等近二十个国家和地区针

对BEPS行动计划在国内广泛征求意见，或已采取单边措施遏制跨国公司的避税行为。随着越来越多的国家贯彻实施BEPS行动计划，利用税基侵蚀、利润转移以及国家税制差异逃避纳税义务的行为将得到有效遏制。

（二）税收管辖权原则由属人或属地原则转变为属人+属地原则

税收管辖权是主权国家拥有或行使征税的权力，也是国际法公认的国家基本税收权力。多年来除少数国家外，税收管辖权原则主要是属人原则或属地原则，但随着经济全球化的发展，为维护主权国家的税收权益，越来越多的国家对税收管辖权采取属人+属地的原则。

（三）所得来源地由强调生产地转变为生产地和销售地兼顾

原有的国际税收规则强调生产地为主要所得来源地，但数字经济、国际电子商务和国际物流业的发展彻底改变了企业原有的运营模式，使企业的管理、生产和销售行为不再受地理位置和国界限制，价值的创造地和所得来源地产生分离，同时使得价值形成的所在地也更加难以确定，如果再按原有国际税收规则以生产地为所得来源地，会使经济活动和税收管辖权严重错配。因此，对所得来源地的确定，必须兼顾生产地和消费地。在《国际增值税指南草案》中就明确了消费地征税的原则，兼顾生产地和消费地原则也是BEPS行动计划中解决增值税征税问题的主要原则之一。

（四）税收利益分配由实体经济转向实体经济与虚拟经济并重

随着数字经济的发展，原有的以实体经济为主的国际税收利益分配原则已经跟不上全球商业实践的发展，数字经济一方面表现为数字化产品或服务的飞速发展,另一方面又表现为数字化手段或方法与传统产业的融合。可以预见,实体与虚拟经济相融合的经济发展模式将逐步取代原有以实体经济为主的经济发展模式,因此,国际税收规则对利益的分配原则也将由注重实体经济转变为实体经济与虚拟经济并重。

二、我国涉外税收制度改革政策建议

经济全球化给我国对外经济发展带来巨大机遇与挑战,特别是近年来全球化出现逆转趋势,我国涉外税收政策应及时调整,发挥税收的内在稳定器和相机抉择作用,促进我国经济稳定增长。因此,应借鉴西方经济学家关于最优税制设计的经典理论,遵循"公平"与"效率"原则,改革我国现有涉外税收制度。

(一) 加快现代税收制度建设

党的十八大提出要适应经济全球化新趋势,全面提高开放型经济水平,我国现有税收制度是在改革开放初期以"引进来"为主的经济发展战略目标的基础上建立的,已经严重阻碍了我国构建开放型经济新体制的要求,因此,应加快现代税收制度建设,服务"构建开放型经济新体制"经济发展战略目标。

1. 加快现代税收制度建设

"十三五"规划中提出要优化税制结构、稳定宏观税负、全面落实税收法定原则,推进依法治税、建立税种科学、结构优化、法律健全、规范公平、征管高效的现代税收制度,更好为"构建开放型经济新体制"经济发展战略目标服务。首先,要落实税收法定原则。税收法定原则从广义来看,可以理解为制定完整的税法体系，横向应包括立法、执法和司法体系，纵向应包括立法法规定的不同类别、层次。从狭义来看，税收立法可以理解为税收应该由全国人大及其常务委员会制定。其次，要合理调整宏观税负。宏观税负是指一个国家的税收收入总额占本国国内生产总值的比重。我国目前存在名义税负低，实际企业税收负担重的情况，应进行税费改革，减少政府各类非税收入，逐步建立完整、规范的政府收入体系，禁止一切违法收入，加大税收收入所占比重，降低非税收入所占的比重。最后，要完善主要税种，优化税制结构。完善不同税类、税种的设置和税制要素设计，适时调整税收政策。税种设置上，应合并、调整性质相近、征收有交叉的税种，如车辆购置税可考虑并入消费税，城镇土地使用税、耕地占用税、契税可考虑并入房地产税或资源税。另外，可考虑在保持中央宏观调控能力的前提下，向各省、自治区和直辖市适当放权，逐步将由中央立法的主要税种调整为企业所得税、个人所得税、增值税、消费税、关税和社会保险税。

2. 改革主要税种制度设计

完善企业所得税制。首先要改革现有境外企业所得税抵免办法。一是将现行的"分国不分项限额抵免法"税收抵免制度改为综合限额抵免；二是将间接抵免层级由现行的3层递延至6层，减轻企业负担，提高企业竞争力；三是借鉴发达国家经验，可考虑采用免税法代替抵免法。免税法可保证资本输入中性，使在同一地区本国和外国的投资者都面临相同的有效税率，目前许多跨国公司为降低税负，会考虑把总部设在一个低税负而且实行免税法的国家，免税法正成为一种国际新趋势，我国可考虑对境外所得税推行免税法，以吸引投资。其次，要改进境外所得纳税调整规定。可以考虑允许按来源国税法规定确定收入、费用和损失，减轻企业纳税工作负担。再次，要完

第六章 经济全球化背景下我国涉外税制与税收征管改革政策建议

善对外投资企业亏损结转和追补机制。亏损抵补是资本输出国与本国对外投资企业共担投资成本的税收政策，即纳税人当年发生的亏损允许在盈利年度抵补，我国目前实行的超过抵免限额的部分可以向后结转5年，可以考虑适当延长向后结转年限或者允许向前结转一定年限。最后，应建立国际投资风险准备金制度。允许对外投资企业将一定比例的海外投资额作为海外投资损失准备金积存起来，可以帮助企业摆脱资金困难，降低企业对外投资损失的风险。

完善增值税（货物和劳务税）税制。首先，要加快"营改增"改革步伐，择机合并简化增值税税率档次，尽可能取消或归并类似于城市维护建设税、教育费附加等流转税附加，以彻底消除重复征税，有效提高我国服务业在开放型经济条件下的出口竞争力。其次，要把目前的生产型增值税改为消费型增值税。在生产型增值税制度下，与企业资产相关的增值税不得抵扣，如果抵扣链条断裂，则会加重企业负担，不利于企业发展。而在消费型增值税制度下，用于应税营业活动的所有货物和劳务的进项税都可以抵扣，这不但有利于消除对货物和劳务的重复征税，而且在出口退税、进口征税的情况下，有利于消除因成员国之间的税制差异而造成的产品价格扭曲，使货物和劳务在成员国内部自由流动。这样，不仅有助于本国产品的出口，也有利于区域统一市场的形成。最后，要完善出口退税制度，提升税收政策的国际竞争能力。由于制度设计缺陷，使得一部分出口企业在某些情况下仍然要承担一定的税收负担，出口退税不彻底。因此，要进一步改革出口退税制度，除"两高一资"以及出于国家安全、产业导向原因而限制出口的项目外，原则上应实行彻底的出口退税制度。

(二) 优化税制结构

1. 以"营改增"为契机，逐步简化、降低税率，减轻企业税收负担

增值税具有税基广泛、税源可靠、课税隐蔽、课税阻力小、计征简便、易于征管、征纳成本较低等优点，是我国的主要税种。2016年5月，我国全面推开"营改增"，据国家税务总局数据显示，2016年1~9月，"营改增"累计减税达3267亿元，全年减税总规模预计将超过5000亿元。值得注意的是，虽然"营改增"降低了企业税负，但在经济下行，效益下滑的背景下，企业税费负担仍然较重，我国增值税的制度设计仍存在税率过高、行业税负不均衡、征税环节不合理等问题。如国家对制造业征收17%的税率，而服务业的增值税税率为6%或11%，一般来说，服务业的运营资本明显比制造业低，平均利润率却比制造业高，对制造业征收17%的增值税显然违背了公平原则，加重了工商企业税收负担，削弱了企业的国际竞争力。特别是在"逆全球化"背景下，发达国家纷纷采取措施吸引制造业回归，对制造业适用17%的增值税税率显然不利于我国制造业参与全球竞争以及吸引外商投资。因此，应以"营改增"为契机，逐步将现行增值税税率简化合并为两档或三档，降低工商业增值税税率，切实减轻企业税收负担，消除由于税制设计不合理对涉外投资的扭曲作用，吸引外资回流。

2. 以"个人所得税改革"为突破口，优化税制结构，逐步提高直接税所占比重

现行税收制度导致我国税收收入主要来源于企业和生产流通环节，侵蚀了产业资本，不利于涵养税源。从西方发达国家的经验来看，个人所得税是税收负担最明确、最难以转嫁、税负归宿透明度最高的税种，由于对个人所得税采用累进制税率，还可以发挥税收的收入分配与调节功能，体现税制设计的"公平"与"效率"原则。从 1996 年起，我国就开始提出"建立覆盖全部个人收入的分类与综合相结合的个人所得税制度"，在党的十八届三中全会中又提出要"逐步建立综合与分类相结合个人所得税制"。随着增值税改革的深入推进，减税效应会逐步加大，国家应加快个人所得税改革进程，并择机推出房产税，一方面可以提高直接税在税收收入的比重，优化我国税制结构；另一方面还可以稳定宏观税负，减轻由于"营改增"减税效应扩大后给财政带来的负担；最后还可以让税收在调节居民收入分配，促进社会公平方面发挥作用。

3. 以"简化税制"为主线索，逐步减少税收征收环节

目前我国的税收征收环节有生产、分配、流通交换与消费四个环节，如前文所述，我国目前的税收收入主要集中在生产和流通环节，但从西方发达国家的经验来看，优良的税制不应该对经济活动产生扭曲作用，应该征管便捷并远离生产和流通环节。BEPS 行动计划中税收分配原则从注重实体经济转为实体经济与虚拟经济并重，对增值税等流转税按照消费地征收的原则，对所得税则强调利润实际生产地与销售地兼顾的原则。因此应借鉴发达国家经验，与国际税收规则接轨，将我国税收的征收环节逐步集中于分配和消费环节。

（三）强化税收协定的作用

1. 扩大税收协定的谈签范围

目前与我国签订税收协定的国家和地区仅有 106 个，尚有许多国家未与我国签订税收协定，不利于"走出去"企业到这些国家投资经营，为适应企业"走出去"的步伐，应进一步扩大税收协定的谈签范围，尽早与尚未与我国签订税收协定的国家谈签税收协定。同时，在谈签税收协定时，应把"走出去"企业主要对外投资目的地国家（地区）作为优先考虑对象，积极主动联系，争取早日展开谈判，尽快签署税收协定。

2. 补充、修订现有税收协定

对部分签订时间较早的双边税收协定，应该根据国际税收规则变化趋势和我国经济发展要求尽快补充和修订。在补充、修订现有税收协定时，考虑引入以下条款：一是引入强制性仲裁条款。OECD 2008 年税收协定范本，首次列入了强制性仲裁条款，在我国谈签和修订税收协定时，可以积极考虑增列强制性仲裁条款，以强化企业境外税收维权能力，有效解决国际税收争端。二是引入受控外国公司（CFC）制度，注意增加反避税条款。引入类似"本协定应不妨碍缔约国一方实施其关于防止逃税和避税（不论是否称为逃税和避税）的国内法律及措施的权利，但以其不导致与本协定冲突为限"的反避税条款。三是引入新的货物与劳务税国际税收规则。随着信息技术和虚拟经济的不断发展，跨境服务贸易间接税存在的国际双重征税和双重不征税问题日益受到关注，OECD 已成立专家组对此进行研究，并有可能形成货物和劳务税的国际征税规则。我国应参与并加强这方面的研究，提高国际税收话语权，对形成的合理规则适时纳入国际税收协定的谈签范畴。四是合理采纳税收饶让条款。兼顾资本输入和资本输出，兼顾国家税权和企业利益，针对不同国家和地区的资本流动情况和我国产业战略布局，在税收协定谈签和修订时，灵活、合理采纳税收饶让条款。五是注意增加协定反滥用条款，维护国家税收权益。在"走出去"企业重点目的国家（地区）和国际性重要组织中设立常任代表机制，增强国际税收话语权、国际税收规划制定权，增强国际税收操作的预见性和确定性。用机制维护国家税收权益，用机制保障"走出去"企业利益。

3. 加大税收协定宣传力度

加大税收协定宣传力度，通过各种途径和方式向企业介绍有关国家税收政策，企业开展税收协定专题培训及问题解答，帮助企业利用税收协定维护自身权益，防范税收风险，让税收协定更多、更好地为"走出去"企业服务。

（四）加快落实税收法定原则

落实税收法定原则是推进我国依法治国目标的重要手段之一，我国现行税收法律、法规在制定程序、制定机构等方面一直备受诟病，2015 年全国人大常务委员会法制工作委员会提出将力争在 2020 年前落实税收法定原则，由此可见，落实税收法定原则仍需时日。落实税收法定原则，首先，应明确税收立法权属于全国人民代表大会及其常务委员会。应废止 1984 年六届全国人大常务委员会七次会议通过的关于授权给国务院改革工商税制和发布试行有关税收条例（草案）的决定，以及 1985 年六届全国人大三次会议通过的关于授权国务院在经济体制改革和对外开放方面可以制定暂行的规定或者条例的决定，杜绝由国务院立法又执法的情况，将税收立法权回归全国人民代表大会及其常务委员会。其次，应清理现有法律、法规，将现行 15 个税种的行政法规进行合并后，尽快升格为法律，由全国人民代表大会及其常务委员会以法律形式颁发。在开征新的税种时，必须由全国人大及其常务委员会制定相关法律，杜绝政府征税的随意性，维护纳税人合法权益。最后，税收立法应与宪法与立法法协调一致，文字表述要规范、明晰，每部法律中税法要素要清晰明了，增强税法的可操作性和可理解性，避免引起歧义。

三、我国涉外税收征管改革政策建议

2015年1月，国务院法制办公布的《中华人民共和国税收征收管理法修订草案（征求意见稿）》，解决了原有税收征管法中的部分问题，对征纳双方的权利义务进行了较全面的规定。随着我国税收征管改革的不断深入，在税收征管管理理念、管理方式和管理质量等方面都发生较大转变，在实际税收征管工作中取得一定成绩，但在实践中也暴露出许多问题，为切实维护我国税收权益，更好服务纳税人，应加快税收征管体制改革。

（一）完善涉外税收征管制度

应尽快建立涉外税务代理制度、跨国企业纳税评估与定级制度、涉外税收款项的结算与清算制度、税收立法机构检查制度与涉外纳税人税务申诉制度等税收征管制度。

1. 建立涉外税务代理制度

涉外税务代理制度是指涉外税务中纳税义务人（包括"引进来"和"走出去"的企业和个人）委托社会组织或税务专家（会计师事务所及其他类似组织和个人）代其办理税务事项的制度。这一制度的建立，可以弥补目前我国征税主体单一、税务机关工作人员不足的问题，同时也是发挥社会中介机构监督的一个重要途径，涉外税务代理制度在现代税收征管中越来越受到全社会的重视，通过纳税人—税务代理机构—税务机构三者之间的内在联系和相互制约，形成相互制衡的监督网络，从而实施有效的税收监管。

2. 建立涉外企业纳税评估与定级制度

企业参与国际市场竞争，良好的信誉至关重要。企业诚实纳税，不仅可以反映企业的业绩水平，同时也可以反映企业良好的品德。涉外税务部门应该定期对涉外纳税人进行纳税评估与定级，并及时将评估结果公布于众，利用新闻媒体和社会公众的广泛监督，可以促使涉外纳税人自觉遵守相关法律、法规，诚实纳税，并且督促他们及时掌握和了解有关税收法律和法规，同时也可以及时、方便、快捷地筛查并掌握偷税、漏税的重点对象，以便税务部门更好地开展国际反避税工作，提高涉外税收征管效率。

3. 建立涉外税收款项的结算与清算制度

涉外税收款项结算与清算制度包括：税款结算与清算的原则、方式、时间、地点、基本要求及违反制度的处罚规定等。通过建立完善的涉外税收款项结算与清算制度，可以保证税务机关及时足额地收缴税款，减少并杜绝涉外纳税人长期拖欠税款、转移税款或者利用汇率变动及通货膨胀、虚设机构等因素和手段逃避在我国的纳税义务，从而减轻企业的逃避税行为，维护我国税收权益。

4. 健全纳税人权利保障制度

在税收立法中，应对纳税人权利给予统一、明确、权威、稳定的保护，纳税人权利及其保障是纳税人地位的核心内容。一方面应明确纳税人的权利与义务，另一方面，要严格税法的立法程序。加强税务监督体制，严格依法行政，并在切实保证纳税人知情权的基础上，为纳税人提供高质量、专业化的纳税服务。通过大力发展税务代理服务业，在纳税人权利受到侵害、纳税人诉讼时提供专业法律上的服务，并由专业的税务律师作为纳税人代理人进行诉讼，以保证纳税人权利得到真正的维护。

(二) 提高涉外税收征管效率

由于我国目前的税制设计使企业承担的税收负担过重，在实际经济不景气，我国经济下行的情况下，产业资本开始外流，正在兴起的"逆全球化"浪潮会加重了这一趋势，一方面我国吸引外商直接投资的难度加大，另一方面我国对外直接投资规模飞快增长，2014年起，我国已连续两年成为净资本输出国。特别值得注意的是2015年我国对外投资有近80%流向了国际避税地或低税地，因此，"逆全球化"背景下，我国的涉外税收政策应转向对"走出去"企业的税收监管与服务，提高征管效率，维护国家税收主权。

1. 加强国际税收合作，服务"走出去"企业

据商务部发布的《2016年度中国对外直接投资统计公报》显示，截至2016年底，我国对外直接投资流量蝉联世界第二，已连续两年成为净资本输出国，存量位居世界第六位，境外企业资产总额达超过5万亿美元，共有2.44万家境内企业在国（境）外设立3.72万家对外直接投资企业，分布在全球190个国家（地区）。一般均衡理论认为，在只考虑税收收入的情况下，对外直接投资规模超过外商直接投资规模无疑减少了国家税收收入，"逆全球化"加剧了我国产业资本外流速度，因此，我国现阶段的涉外税收政策不宜对"走出去"企业采取"普适性"的税收优惠措施，而是应该保持资本出口中性原则，减少税式支出，致力于有效消除生产要素在国内外流动的制度障碍，促进贸易投资的自由化和便利化。一要通过谈签自贸协定和双边税收协定，加强国际税收合作，协调和明确税收管辖权，消除双重征税，降低"走出去"企业整体税负，提高跨境经营企业国际竞争力。二要通过相互协商程序和税收情报交换条款，有效解决税

第六章 经济全球化背景下我国涉外税制与税收征管改革政策建议

收争端,帮助企业利用税收协定保护自身权益。三要优化跨境纳税服务,税务部门应加强对"走出去"企业主要投资目的国的税收政策研究,分别发布投资国税收指南,并分期、分批对"走出去"企业进行培训,介绍相关投资国税收政策,提示潜在投资税收风险,为企业提供更加个性化的服务和管理。

2. 提高跨境征管能力,维护国家税收权益

据商务部发布的《2016年度中国对外直接投资统计公报》显示,2016年我国对外直接投资有近80%流向了国际避税地或低税地,说明"走出去"企业试图利用国际税收规则、税收协议及我国征管漏洞进行纳税筹划,以规避对我国的纳税义务,有关部门要高度重视这一问题,强化跨境税源管理,提高征管效率,维护我国税收权益。一要健全反避税防控体系。建立税收征管全流程信息化平台,实时监控跨国公司利润水平;加强税收情报交换,积极参与 BEPS 行动计划,借鉴 BEPS 行动计划成果,加强跨境税源监管,防止跨国企业利用利润转移侵蚀我国税基;加强国际合作,坚决打击企业国际逃避税行为,维护国家税收权益。二要加强非居民税源管理。针对非居民企业与个人税源分布广、流动性和隐蔽性强等特征,应将非居民企业与个人纳入日常税收监管,加强源泉扣缴管理,防范非居民企业及个人滥用税收协定逃避税,有效防止非居民税收流失。

(三) 加快税收征管信息化建设

目前,我国税收征管虽然已进入信息化管理阶段,但大多管理系统还局限于税务系统内部的一般管理信息传递,没有实现税务机关内部各部门、各层级之间、税务机关与其他政府部门之间,税务部门与银行、工商、海关等部门之间,以及税务机关与具体纳税人之间的完全联网。我们应该认识到:首先,税收信息化不仅是信息技术的革新，更预示着税收工作理念的转变，必将对税收征管工作产生深刻而广泛的影响；其次，税收信息化的应用能够使税务机关透过繁杂的征纳现象甄别出深层次的税收风险，有助于从整体上提高税收征管质效；最后，全面的涉税信息和先进的分析方法也为国家合理用税、安排公共支出提供了可靠的数据支持，这些数据和信息的应用还有助于国家准确地把握宏观经济运行动态，预测经济发展的趋势，进行科学决策。因此，政府有关部门应加快研究制定和完善税收信息制度。尽快修订《税收征管法》，赋予税务机关涉税信息采集、获取的权利，明确其数据采集、使用的范围，为税务机关的信息化建设提供法律保障，保证税务机关可从各种途径获得真实可靠的数据资料。同时，以法律形式明确涉税信息提供方提供真实、有效涉税信息的义务，以实现税收信息与金融、海关、工商管理以及企业等各种信息资源的充分和自动交换，从而提高税收信息的社会化程度。

（四）提高税收稽查力度

首先，应建立税务稽查完整的链条。重点监管信息流、资金流与货物流，以网络交易平台信息为基础，以第三方支付平台信息为重点，以物流公司和社会信息为补充，形成税务稽查完整的链条。选择有代表性的违规企业进行重点稽查，充分利用新闻媒体及网络，对情节严重的偷逃税案件进行曝光，提高涉外企业税法遵从意识。其次，应以纳税评估为核心，做好税源监管的重点工作。开展纳税评估，应解决好以下问题：一是解决纳税评估法律依据的问题；二是解决纳税评估指标及预警值的设计问题，确保行业税负与纳税评估指标体系的合理和适用性；三是解决信息采集的问题，在目前征纳双方信息不对称，尤其是会计信息失真问题普遍存在的条件和环境下，纳税评估的数据采集及指标设计应尽可能采用第三方信息，并通过立法拓展第三方信息采集和使用的渠道，做好重点税源的监管与稽查工作。再次，实施重点稽查策略。一是以税源分类管理为基础，合理调整稽查策略。在统筹谋划稽查策略的基础上，对大、中、小企业稽查选定比例进行合理调整，把稽查工作重点放在大中型企业上。二是以有效缓解当前面临的工作人员不足、稽查成本偏高等问题。以数据分析为基础，改进选案方法。在学习和借鉴国际、国内先进经验基础上，建立一套选案指标模型，并充分发挥信息技术的价值，提高选案的针对性和科学性。三是推进税务稽查工作的规范化建设。要对选案、检查、审理、执行、选案反馈、移交司法、司法结束整个稽查程序进行有效定位，并充分行使税法赋予的权力，加大稽查执法力度。最后，推进纳税人税收信息共享制度。利用健全的金融制度和发达的信息技术，在银行、证券、海关、法院、边防、税务、财政等部门建立信息共享机制，各个部门可以在必要的时候查询纳税人的税收信息，与相关部门建立严密的信息共享网络，有力促进了税收征管的信息化。

（五）培养涉外税收专业化人才

随着"引进来"与"走出去"企业的增多，我国涉外税收业务大幅增加，由于我国基层税务人员的涉外业务水平较低，理解和应用国际税收协定以及阅读和收集涉税资料的能力欠缺；基层税务机关长期只关注本国本地税源管理，对涉外纳税人的税源管理缺少经验；税收征管信息系统不完善等原因，使我国税务部门难以建立我国企业对外投资活动的电子化分户专门档案，企业境外收入纳税申报资料采集不完整，最终导致难以利用征管数据库进行税源分析和纳税评估。为适应对外投资快速发展和涉外税收工作的需要，建立一支高素质的反避税队伍已迫在眉睫。因此，应全面设置专职反避税机构，加强培训，使涉外税务管理人员熟悉税法，精通外语，通晓财务会计、国际贸易、国际金融、国际税收等知识，提高征管人员素质、税务审计水平以及应付涉外税务摩擦和纠纷的能力。

"逆全球化"问题引起了国际社会的高度重视，哈佛大学校长德鲁·福斯特（Andrew Foster）、哈佛大学肯尼迪政府学院国际政治经济学教授丹尼·罗德里克（Dani Rodrik）、加州大学伯克利分校经济学兼政治学教授巴里·艾肯格林（Barry Eichengreen）、麻省理工学院斯隆管理学院教授西蒙·约翰逊（Simon Johnson）都纷纷发文批评"逆全球化"思潮。这一问题也引起了中国国家主席习近平的高度重视，在2016年11月20日亚太经合组织第二十四次领导人非正式会议上，习近平指出"当前经济全球化遇到波折，国际贸易和投资低迷，保护主义抬头。面对新形势、新挑战，中国要坚定不移地引领经济全球化进程"。

"逆全球化"恶化了我国涉外投资来源与结构，给我国经济发展带来不利影响。税务部门要坚决贯彻APEC峰会习近平主席讲话精神，改革我国涉外税收政策，应对"逆全球化"产生的不利影响，继续引领世界全球化进程。一方面，应改革我国现有税制，优化税制结构，逐步提高直接税、个人所得在税收收入中的比重，降低税率，切实降低企业税收负担，吸引国际资本回流；另一方面应加强国际税收合作，提高涉外征管效率，维护国家税收权益。

第七章
BEPS 行动计划解读及我国的应对措施

一、BEPS 行动计划概述

（一）BEPS 行动计划产生的背景

BEPS 行动计划，即税基侵蚀和利润转移行动计划。经济全球化进程扩大了跨国企业的商品和服务贸易规模，追求利润最大化的动机促使跨国企业在全球范围内进行税务筹划，极大地降低了自身税负。这些国际逃避税行为虽然为企业发展和壮大节约了成本，筹集了巨额资金，但是站在征税国的角度，跨国企业的逃避税行为侵蚀了他国税基，给国际税收的公平秩序带来严峻挑战。因此，世界各国为应对跨国企业在全球范围内的逃避税问题，在 2013

年，世界经济与合作组织（OECD）接受二十国集团（G20）委托，实施启动税收改革项目。BEPS 项目由 34 个 OECD 成员国，8 个非 OECD 的 G20 成员国和 19 个其他发展中国家共同参与，历经两年的艰辛探索，OECD 在整合了 2014 年 9 月发布的 7 项产出成果的基础上，最终于 2015 年 10 月发布全部 15 项产出成果。

（二）BEPS 行动计划的主要内容

BEPS 行动计划的一揽子国际税收改革项目主要包括三方面内容：一是协调各国国内法关于跨境交易的相关规定；二是注重实质性经营活动并提高税收透明度；三是提升税收的确定性。具体来说，BEPS 行动计划的 15 项内容概括为：

1. 数字经济

在数字经济背景下，介绍了制定税收政策的基本原则，信息和通信技术对经济的影响，对国内法和国际规则提出修改意见。

2. 混合错配

对于利用同一经济实体，所得和交易在不同国家的税收处理不一样提出国内法和税收协定的修改意见，对防止跨国企业滥用税收协定提出防范措施。

3. 受控外国公司

在加强受控外国公司税收规则、防止人为致使利润滞留或转移国外提出政策建议。

4. 利息扣除

在防范和制止滥用利息支付和金融工具交易进行逃避税方面提出建议。

5. 有害的税收实践

审议包括 OECD 成员国和 OECD 非成员国在内的各国税收优

惠政策，提出解决有害税收竞争问题的措施。

6. 滥用税收协定

一方面，对跨国公司可滥用进行逃避税的税收协定，进行补充和修改；另一方面，完善相关国内法，制定新的防范性法律法规。

7. 常设机构

修改税收协定中常设机构的相关规定内容，防止人为利用常设机构漏洞进行逃避税。

8. 9. 10. 无形资产

通过制定规则和法律法规，防止集团内部利用关联企业之间无形资产的转移达到转移利润，进而逃避税负的目的。

11. 衡量和监控 BEPS

收集和分析 BEPS 数据，设计监控指标和预警指标，并采取相应行动。分析和研究 BEPS 数据以估算 BEPS 行为的规模以及对经济的影响。

12. 强制披露

对跨国公司纳税人的披露内容、方式等事项进行规范，帮助各国规范强制性披露法规。

13. 转让定价文档和国别报告

制定企业同期资料的转让定价模板，增加纳税透明度，减轻纳税人纳税负担。

14. 争议解决机制

现存的国家之间的税收协定还缺少争议解决机制，建议相关国家在税收协定中增加和许可纳税人申请互相协商的内容，完善税收协定，进一步从实质上避免双重征税。

15. 多边工具

为保障行动计划的产出成果能够得到落实，建议相关国家建立相关法律工具。

此外，BEPS 行动计划并非是完美无缺的，也存在三点"未尽事宜"，包括：

（1）来源地和居住地征纳税在全球范围内难以形成共识。

（2）仍然没有解决数字经济带来的全球税收流失问题。

（3）国家之间的税收竞争问题层出不穷。

二、我国参与 BEPS 行动计划的情况

在整个 BEPS 行动计划的制定和研究过程中，我国全程参与、积极讨论，为国际反逃避税问题作出了应有的贡献，得到了 OECD 和其他参与方的认同和赞赏。

（一）直接参与情况

2013 年 9 月，OECD 接受委托启动 BEPS 项目，该项目下设数字经济、税收协定、数据统计分析、转让定价、有害税收实践、恶意税收筹划 6 个项目组，我国国家税务总局当选为数字经济工作组副主席。我国国家税务总局又下设多个行政司，比如收入规划核算司、政策法规司，积极、全程、高效参与项目组的研究和讨论。2013 年至 2015 年，国家税务总局共参加 BEPS 相关会议 86 次，向 OECD 提交我国立场声明和建议 1000 多条，其中很多意见得到采纳并体现在最终成果中，为该项目所遵循的核心原则的确立及推动各项成果顺利完成作出了重要贡献，也为发展中国家和新兴经济体提升规则制定的话语权、维护税收权益发挥了独特作用。同时，为深入研究和应用 BEPS 成果，国家税务总局在 2014 年和 2015 年报告完成之后，及时取得 OECD 授权，迅

速组织各项成果报告的翻译工作，在 OECD 发布英文版后的第一时间在国家税务总局网站发布了中文版报告。

（二）G20 层面的参与

早在 2013 年和 2014 年，国家税务总局派遣人员参加 G20 财长会议和央行行长会议、圣彼得堡领导人峰会的前期磋商会议，确保和维护了我国的国际税收利益。

三、BEPS 行动计划解读及我国的应对措施

（一）BEPS 行动计划一——数字经济带来的税收挑战

信息和通信技术的跨越式发展是人类在 21 世纪取得的最显著的成就，信息和通信技术以互联网为载体融入人们的日常生产和生活，当信息与通信技术应用到经济发展上，就产生了数字经济。在经济发展上，无论是宏观层面还是微观层面，信息和通信技术的发展正改变着我国经济发展的方式和效率。与以往相比，发达的通信技术使得经济发展更加迅猛，充分而广泛的信息传递使得决策更加高效。信息和通信技术影响着我国经济的发展，国家的税收又与经济发展密切相关。因此，数字经济的发展影响着国家税收，给我国税收带来了前所未有的挑战。

1. 第一项行动计划的产生背景

数字经济行动计划是指由于信息和通信技术的应用，使得经济发展的环境和相关活动发生根本性的变化，为应对该变化给国际税收带来的挑战而产生的行动计划。由于数字经济越来越成为经济本身，作为一种全新的经济形势，它虽然促进了经济全球化

的发展，但由于税收和经济相关联，全新的经济发展形势使得过去的某些税收政策难以满足数字经济背景下的税收征管。例如，数字经济背景下，过去税制中常设机构的定义不能涵盖跨国企业的所有境外经营行为，跨国企业将无形资产转移到避税地实现利润转移的转移定价问题，关于受控外国公司收入的确认及税收征管问题等。

2013年，世界经济与合作组织（OECD）接受G20领导人的委托，启动和实施国际税收改革项目，2015年10月5日OECD发布了BEPS项目15个成果。在15项行动计划中，将应对数字经济带来的税收挑战作为所有行动计划中的第一项，原因在于数字经济几乎涉及国际税收的所有层面，是基础性的问题。如果数字经济给税收带来的困扰解决不好，其他行动计划的内容也将大打折扣，制定数字经济行动计划的目的在于为应对数字经济发展给税收带来的挑战。目前，数字经济行动计划中关于常设机构、无形资产转移定价和受控外国公司的问题都进行了解决，对数字经济带来的税收挑战给予了应有的关注，对后续计划也进行了展望。所以，通过数字经济行动计划的实施能够在很大程度上遏制因数字经济而加剧的BEPS问题。

2. 第一项行动计划的主要内容

数字经济行动计划除信息和通信技术对经济发展的影响外，数字经济行动计划的主要内容可以概括为三个方面：第一，数字经济带来的BEPS问题；第二，数字经济带来的税收政策挑战；第三，未来进一步的工作计划。

（1）数字经济带来的BEPS问题。在数字经济行动计划中归纳的BEPS相关问题主要有三个：常设机构带来的BEPS问题，无形资产转移定价带来的BEPS问题，受控外国公司的收入确认带来的BEPS问题。

①常设机构带来的 BEPS 问题。数字经济背景下常设机构出现了新的形式，过去的涉外税收征管规定一个国家对非居民企业征税的前提条件是该非居民企业在该国设有场所型常设机构或代理型常设机构，他们是一种物理性的存在（即看得见，摸得着）。但是，在数字经济背景下，通信、信息技术的发展赋予企业更加高效的控制能力和经营能力，企业只需以互联网或者机器作为平台来提供商品和服务，而将控制、设计、生产等实质性环节剥离至境外，它是一种虚拟的存在，既不符合"固定营业场所"，也不符合"非独立代理人"的定义，所以无法适用常设机构的定义，这给跨国企业逃避税提供了契机。

在数字经济行动计划中，常设机构的例外条款和定义已经同意被修改，在例外条款中规定此条款仅适用于"准备性或辅助性"的活动，同时加入一些反分割的规则，以确保不可能通过存在密切关联的企业人为分割商业活动而利用这些条款。在常设机构的定义中，更加注重经济活动的"实质性"，跨国公司通过关联交易进行销售货物或者提供劳务，实际上这些子公司或者分支机构实施相关合同订立的功能，修改后的常设机构定义中规定这类公司在法律上也可以成为销售合约的主体。

②无形资产转移定价带来的 BEPS 问题。数字经济发展使得跨国公司跨境资源管理成为可能，跨国企业有能力将核心业务功能在不同的税务管辖地发生迁移，跨境资源管理中最为严重的要属无形资产转移定价带来的问题。无形资产转移定价问题主要包含两个方面：第一，无形资产转移合理回报的归属问题；第二，无形资产难以估值的特性造成税务机关对公平交易价格不确定的问题。

数字经济行动计划明确指出，拥有法定所有权本身并不一定能产生开发无形资产取得回报的所有权，只有那些开展重要功能活动、贡献重要资产、控制显著经济风险的集团公司才应该享受合理回报。另外，数字经济行动计划中的转移定价指引可以保证税务机关和纳税人之间不会因为无形资产难以估值而产生信息不对称的情况，保证税务机关分析转移定价的能力。

③有效受控外国公司及其收入的确定带来的 BEPS 问题。有效受控外国公司及其收入的确定一直是反逃避税的薄弱环节，如果不能合理确定有效受控外国公司及其收入，就不能有针对性地设计反逃避税措施。在数字经济行动计划中，对有效受控外国企业规则设计提出了建议，包括对受控外国企业收入的定义，使得数字经济背景下含税的典型相关收入在最终母公司所属的管辖地征税。

（2）数字经济带来的税收政策挑战。随着经济的数字化，跨国企业的经营方式早已超出税法规定的范畴，这就给世界各国的税收政策带来了挑战，这些挑战分为直接税领域的挑战和间接税领域的挑战。

①直接税领域的挑战。在数字经济行动计划中，直接税是指对所得征税。所得税方面的税收政策挑战主要表现为三个方面，并且这三个方面的挑战并不是独立存在的，而是互相叠加，错综复杂的。A. 关联度。一方面，随着数字经济的迅猛发展，许多跨国企业的生产经营已经不需要依赖实体经济的存在；另一方面，客户之间的数据互动逐渐凸显，这对现有的关联度相关规则是否仍然适用提出了疑问。B. 数据。在数字经济时代，信息和通信技术的飞速发展使得跨国公司可以以前所未有的速度和规模收集和使用信息，这就产生了一个新的问题，即这些数据所创造的价值应该如何分配，以及站在税务角度，如何对个人和企业在交易中提供的数据进行定性。C. 收入定性。新兴数字产品或数据传输方式的发展对新商业模式下如何进行收入分配带来了不确

定性。②直接税领域挑战的应对措施。数字经济行动计划中，不仅提出了直接税领域的税收政策挑战，也提供了备选方案和解决措施。首先，建立应对"显著经济存在"的全新关联度的概念。这一措施表明，如果非居民企业在某国具有"显著经济存在"，即根据相关因素可以证明该非居民企业通过科技或者非科技手段与该国经济发生了有意义且有实质性的相互影响，那么该非居民企业在该国存在纳税实体。其次，确定归属于"显著数字存在"的收入。利润的归属问题是制定显著经济存在的关联度规则中一项关键的考量因素。如果企业在市场所在国家没有经济实体，采用上述"显著经济存在"全新关联度的概念也能对此确立税收关系，在这样的条件下，必须重点考虑对现有利润归属法则作出修改，并且这种修改应该尽可能保证税收的公平性。数字经济行动计划中提出两种核定利润的方法：一是实证假设法；二是把经济存在地等同视为非居民企业商业活动的位置，按照假设费用占非居民企业来源于国内客户交易的总额收入的比例，来计算净所得。最后，对数字化交易征收预提税。预提税理论上可以作为一项独立的基于收入总额的最终预提税，它是对非居民企业提供数字商品和服务收取的款项征税，也可以作为支持上述关联度方案而应用的一种主要征收机制和执行手段。③间接税领域的挑战。数字经济行动计划中的间接税领域的挑战主要指增值税（VAT）领域的挑战。跨境货物交易、服务贸易以及无形资产贸易为VAT系统带来了不小的挑战，特别是消费者从国外供货商购入货物，在数字经济条件下，这个问题更加凸显。科技和经济的迅猛发展使得消费者在线上购物的可能性和购买力急剧增加，企业也很容易把商品和服务销售给世界各地的消费者，而无须在消费者所在国设立经济实体，这样的结果往往是这些交易只缴纳少量或者根本没有缴纳增值税，严重影响一国的税收收入，也影响到居民企业和非居民企业的税收公平性。④间接税领域挑战的应对措施。针对通过数字媒介进行跨境交易难以征收增值税这一急需解决的问题，数字经济行动计划中提出了两个应对措施：第一，对低值货物进口征收增值税；第二，对企业给消费者（B2C）跨境提供的服务和无形资产征收增值税。

（3）数字经济行动计划的未来工作计划。由于数字经济的发展日新月异，上述提出的问题可能会发生根本性的变化而出现新的问题，上述解决措施也可能会出现不再适用的情况。因此，我们需要对这些问题继续进行研究，并随时监控数字经济的发展，为了达到此目标，下一步我们需要跟进BEPS项目其他计划的完成情况并在未来工作中扩大意见征询的范围。

3. 该项行动计划对我国的影响

我国作为世界上最大的发展中国家和发展速度最快的国家，数字经济在我国的发展程度甚至比发达国家还要深远。在数字经济发展影响的背景下，我国的税收政策应该适应新经济形势的要求，第一项行动计划对我国涉外税收政策的影响主要包括以下两个方面：

（1）对涉外税收政策制定和颁布的及时性提出了挑战。数字经济行动计划表明，数字经济的发展是日新月异的，经济环境和经济形势时刻影响着税收政策的制定和出台，但数字经济的发展变化远远快于我国涉外税收政策的制定，中国的税收规则难以应对数字经济发展带来的挑战。同时，纳税企业和税务机关之间信息的不对称使得国家政策制定部门不能及时跟进经济发展状况，不能及时了解纳税企业的逃避税措施，其结果就是涉外税收政策的制定和颁布存在滞后性，加上数字经济发展的变幻莫测，往往使得新颁布的涉外税收政策的针对性大大削弱。

（2）弥补涉外税制中数字化产品和服务领域的不足。数字化产品和服务在我国涉外税制中属于仍然需要研究的领域。从我国的税收角度看，数字经济行动计划的发布，有利于我国及时审视和修改现行涉外税制中关于新兴领域的税收法律制度，包括修订转让定价规则和双边或多边的税收协定规则，合理确定和分配税收管辖权，重新确定数字经济背景下企业和消费者提供数据和信息的价值，重新分配利润归属等等。同时，对我国相关税收管辖权和税收政策的修订提出新挑战。

4. 我国的应对措施

（1）加强涉外税收方面信息透明度的立法研究，提升信息获取和交流能力。要做到数字经济背景下及时应对国际逃避税，首要任务是提升我国税务机关信息获取能力。跨国企业和税务机关在征纳税时存在着信息不对称问题，一般而言，跨国企业掌握的信息会多于税务机关掌握的信息，这就给跨国企业逃避税提供了有利条件。同时，税务机关获取信息能力的欠缺遏制了政策的及时颁布和修改，想要遏制跨国企业的逃避税行为，及时出台涉外税收政策，首先要在信息获取上做到对称，这是首要条件，也是应对数字经济背景下反避税的基础。我国应加强这方面的信息透明度研究，从法律角度规范跨国企业的信息披露，提升税务机关的信息获取和交流能力。

（2）进一步研究数字化产品和服务领域税收管辖权的分配和相关政策的修订。数字化产品和服务是数字经济背景下新兴的产物，他们不同于以往的商品交易和劳务服务，在税收立法领域属于空白，但是数字化产品和服务与商品、劳务一样，都是有价值的，都会创造利润，都会涉及利润的归属和分配，自然就涉及征纳税问题。所以，我国在新的数字经济背景下，需要加强这方面的立法考虑，以保护税基，防止发生人为转移利润和逃避税行为。我国作为世界第二大经济体，在结合过去国际税收管理经验的同时，应该以超前性和前瞻性的税务视角引领国际税收走向未来。

（二）BEPS 行动计划二——消除混合错配安排的影响

随着经济全球化进程的发展，我国对外开放水平也大大提高，世界各国的资本不断涌入我国。在这些外资给我国经济发展带来活力的同时，外资企业的逃避税问题也随之而来。愈演愈烈的逃避税问题严重破坏了我国的涉外税收环境，也给税收征管带来了挑战。这些外资企业常常利用不同国家税收政策差异间的漏洞来进行逃避税，其中，利用混合错配安排就是这类逃避税方式之一。这类逃避税问题涉及多个国家的税收制度，呈现出一定的复杂性。而我国当前的税收制度还不健全，税收征管水平与国际相比还有很大差距，因此成为外资企业进行税基侵蚀和利润转移的有害土壤，对我国甚至全球的税收都造成严重影响。

1. 第二项行动计划的产生背景

混合错配安排是指该安排使应税收入不被课税或者让纳税人的一笔费用可多次扣除。混合错配安排是一种跨境税收筹划，它是利用两国税收制度的差异（通常是指对同一混合金融工具、财产转让或实体规定的税务处理不同），以达到双重不征税或长期递延纳税的结果。常见的混合金融工具是指某金融工具被一国（地区）视为债权，而被另一国（地区）视为股权，因而该金融工具下发生的付款在支付国可以抵扣，在收款国却被作为免税的股息处理。

混合错配安排早在许多 OECD 报告中就有涉及，例如，OECD 报告《解决涉及银行亏损的税务风险》（OECD，2010）就重点指出这些安排在国际银行业务的使用，并建议应注意这些问题。OECD 报告《通过进取型税务筹划利用企业亏损》

(OECD，2011）建议当各国对纳税结果有所怀疑时，可考虑引进限制多次使用相同亏损。通过审议一些成员国涉及混合错配安排的税收筹划及这些国家采取的措施，OECD得出一个结论：混合错配安排的运作使各国的集合税基面临风险。除此之外，混合错配安排对竞争、效率、透明度和公平性都有负面影响。为了加强各国对企业所得税管理的一致性，OECD和G20税基侵蚀和利润转移项目呼吁各方对消除混合错配安排的税务影响而进行的国内法规设计和税收协定范本的改进提出了建议，从而形成了该项行动计划。

该项行动计划是通过消除从混合错配中获得的税收利益来解决混合错配问题，其针对国内法反错配规则和税收协定范本条款给出了一般性建议和具体建议。这些建议措施将结束一笔支付在一国（地区）作为费用扣除的同时在另一国（地区）不被视为收入相应征税、一笔已付外国税款对应产生多项外国税收抵免或一笔支付获得多重扣除等情况。如果国内法和税收协定中加入这些建议，将有效消除混合错配的税收影响，并且在不影响跨境贸易和投资的情况下，防止这些安排被用作税基侵蚀和利润转移的工具。

2. 第二项行动计划的主要内容

为防止涉税企业利用混合错配安排逃避税收，BEPS行动计划二主要从国内和国际税收法规的设计规则方面给出建议，第二项行动计划的主要内容包括两部分：第一部分是国内法规的设计建议，第二部分是国际税收协定制定的相关建议。

（1）国内法规的设计建议。第二项行动计划建议在以下几个方面对国内法律和规则作出改善：对因金融工具支付产生一方扣除、一方不计入收入的错配提供解决建议；对股息建议不豁免征税；引入措施防止混合转让被用于在源头预扣税上的重复扣除；建议改变 CFC 效果和提升其他离岸投资计划，使投资者税收管辖区的纳税范围能囊括混合实体收入；针对在税收管辖区成立的税务透明实体建议采用适当的信息报告和备档要求；建议限制反向混合的税务透明度等。

第二项行动计划的建议采用联动规则的方式，即在不妨碍最终商业结果的同时，将某个工具或实体的税务处理与对方税收管辖区的税务处理联系起来。这些规则自动适应且有顺序，如采用首要规则，或者次要规则，还是防御性规则，可以防止多于一个国家对同样的安排采用不同规则，进而避免双重征税。行动计划二还列出一套设计原则和定义的词汇，以词来保证规则应用的一致性和有效性，并降低纳税人和税务部门的合规与管理成本。除此之外，每一个规则都有自身的范围，使规则的全面性、针对性和可管理性得到平衡。

（2）国际税收协定制定的相关建议。第二部分阐述了对国际税收协定制定的相关建议，这些建议不会影响第一部分所建议的国内法相关建议的应用。第二部分首先分析双重税收居民实体问题，即在税务角度下被认定为两个国家居民的实体；其次是对混合实体（即在签订税务条约的其中一方或双方国家不被当作纳税人对待的实体，如许多国家的合伙制企业）应用税务条约进行分析；最后还涉及因第一部分的建议而产生的潜在协定问题，其中包括可能对第一部分的建议无差别待遇税务协定规则产生的影响。

3. 该项行动计划对我国的影响

目前，混合错配安排主要是对金融业比较发达的国家造成了重要影响，这些国家的跨国企业经常利用金融工具支付将利润和亏损转移至全球各个国家，从而达到双重不征税的目的，对居民国和来源国的税收利益造成直接损害。我国因为对跨境投资有准入和准出限制，故混合错配安排较少出现在我国的跨境交易中。但随着我国金融国际化步伐的加快，跨境投资中出现的混合错配安排将给我国带来越来越严重的税基侵蚀和利润转移问题。另外，我国对外支付款项的税前扣除、境外机构纳税主体的性质认定等规定仍存在漏洞，容易形成与混合错配相关的避税空间。具体影响如下：

（1）给我国的涉外税收政策带来巨大挑战。与发达国家相比，我国在国际税收领域中的理论研究尚不成熟，还未能建立起完善的国际反避税法律法规，因此在遇到 BEPS 问题时可能会遭受更大的财政和经济打击。大多数跨国公司利用各国税制和征管差异形成的避税空间来进行国际逃避税，我国税收制度特别是涉外税收政策仍然沿用的是改革开放之初设立的，因此并不能与现代商业模式相匹配。

（2）对我国税收利益的影响。越来越多的中国公司实行"走出去"战略，与全球经济的联系越来越紧密，我国在国际经济发展中的地位也越来越高。作为 G20 成员国之一，我国可通过 BEPS 行动计划提升国际话语权，从发展中国家的角度考虑国际税收问题，维护跨国税收公平，为我国在今后的国际税收管理中争取最大的税收权益。但 BEPS 行动计划的影响是双面的，在我国享受其带来的好处同时，我国企业也将面临来自外国税务机关更加严格的税务审查，这将使我国企业的财务成本、经营压力等大幅增加，甚至可能给企业带来双重征税的风险。

4. 我国的应对措施

面对这些问题，我国应当在现有 BEPS 研究成果的基础上，对该项行动计划中的相关建议进行积极的研究和借鉴，在合适的机会下将反错配规则引入我国税法体系，使混合错配安排对我国税收利益的影响降到最低，更好地完善我国的国际税收制度，从而促进我国经济增长。与其他国家和组织积极的开展合作与交流，让我国的反避税工作更加广泛和深入，具体措施如下：

（1）完善国内税制，保障税收利益。具体来说，我国可从两个层面入手：一是国内层面，根据混合金融工具、混合实体、混合交易等，分析我国当前的税收政策可能存在的混合错配安排与漏洞，针对这些问题提出的应对措施是否合理，再根据我国当前所处的经济发展阶段、国际地位以及未来发展走向，分析我国在来源国和居民国税权划分中的立场，综合考虑征纳成本、管理效率、纳税遵从度等因素，制定相应的措施。二是国际层面，在完善国内税制的基础上，可以通过税收协定条款的修订，加强我国在国际税收领域的话语权，并保持我国在反错配安排上的灵活性。

（2）加强税收法律制度的研究。为促进我国税制改革，完善我国法律体系及管理工作，使我国能够从容应对混合错配安排造成的税基侵蚀和利润转移问题，我们必须加强对税收法律和国际税收准则的研究。这不仅有利于制定出符合我国国情的税收政策，也有利于维护我国在国际税收中的利益。我国在实施 BEPS 行动计划时，不仅要考虑国际税制的公平性，还要注意维护我国税收公平，积极跟进 BEPS 税改项目，并保持一定的灵活性，以适应多变的国际税收规则，维护我国企业的利益。

（三）BEPS 行动计划三——制定有效受控外国公司规则

随着世界经济一体化程度的不断加深，国与国之间的税负差距也逐渐显现出来，许多跨国公司利用这一特点，选择在税负较低的管辖区创立受控外国公司（CFC），从而达到整体税负最优化的目的。目前，国际上越来越多的国家已针对这一情况制定了 CFC 税制，以防止本国居民股东逃避税收。国际上有很多 CFC

税制的成功经验，与这些成功经验相比，我国当前的CFC税制显得比较传统，原则性过强，缺乏可操作性。经济上的开放与CFC税收政策的不完善容易被跨国公司利用，形成避税空间，对我国税收造成不利影响。

1. 第三项行动计划的产生背景

受控外国公司（CFC）是指由居民企业，或者由居民企业和居民个人控制的，设立在实际税负低于所得税法规定税率水平50%的国家（地区），并非出于合理经营需要对利润不作分配或减少分配的外国企业。居民企业进行国际逃避税的一个重要方法就是通过关联企业间的关联交易将利润的一部分转移给设在避税地的受控外国公司，并利用居住国推迟课税的有关规定将利润长期滞留在境外，不汇回国内或要求境外子公司不对利润进行相应的分配，从而规避在居住国应缴纳的企业所得税。

当前国际社会面临着日益复杂和严峻的税基侵蚀和利润转移问题，随着我国对外开放程度的不断加深，我国也有越来越多的企业践行"走出去"的发展战略，其中很多企业选择在英属维尔京群岛、开曼群岛等一些税率极低或零税率的国际著名避税地设立关联公司，也就是我国税法上所说的"特别目的公司"。

为了应对上述问题，1962年美国率先确立了CFC规则，随后越来越多的国家建立了自己的CFC规则。2008年，我国也在借鉴国际通行做法的基础上引入了CFC规则。目前，已有30个参与OECD和G20税基侵蚀和利润转移计划的国家拥有CFC规则。通过CFC规则，纳税人所在的税收管辖区可在其外国子公司实际分配所得前对该所得进行征税，然而，各国现行的CFC规则很难跟上国际商业环境的变化，而且当中很多规则的设计难以有效应对税基侵蚀与利润转移问题。

针对现有的CFC规则所面临的挑战，BEPS行动计划呼吁各方为 CFC 规则的设计提供建议。此前，OECD 在此领域并没有相应规范。2015 年 4 月 OECD 发布了该项行动计划的公开讨论稿，强调了应对 BEPS 问题引入 CFC 规则的必要性，在归纳各国现行 CFC 规则的基础上，提出 CFC 规则的六大基本构成要素，并对这些要素的规则设计提供了具体建议[1]。作为国际社会特别是发达国家运用多年的反避税工具之一，OECD 正式将"强化受控外国公司规则"列入 BEPS 15 项行动计划。

2. 第三项行动计划的主要内容

该项行动计划主要涉及具体建议和政策考量两部分内容，其中具体建议部分是从该项计划的六个主要构成要素分别阐述相关建议，政策考量部分则介绍了各国在制定 CFC 规则前应考虑的一般政策考量和特殊政策考量。

（1）具体建议。该项行动计划从构成要素进行划分，为制定有效的 CFC 规则提供建议，这些建议可确保实施的管辖区能有效防止纳税人将收入转移到外国子公司，具体包括以下六个方面。①CFC 的定义。该项行动计划对定义某外国企业是否属于 CFC 以及对控制的定义给出了建议。首先建议各国考虑在所有企业类型中（包括某些透明实体和常设机构）广泛应用 CFC 规则。其次建议从法律和经济层面确定是否存在控制，以 50% 的控制权区分母公司是否对外国公司有足够影响或控制，该规则对直接控制和间接控制均适用。②CFC 的豁免及门槛要求。现行的 CFC 规则下，规则的使用要放在税率豁免、反避税及最低门槛等条款的使用之后。该项行动计划也建议各国可从 CFC 规则中排除 BEPS 风险较小的企业，仅在外国企业的有效税率显著低于母管辖区的有效税率时应用 CFC 规则。现存的大多数 CFC 规则规定两者税率的差值在 25% 以内可被豁免，同时，税率豁免可与白名单结合使用。③CFC 收入的定义。该项行动计划还提出 CFC 规则应包含对 CFC 收入的定义，即确定 CFC 的哪些收入应归属于母公司。建议各国可选择独立使用或结合使用类别分析法、实质分析法、超额利润分析法、按交易和按企业分析的方法对 CFC 收入的问题进行分析。④CFC 收入的计算。该项行动计划建议 CFC 规则采用母辖区的规定计算 CFC 收入。同时建议，各国应制定专门的规则限制 CFC 亏损的抵减，保证 CFC 的亏损仅能与其自身或位于同一管辖区的其他 CFC 收入相互抵消。⑤CFC 收入的归属。CFC 收入的归属分五步进行：确定收入应归属的纳税人、确定归属收入的金额、确定 CFC 收入计入纳税人所得税申报表的时间、确定 CFC 收入的税收待遇、确定 CFC 收入适用的税率。对以上步骤，该项行动计划建议各国设置与控制门槛一致的归属门槛，按所有权或影响比例计算应归属的收入，并使用母管辖区的税率。⑥防止和消除双重征税的规则。在实施 CFC 规则时，可能导致双重征税，因此，该项行动计划建议 CFC 规则中应包括避免双重征税的条款。例如，采用 CFC 规则的管辖区应允许在外国实际支付的税款进行抵免，并按照 CFC 所有权的链条层级确定抵免的优先顺序。对从已在 CFC 规则下缴纳过税款的 CFC 股份中获得的股息或利得给予免税处理，以避免双重征税。

（2）政策考量。该项行动计划在讨论 CFC 规则的六个构成要素之前，还阐述了各国在制定 CFC 规则时应考虑的一般政策考量和特殊政策考量。一般政策考量包括将 CFC 规则定为一种威慑措施、CFC 规则对转让定价规则的补充、在保证 CFC 规则有效性的同时减轻监管及合规负担，以及注意防止双重征税。特殊政策考量建议 CFC 规则应具备足够的灵活性，使各国制定的 CFC 规则能与国际政策相适应。

3. 该项行动计划对我国的影响

当前我国 CFC 规则仍停留在原则性、框架性阶段，在上述 CFC 规则的各项构成要素中仍然存在较多漏洞，缺乏可操作性。该项行动计划的各项建议暴露了我国现有 CFC 规则中仍然存在的问题，为我国制定行之有效的 CFC 规则提供了指导。

（1）我国 CFC 规则仍然存在诸多问题。与该项行动计划中的建议对比可以看出，我国 CFC 规则的主要问题有：未将居民个人纳入控制主体，易形成避税空间；运用实质控制对是否控制进行判断，但实质控制概念不清，易造成遗漏；设置的豁免门槛规则过于简单机械，容易被规避；缺乏判定 CFC 收入的具体标准，易引发税企争议；收入归属和计算的相关规定比较粗略，有待细化；对可能造成双重征税的情况考虑不够完善，仍存在双重征税风险。

（2）我国 CFC 规则有待进一步完善。近年来，越来越多的中国企业开展对外投资，适逢"一带一路"战略出台，未来我国需结合国家发展战略，在保持企业竞争力的同时平衡境外所得课税，完善我国 CFC 规则，建立适合我国国情的 CFC 税制。

4. 我国的应对措施

当前经济全球化发展迅速，各国一方面通过各种优惠政策吸引投资、人才和技术，以加快增长速度；另一方面通过税收监管的强化和税制漏洞的阻塞，加大对跨国公司逃避税行为的打击力度。在经济"新常态"下，我国税制改革应参考各国避税成功案例，将稳增长与强化税收遵从相结合，加快税收政策的结构性调整。在此背景下，针对上述 CFC 规则存在的问题，我国可以采纳 BEPS 该项行动计划中的具体建议，借鉴其中推荐的成熟做法，但对于一些各国分歧较大的关键性问题（如 CFC 收入的界定），需要综合考虑各方面利益，确立适合我国国情的 CFC 规则，以有效打击恶意逃避税行为。

（1）我国 CFC 规则发展进程。目前，我国 CFC 规则要求，由居民企业或者居民企业和中国居民控制的设立在实际税负低于 12.5% 的国家（地区）的企业，并非由于合理的经营需要而对利润不做分配或减少分配的，该利润中应归属于该居民企业的部分，应当计入该居民企业当期所得。2014 年，国家税务总局出台了《国家税务总局关于居民企业报告境外投资和所得信息有关问题的公告》（国家税务总局公告，2014 年第 38 号），重点强化了中国居民境外投资和所得信息收集与所得申报工作，加强"走出去"企业的信息披露和税收监管，CFC 规则的管理得到重视。

（2）逐步完善我国 CFC 规则。制定有效 CFC 规则作为在我国落地的 BEPS 行动计划之一，国家税务总局 2015 年 9 月公布了《特别纳税调整实施办法》征求意见稿（国家税务总局公告，2015 年），在关于 CFC 管理的章节中，涉及了本项行动计划中的部分实践建议。对"可归属所得""合理经营需要"等概念作出了具体规定，并明确了 CFC 收入归属的详细判定方法，弥补了我国现行 CFC 规则在这方面的空缺。同时，我国应尽快完善立法，扩大控制主体范围，尽可能在所有纳税主体中广泛应用 CFC 规则，堵塞居民个人避税漏洞。另外，还应增加豁免门槛规则的灵活度，逐步完善 CFC 收入的定义及计算规则，在控制监管及合规成本的同时减少避税机会。

（四）BEPS 行动计划四——对利用利息扣除和其他款项支付实现的税基侵蚀予以限制

金融工具伴随着经济发展而呈现出多元化，通过利息扣除和其他款项支付来实现恶意税收筹划的税收漏洞变得更加难以堵塞,税基侵蚀现象也变得越来越严重。这一现象不仅存在于发达国家中,同样存在于发展中国家。因此,我国应积极研究并借鉴OECD的研究成果,同时密切关注其他国家的政策发展动向,以便更好地完善我国的税收法律制度。

1. 第四项行动计划的产生背景

随着经济全球化的快速发展以及"一带一路"战略的实施,我国企业进行境外投资的情况日益增长。随着"走出去"与"引进来"相结合的对外开放战略的实施,企业的跨国筹资活动也逐渐成为企业的日常经济活动。由于各国债务权益资本成本的差异性以及对债务权益税务处理方式的不同,再加上资本的流动性和可替代性使得跨国公司能更加方便快捷地调节债务和权益结构。跨国公司利用这些税收漏洞,在关联方以及第三方之间通过借贷资金以达到避税的目的,作为最简易的转移利润的手段之一,利息支出手段自然成为跨国集团的首选。

为应对这些风险,OECD曾呼吁各国为防止通过利息费用实现税基侵蚀提供建议。不同的国家在应对上述问题时也采取了一些必要的措施:葡萄牙在 2014 年就规定了财务费用最高扣除限额为 100 万欧元(之前为 300 万欧元)或者为息税折旧摊销前利润的 30%;美国也在 2014 年的税改法案中对限制利息费用扣除的相关规定进行了修改等。BEPS 第四项行动计划通过对该问题的分析,推荐了若干个最佳实践方案。在制定规则以限制企业通过利息支出等来实现恶意税收筹划方面给出了框架性的建议,为各国提供了参考。

2. 第四项行动计划的主要内容

该项行动计划首先阐述了利息扣除造成 BEPS 问题的主要原因,并为解决利息扣除造成 BEPS 问题提供了最佳实践方案,可以有效防止跨国公司通过利息扣除实现恶意税收筹划,另外还对一些相关的重要问题进行了讨论。

(1) 利息扣除产生 BEPS 问题的主要原因。

①债务股权征税规则不同。大部分国家的国内法中对债务和股权的征税规则是不同的，债务利息是可以税前扣除的，而股权投资分配的主要是税后利润。这样就会使非跨国公司集团更偏向于资本成本较小的筹资决策，也会使跨国集团公司拥有更大的税收筹划空间，把第三方债务转移到高税率国家。②税收管辖权的不对称。不同国家对利息收入的征税差异很大，存在着税收管辖权不对称的情况。例如，有些国家（地区）在对税收管辖权进行相关界定的时候采用属地原则，即如果这笔钱的来源属于该国（地区），就会对其征税；而有的国家（地区）采用的是属人原则进行界定，即会对该国（地区）的应税居民就其在全球所得进行征税；然而有的国家同时使用这两种原则，因此就会产生纳税人对同一笔收入进行两次纳税，即我们常说的双重纳税。③税收歧视问题。许多国家对于投资收益有税收折让或减免的优惠，对境外投资者还会有相应的抵免条款，这就造成了税收歧视问题。因此利息扣除产生的 BEPS 问题不仅涉及跨国集团企业内部或者关联方之间的债务问题，还要考虑集团从第三方取得的债务。因此，想要解决这个问题，不能只局限于关联债务，更要从集团的总体财务费用支出入手。

(2) 解决利息扣除 BEPS 问题的最佳实践方案推荐。BEPS 报告行动四向我们推荐了一种条理清晰、全球一致的方法以应对跨国公司利用利息和其他等同于利息支出而产生的 BEPS 问题。一方面，该最佳实践方法能够有效地解决全球各国面对的 BEPS 风险，有针对性的解决税收规避问题；另一方面，该方法能够尽量简单以便各国税务机关和公司进行采用。

①设置最低数额标准排除低风险企业。各国应选择设置最低

限度数额标准从而排除低风险实体。即对于一些利息没有达到最低限度门槛值的集团，其对利息费用的扣除不予限制。但是各国在制定最低限度门槛值时应综合考虑本国的环境状况、利率环境和税法等方面的问题，同时当这些因素发生较大变化时，最低限度门槛值也应根据最近的状况进行更新。如果一个集团在一个国家拥有多家企业，则在设置最低限度门槛值时应考虑所有企业总的利息费用，以防止跨国集团通过拆分企业从而达到避税的目的，即各国在设置最低限度门槛值时应结合反碎片化规则。②固定比率规则。它是本项行动计划的核心。各国应根据本国经济发展状况、国内法要求、自身政策等需要设置净利息费用的固定扣除率（企业的净第三方利息费用/企业的息税折旧及摊销前利润）。如果企业发生的净利息费用低于通过该固定扣除率计算得到的值，是被允许在税前扣除的。本项行动计划为各国提供了一个10%至30%的选择区间范围，各国应综合本国各方面情况设置一个适合本国的固定扣除率。③集团比率规则。由于一些集团处于高杠杆行业，即如果一国所有的集团使用统一规则，则可能会造成某些处于高杠杆行业的企业不能完全扣除其所有的净第三方利息费用，因此报告在固定扣除率之外又设置了集团扣除率规则。如果企业的净第三方利息费用/息税折旧及摊销前利润比率高于其所在居民国的固定扣除率，则企业可以使用集团扣除率规则。为了降低管理成本，报告建议各国可自主选择是否将集团净利息费用整体向上提升10%以计算集团扣除率。④不允许扣除的利息费用和尚未使用的利息扣除限额的结转和转回。企业采用企业的净第三方利息费用/企业的息税折旧及摊销前利润这个指标进行衡量经济活动会造成以下问题：一方面，企业各年利润波动较大，这会引起利息费用同样波动较大；另一方面，利息的产生和全年利润额在时间上不匹配。这些问题通过本条款可以适当加以缓解。该行动对该规则的设置附加了限制条件：比如可以对结转或转回额设定一个上限，对结转的数额逐年减少，或对允许结转的年限进行限制等。⑤针对银行和保险业的专门规则。报告对一些一般规则无法解决的 BEPS 问题应设置专门规则。比如说因为银行和保险业本身的特殊性，他们在利息中扮演的角色和其他行业有显著区别。由于利息所得为银行和保险业的主要来源所得，银行和保险业的财务报表与其他行业也有显著区别，在采集集团扣除率所需数据时也相对困难。因此，利息扣除限额的一般规则通常不适用于银行和保险业，报告建议各国设置特殊规则以应对银行和保险业的 BEPS 风险。

（3）对相关重要问题的讨论。

①利息扣除限额规则适用的企业。BEPS 主要产生于跨国集团企业、本国集团实体以及不属于某一集团的单独实体。本报告所讨论到的最佳实践方法至少应满足于上述第一类，当然各国应积极扩大该方法所满足的范围。②衡量经济活动指标选取。在衡量经济活动指标的选取上，报告选择了利润表指标而不是资产负债表指标，因为利润表指标能够更有效地与利息费用相匹配。但是由于企业的利润每年波动较大，同时引起利息费用的波动，报告推荐可选取往年的平均值进行计算。③针对利息费用应对 BEPS。报告推荐我们在应对 BEPS 时应该针对利息费用而不是债务水平，报告也提到了由于利率变动的幅度不稳定，可能会降低企业进行长期借款的意愿。④对适用的债务形式的利息及等同于利息的其他费用支出的扣除。利息成本会在税前扣除，各个国家会分别选择应该扣除的项目。而利息作为借款的成本，如果只扣除利息，就会产生一系列的问题，因此为有效解决 BEPS 问题，所扣除的应该不仅仅是利息还有适用于所有债务形式的利息以及等同于利息的其他费用支出。⑤适用债务形式。我国目前的资本

弱化规则大多数只适用于关联方债务，最佳实践方法中利息扣除限额的一般规则不仅仅适用于关联方债务，还适用于集团内债务和第三方债务，否则将会造成第三方关联债务的增长。

3. 该项行动计划对我国的影响

我国税法目前存在上位法相冲突的限制，因此，BEPS 中关于该项行动计划的内容并不能完全适应我国目前税法规定的现实状况。主要表现在以下几个方面：

（1）利息扣除限制对象不同。OECD 的最佳实践方案中关于利息扣除的对象不仅包括关联企业，还包括第三方债务，而我国主要针对的是关联企业之间的借款利息支出。

（2）利息扣除限制规则不同。我国关于利息扣除限额规定是资本弱化规则，即通过调节企业的债权比来限制利息费用。OECD 中关于利息扣除限额的规定却排除了资本弱化规则，使用了以固定比率规则为基础的包括集团比率规则的限额规定，并且固定参考扣除率使用了利息与税息折旧及摊销前利润（EBITDA）的比而不是债务和资本之间的比。

（3）特殊行业规则不同。OECD 的最佳实践方案中对一些特殊的行业比如金融保险业、房地产业等均有特殊的规定，而我国国内法中仅仅对金融保险业有特殊规定。由于某些行业特殊性，OECD 规定其对关联方债权性和权益性借款的比例应有所不同。

（4）向以后年度结转规则的不同。我国国内法中关于利息扣除限额的规定不允许向以后年度结转，但 OECD 的最佳实践方案中允许在一定年限内向后结转，但向后结转的限额、年限会有一些规定。

4. 我国的应对措施

为适应我国经济的快速发展，特别是在"一带一路"战略构想提出之后，我国将通过将国内立法与国际税收规则相结合来考虑税收问题，使我国的税法制度得到进一步提升。

（1）利息支出限制条款。我国应将非关联借款纳入到对利息扣除进行限制的范围中。例如，跨国集团将高税负国家向第三方的借款投入到低税负国家，这样就会降低整体的税负，侵蚀高税负国家的税基。这就要求我国在修订利息扣除限额条款中，不仅仅要局限于关联企业，更要考虑企业的全部利息支出。

（2）利息扣除限额条件。OECD提出固定比率规则能更大范围的使全球经济实体税收达到一致性。此外固定扣除率是一个范围，各国可根据自身国内法以及政策的要求设置固定扣除率。相对于债资比来说，EBITDA和利息费用更能反映企业的经营情况，因此后者比前者更加合理。鉴于某些行业的特殊性，在具体实施过程中，应分行业和规模设置不同的扣除率。

（3）引入不同的规则。由于存在一些特殊行业，比如说银行业和保险业，其债资比和一般企业相比有很大的区别。因此我国也应设置一些专门规则以补充我国现行的资本弱化规则。

（4）向后结转年限。借款利息是使用资金的成本，同企业的其他费用一样，我国应采取OECD成果的相关措施，建议将当年不允许扣除的利息费用往后结转，同样可以在结转最高限额、年限等方面给予限制。

（五）BEPS行动计划五——考虑透明度和实质性因素更有效的打击有害税收实践

近年来，许多发展中国家和地区为了促进本国经济发展相继使用了不同程度的税收优惠政策。适度的税率竞争可以促进各国加强对自身税收制度的完善，减轻企业的税收压力，特别是可以使一些中小企业在激烈的市场竞争中占据一席之地。但是许多国家为了吸引资金的流入而竞相地采取降低税率的政策，虽然提高了本国的税收收益但却侵蚀了其他国家的税基，扭曲了资源的有效配置，削弱税制公平。

1. 第五项行动计划的产生背景

近年来，随着全球经济的迅速发展，生产要素快速流动和信息传递的全球化使得企业在跨国投资方面有了倾向性的选择。许多国家采取降低税率政策以吸引外资，不仅扭曲税基同时也给我国的税收问题带来了巨大的挑战。

早在20世纪90年代起，OECD就已经对各国的税收优惠政策表现出极大的关注。1998年，OECD发布了《有害税收竞争：一个正在显现的全球问题》，并给出了抵制有害税收竞争的对策和建议。

为了更有效地打击有害税收实践，BEPS行动计划五在实质性活动要求和透明度方面进行了修订。2014年有害税收实践论坛（FHTP）提交了初步报告（该报告内容已纳入最终报告）。寻求一个获取优惠制度必须具备实质性活动的共识，首先应当着眼于知识产权（IP）的优惠制度，再考虑其他优惠制度。同时，由于缺少有关税收裁定的情报交换将可能导致BEPS问题，FHTP的工作同时也关注如何通过对这类税收裁定进行强制性自发情报来提高信息的透明度。

2. 第五项行动计划的主要内容

该项行动计划首先阐述了1998年报告中对有害优惠制度评价的框架，为了更有效地打击有害税收实践制度，在新的报告中对实质性活动和透明度要求进行了重新修订，主要内容如下：

（1）1998年报告中关于判定有害优惠制度的框架。

①考虑某项制度是否属于FHTP的审议范围以及是否属于优惠制度。FHTP的评审范围是：首先，必须是一些具有地域流动性特征的活动所产生的所得，但是一些为了吸引建筑、设备投资

等而制定的优惠制度不属于评审范围。其次，征税的主要对象是具有地域流动性活动所得，因此主要是对企业征收，消费不在此环节。税收优惠待遇是指一项制度提供税收优惠有不同种方式，例如从税率和税基上降低，或者缴税时会有退税的优惠政策。因此，如何判定一项制度是否属于税收优惠制度，关键是与本国普遍税收原则相比，它是否有更优的税收优惠，如果有，那么应当及时采取应对措施。②判定某项优惠制度是否潜在有害。根据1998年报道列出的四项关键因素以及八项其他因素可以用来判定税收优惠制度是否存在潜在危害。一项制度是否有潜在危害的关键因素是"不征税或实际税率极低"，判定的同时应结合国家和地方两个层面；同时，当满足上述关键因素时还应当对四项关键因素以及八项其他因素进行综合评估，只有当上述两者同时满足时，才被认为潜在有害。③结合制度的经济影响，判定其是否实际有害。基于以上分析，当一项制度被判定为潜在有害但并未给一国经济造成实质性影响时，可以认为是实际无害的。同理，当对一国经济产生了实际有害影响时才被认定为实际有害。

（2）对现有标准进行修改。①对有害税收实践内容的重新修订。为了更有效地打击有害税收实践行为，2013年，OECD要求FHTP重新修订有关税收实践的相关内容，其中包括实质性活动要求方面所完成的工作。虽然早在1998年OECD的报告中就已经含有实质性活动要求，但当时的报告中关于如何利用该要求进行打击有害税收实践的指引有限。根据该行动，实质性活动的要求将会适用于所有优惠制度，不仅包括IP制度，还包括其他的制度。IP密集型产业作为经济增长及就业的关键性驱动因素，各国可以根据自身情况对其研发行为提供税收优惠政策，但其原则必须经FHTP认可。FHTP就IP制度的实质性活动要求考虑过价值创造方案、转让定价方案和关联法三种方案，各方就"关联法"的选用达成共识。以"支出"作为衡量实质性活动关键指标的关联法,旨在表明只有当纳税人发生了符合条件的研发支出以及获取相关的 IP 收入的情况下才能享受 IP 优惠。此外 IP 制度的设计也鼓励了研发活动,促进经济增长和就业。实质性活动要求不仅针对 IP 制度,也包括其他所有提供优惠政策的制度。其核心思想是针对只有符合条件的纳税人承担了能够产生税收优惠制度的营业收入的活动,才能说符合了实质性活动的要求。即可以享受税收优惠的收入和产生该收入必须开展的核心业务活动要联系起来。关于如何确定哪些是创造收入的核心业务活动,直接取决于不同的优惠制度类型。报告五给出了总部优惠制度、分销和服务中心优惠制度等一系列相关的制度。②更新有害税收实践工作。提高透明度作为更新有害税收实践工作的第二项优先事项,是整个 BEPS 项目的第三大核心支柱,其目的不仅要保证透明度,还要提高确定性和可预见性。就如何提高透明度 FHTP 决定推进以下方法:制定与优惠制度相关的特定裁定开展强制性自发情报交换的框架。该框架首次于 OECD 的 2014 年度报告中提出,后来又经过几次修改。该要求主要是针对给予特定纳税人优惠的具体裁定,因为此类裁定信息往往不公开且外国税务部门不易获得,更易欠缺透明度。另外 PHTP 还敦促各国尽快建立完善的结构框架,并要求各国每年提交一次实施情况统计表,以确保各国遵守并履行按照有害税收实践行动计划进行自发情报交换的义务。

3. 该项行动计划对我国的影响

BEPS 行动计划对各国税收立法提出了要求,但由于各方面的制约因素,短期内各国不能完全实现其预期的目标。同样,我国不能过多地受制于 BEPS 研究成果的外部约束,应当以我国基本国情和利益为基础,完善国际税收法律体系,同时把握制定规则的主动权，增强在国际税收中的话语权。具体影响如下：

（1）当前我国税收法律制度层次过低。第五项行动计划提出要提高透明度以及税收方面的信息交换等内容。然而，我国目前的税收法律制度层次过低，不能与国际规则进行有效对接，因此必然要进行深层次、大范围的改革。

（2）一些国家过于宣传单边行为，损害我国利益。一些发达国家为了巩固其在国际税收体系中的利益，仍然试图通过 BEPS 行动计划等其他平台宣传其单边做法，这会大大损害包括我国在内的许多发展中国家的税收利益。

4. 我国的应对措施

为了应对 BEPS 第五项行动计划带给我国的影响，我国应当从以下几点进行：

（1）尽快落实我国税收法定原则。到 2020 年我国将把 15 个非人大立法的税种上升为人大立法，我国税法的权威性只有通过法律确立才能得以保障，才能在国际税务纠纷中有可靠的依据。中国的税收制度应与国际尽快对接，尽快使税收制度以法律形式确定下来。此外，税务机关应尽快建立专门负责国际税收政策方面咨询的专业机构，同时扩充该领域人员，并提升专业素养。

（2）积极抓住制定规则的主动性，提高国际税收中的话语权。提升我国在国际税收中的话语权不仅保障了我国税收利益，同时也有利于其他发展中国家，有利于建立一个公正合理的国际税收新环境，促进经济社会的快速发展。另外，为了积极响应 BEPS 税收行动计划，进一步加强税收情报交换，我国应进一步修订《国际税收情报交换工作规程》，提高情报交换的质量和效率，更加有效地和各国协同合作，共同打击国际逃避税行为，营造一个良好公平的税收国际氛围。

（六） BEPS 行动计划六——防止税收协定优惠的不当授予

21世纪以来，经济全球化的进程越来越快，其中跨国企业的发展对经济全球化起到了推进作用，无论在跨国货物交易还是服务交易，跨国企业都为全球经济发展作出了巨大贡献。然而，在跨国交易的过程中，往往会出现不同国家或者不同税收管辖权地区对同一交易进行多次征税，为了避免这种情况的发生，OECD又制定了税收协定优惠政策，如何防止企业利用政策漏洞进行国际逃避税，减少对我国税基的侵蚀程度，这对我国税收制度提出了巨大的挑战。

1. 第六项行动计划的产生背景

第六项行动计划是BEPS行动计划中最为引人注目的行动计划之一，主要是为了防止税收优惠协定的不当授予，即防止企业在进行跨国业务中滥用税收优惠协定政策以实现在全球范围内的税负最小化。

由于存在不同国家或者不同税收管辖权地区对同一业务重复征税的情况，为了防止重复征税对企业造成不利影响，因此，OECD提出了税收优惠协定。但是，这项政策存在着很大的漏洞，跨国企业为了最大程度上节约现金流和实现在全球范围内的利润最大化，把税收协定优惠政策作为纳税筹划的一种手段和工具，通过各种手段利用优惠政策进行避税。例如，某外资企业在我国属于非居民企业，但企业通过一系列的安排利用税收协定优惠政策使企业享受了居民企业才可享受的优惠以达到其少交税甚至不交税的目的。

2014年9月，OECD向G20成员国财长递交了一份报告，该项报告和防止税收协定优惠政策滥用有关。其中OECD提出了以美国和英国两种利益限制的规则和建议，同年11月该组织发布了征求意见稿,其中重点关注 CIV 和其他类别投资基金的协定资格认定和限制条款的完善和执行两部分内容,12 月欧盟通过了防止滥用税收优惠的修订草案。我国为了限制企业滥用优惠协定政策引入了反滥用条款,同时受益所有人规则也被我国和越南等国家引入。2015 年,OECD 进一步修订和完善了征求意见稿,并对滥用的行为作出了限制,于 2015 年发布第六项行动计划的最终报告。这份报告主要在于封堵之前 OECD 规定所存在的漏洞,最大程度上保护国家层面的税收利益。

2. 第六项行动计划的主要内容

该报告分为三个部分,主要对 OECD 提出了修订意见和建议,包括增加限制条款以防止税收协定优惠的不当授予,该部分又分利用协定本身规避和利用协定滥用国际法两个方面进行阐述。关于导致双重不征税并非税收意图的澄清写入序言以及确定各个国家之间签署税收协定所考虑的事项以及阐明双重不征税的意图等,其最为根本的目的是防止税收协定优惠被不当利用,报告给各个国家提供了许多灵活方法和自由,使其能够达到报告最根本的目的。

(1)防止税收协定优惠的不当授予协定条款和规则。该部分详细阐述了反滥用优惠政策,并分为两种情况进行分类阐述相关建议。一方面是利用协定本身进行规避的情形,另一方面是利用协定以滥用国内法的情形。两种情况不尽相同,针对第一种情况应该对协定本身的条款和规定进行修改,并增加防止滥用协定的规则;第二种情况则需要在与税收协定尽量不冲突的前提下,各个国家对其国内法律进行修订,增加限制条款,以防止利用协定和国内法的漏洞偷逃税款。针对第一种情况可以直接起草应对规则纳入文件,而第二种情况需要从注意税收协定和国内法的前提下从国内制定反滥用规则。

①利用协定本身进行规避的情况。报告对其进行了择协避税和其他试图规避限制的情况说明。首先阐明了在择协避税中如何应对税收筹划。非缔约国居民企业在税收筹划中通常将其作为筹划的工具，通过滥用税收优惠协定政策的手段享受居民企业才可享受的优惠，以达到减轻其税负的目的。在不同情况和条件下如何应对不同协定的要求，报告也作出了进一步的阐述。其次，报告还阐述了如何应对其他的规避手段。A. 择协避税。通过对各个国家进行调查发现，没有任何一个国家的限制条款中包含对择协避税的限制。因此，报告推荐了三步法来应对：第一步，在协定的前言中作出明确表态，即在防止滥用协定的基础上防止重复征税；第二步，在协定中纳入特别限制和反滥用条款，这些条款包括美国和其他国家签订的规则中包括的限制条款（LOB）；第三步，在协定中引入更为一般和通用的原则（PPT）以防止其他形式的协定滥用。但是，报告提出的 PPT 和 LOB 限制条款存在一定的局限性，即每个国家自身情况不同，限制条款不一定完全适用，而且限制条款本身存在各自的优缺点，优点在某些国家不一定完全发挥，缺点在另外某些国家不一定完全不合适。各个国家使用此限制条款的灵活性非常强，可以根据自身情况灵活选择以达到共同目的：即在防止税后优惠政策被滥用的前提下避免重复征税。LOB 第一项规定，只有缔约国其中一个国家的人是第二项中规定的"有资格的人"或者是因为符合第三、四或者第五项条件而获得优惠协定的人才可以享受协定优惠，否则不能。第二项规定了"有资格的人"符合什么样规定或者具备什么性质，凡是"有资格的人"都可以享受税收优惠协定。第三项和第四项规定，若一个人不符合第二项的条件，但该人在居民国进行了积极的贸易或者相关营业行为，或者满足在第三国居民直接投资的情况下获得了优惠的前提，该人或者第三国居民所投资或

者拥有的实体均可获得优惠。第五项规定了没有规避税收目的的纳税人在不符合前四项规定的前提下,给予签约国任意一方税务部门授予其优惠的权力。第六项则对条款中的概念作出了定义和解释。PPT 规则相对 LOB 原则用更一般和概况的方式对协定的滥用作出了规定和应对。B. 处理其他规避行为的建议。除对择协避税作出规定外,报告还对其他可能规避的行为作出了规定,以防止这些行为造成对协定的滥用。具体包括几下几种行为:部分股息转移交易;规避对主要价值来源于不动产的股权交易征税的规则的交易;一个实体同时为缔约国双方居民的情况;在居民国对设在第三国的常设机构不征税的情形下,将股权、债权、权利或财产转移到该常设机构的交易。这些行为根据 PPT 原则,报告对其作出了应对性的规定和解释。②利用协定滥用国内法的情况。如果企业通过利用税收协定的规定滥用国内法达到避税的目的,那么不与其他计划结合来进行国内相关法律条款的修改,仅仅依靠修改税收协定是远远不够的。如果授予在造成规避的范围内是恰当的,那么授予优惠协定一定没有对国内法造成规避,即协定未有益组织国内法的实施。但若解决该项问题,必须对国内法律和规则进行进一步的修改,而且对国内法的修改在很大程度上需要结合 BEPS 的其他行动计划,如 CFC 规则、混合错配等。报告明确阐述:若交易是在不当情况下获得的优惠政策,那么该项条款的应用将被签约国家否定。同时,报告还就协定和国内法中反滥用协定的协定运用国对居民征税和退出税两个相互作用的问题进行了阐述。

(2)关于导致双重不征税并非税收协定意图的澄清。报告指出,关于导致双重不征税并非税收协定意图的澄清是非常重要的。根据 OECD 对 BEPS 行动计划的工作,OECD 委员会决定对协定范本的标题和前言进行修改。其目的不仅仅限于消除双重征税，而且提出，不能给企业利用税收协定优惠政策偷逃税款的机会。择协避税在避税安排中被引起特别的关注，报告决定将其定义为避税行为而不应产生于税收协定。各个国家在对税收协定的意图进行阐述和解释时，应在国际税法、公法的范围下与该条款相关。

（3）与他国缔结税收协定前通常应进行的税收政策的考量。该部分计划提出的目的在于指出各个国家在签订税收协定前通常应该对税收政策进行的考量。报告指出，首要的考量是双方国家税收体系的相互作用而导致的双重征税；其次是双方签订的协定具有合理性而导致的双重征税；再者应当考虑税收协定和签约双方相关的税收政策和税务情报的交换能力。同时也应当考虑缔约国是否可以有效落实相关条款和税收征收补助是否容易获得等因素。

各个国家如何证明自身和部分甚至所有低税甚至无税收管辖权的国家签约是合理的呢？更加清楚、透彻地阐述这些签约前的政策考量能够证明其是合理正确的。同时，在签约国国内出现与协定相关的BEPS风险而停止执行协定的情况时，这些政策考量也许可以给出相关的解释。但是，协定的签订、修订、中止和终止都受到许多其他非税收因素的影响，因此，有待进一步讨论和完善。

3. 该项行动计划对我国的影响

（1）为我国制定和修改税法提供了依据和建议。现阶段，我国吸引了大量外资在境内进行生产，这些外企可能滥用税收协定优惠政策，给我国税收带来巨大的损失。该项计划的提出给我国修改相关部分税法提供了依据和建议，为我国及时修改国内税法、封堵相关漏洞和适时出台相关规范和解释性文件提供了依据和借鉴。

第七章 BEPS 行动计划解读及我国的应对措施

（2）计划的提出督促我国成为协定政策执行方。相关税务部门可能因为执行依据不合理或者不充分而在执行过程中放松警惕，甚至可能因为 OECD 和我国国内法对滥用规定中存在的漏洞或者空白而出现无法执行的情况，使得执法活动受到严重影响。

该项计划的提出给我国执行方提供了执行审核的依据，不会再出现因为执行的依据存在漏洞或者空白而无法执行或者审核的情况。该项计划督促执行方严格审核、加强监管，同时在一定程度上为执行部门制定出反优惠协定筹划的办法起到了积极的作用。

（3）我国企业可能面临的严格审核对企业正当利益造成影响。在第六项行动计划提出后，各国均会对本国规定和税法作出修改。在"一带一路"战略推进的背景下，我国走出去的企业会越来越多，在企业走出去过程中，众多国家可能对我国走出去且运用税收协定优惠政策的企业进行严格审核，甚至会将我国企业的合法合理运用税收优惠协定政策判定为非法，这对我国企业的正当利益可能会造成损害，为我国企业发展甚至"一带一路"战略的推进造成不利影响。

（4）各国标准不一给我国企业造成争议的风险增大。第六项行动计划中给予了各个国家制定各自标准的自由和灵活度，由于各个国家的国情或者自身情况不同，因此各个国家制定的防止税收协定优惠政策被滥用的标准可能会有所不同。这对我国走出去企业是不利的，很可能因为各个国家的标准不同而在审核、执行优惠政策的阶段产生众多不必要的争议。

4. 我国的应对措施

（1）及时修改我国税法中存在的漏洞，完善相关法律法规。面对税基侵蚀的风险，我国积极参与了几乎全部行动计划的制定过程。OECD 发布的第六项行动计划中有大量可以借鉴的建议和限制。我国相关部门可将报告中能够适用于我国的规定和建议引用过来，并据此对我国税法中相关部分进行修改，同时及时出台相关说明和解释性政策，从法律和政策层面严格定规，为执行层面做好依据。国际方面，我国应继续积极参与国际税法的修订，成为税收法律和规则制定的重要参与者甚至主导者，为在规则制定过程中维护我国企业的正当权益作出努力。

（2）面对外企在我国滥用协定，执行部门做好反避税工作。在执行和监管方面，我国执行和监管部门要充分落实相关部门制定的反滥用税收优惠政策的文件和规定，加强对税收优惠协定政策授予的审核，以避免企业钻空子利用规定的漏洞滥用税收优惠协定，切实做好反避税工作。例如，我国监管部门和执行部门要对非居民企业运用税收优惠协定政策进行严格的管理和审核，确保我国税收权益免遭侵害。

（3）加强对我国"走出去"企业的审核。在我国发展和推进"一带一路"战略实施的情况下，我国企业可能面临其他国家对我国企业运用税收优惠协定政策的严格审核，企业的正当利益可能会受到侵害。我国应该加强对走出去企业的审核和管理，甚至要执行比相关国家更为严格的审核标准，防止我国企业在未经我国审核的前提下走出去继续滥用税收优惠协定政策。同时，企业更为规范地走出去也为提升我国企业的整体形象有积极影响。

（4）制定相关的兼容政策，加强对企业的引导和沟通。在各个国家防止滥用税收协定政策标准不同的背景下，我国相关部门应该对企业作出合理引导，加强和其他国家沟通与收集信息的频率，及时制定出相关的政策，做好对走出去企业的服务和相关国家规定的宣传，使得企业可以从我国税务部门获取更多信息以防止不必要的争议发生，企业可以据此切实应对不同国家对协定滥用审核的不同标准。

在面对争议时，我国相关部门应切实引导企业，并且做好与其他国家税务部门的沟通工作。对我国企业不合规的做法进行处罚，同时对我国企业正当权益要据理力争，防止企业的正当权益受到侵害。

（七）BEPS 行动计划七——防止人为规避构成常设机构

随着经济全球化的进一步发展，跨国企业的跨境业务也变得越来越多。许多跨国企业通过设立常设机构来减小企业的管理运营成本，甚至通过常设机构的构建来进行国际逃避税。这就造成了我国税务机关应纳税收入的流失，给我国税收带来巨大的损失，如何应对这种情况，给我国税务机关提出了巨大的挑战。

1. 第七项行动计划的产生背景

第七项行动计划的提出主要是为了防止企业人为地对机构设置进行干预，以规避形成常设机构，进而利用税法中机构性质差异来进行逃避税的行为。第七项行动计划在佣金代理人、特殊豁免活动、合同拆分和保险业务等方面进行了研究，对之前 OECD 发布的规定作出了进一步的解释。

随着企业跨国业务的逐渐增多，这些企业在不同的国家都开始设立机构。在税收协定规定中，如果某企业在其缔约国另一方未构成常设机构，那么缔约国另一方是不可以对其营业利润征税的。一些企业为了规避偷逃所得来源国对其所得征税，人为地规避常设机构的构成，以达到其目的。而随着经济全球化和互联网的发展，尤其是电商的繁荣，企业开展的经营活动很可能与其设立机构场所的关联性已经不强，甚至毫无关系。例如，我国云南省红河州某企业通过互联网向越南售卖化肥而不在越南设立常设机构，如此一来越南就无法对该化肥企业在其境内的经营所得征税，该企业便可通过此手段少交税甚至不交税。这一手段的存在使现行的国际税收政策难以划分公平的征税权，同时，也使得国际税收秩序受到严重的扰乱。

早在 2013 年，OECD 和 G20 两个组织就发布了关于应对 BEPS 的报告，报告指出当前企业的经营模式和当前的税收政策已经出现了脱节，企业在一个国家可能开展业务但是并不在该国设立机构甚至是常设机构，或者企业在开展业务的过程中根本不出现在该国家，那么企业在该国的所得和业务收入则无法被该国税务机关所征税。OECD 发布报告称修改常设机构构成的规则已迫在眉睫，同年 6 月，OECD 发布了 BEPS 行动计划，其中第七项计划即有关防止企业人为规避常设机构构成。

2. 第七项行动计划的主要内容

第七项行动计划报告一共分为四个部分，对 OECD 中原常设机构构成的规定作出了修改。首先，报告重点提出佣金代理人或者类似安排规避构成常设机构，这是企业通过人为规避成为常设机构构成最为主要的原因之一；其次，报告提出防止通过适用特定活动豁免条款构成规避常设机构；再次，报告提出了包括合同拆分、保险合同中对常设机构的规避；最后，报告提出常设机构利润归属及其转让定价相关行动计划的相互影响。报告提出的根本目的在于防止企业利用各种方式将常设机构的设置作为税收筹划的工具，切实维护各个国家的税收权益。

（1）通过佣金代理人或者类似安排人为规避构成常设机构。当前税收规定判断某国企业在其他国家设立的代理机构是否为常设机构主要有三个方面的依据。一是企业在其他国家开展活动时有没有代理人作为企业的代表参与；二是在国外开展业务的被代理企业是否有代理人经常行使代理权，即代理人以其名义订立合同；三是代理行为是否是被独立行使的。由于现行规定存在的漏洞，使得企业留有逃避税的机会，第七项行动计划对其进行修改，增设规定以防止规避常设代理机构。

根据 OECD 协定修改前对常设机构的第二项判断依据，即代理人以被代理企业的名义签订合同，但如果代理人以他人的名义或者自己的名义签订协议或者合同甚至通过协商达成协议而实际上没有签订合同，这种行为就将原协定中的依据进行了规避。因为 OECD 协定中规定，若代理人以自己或他人的名义签订合同或者协议而没有代表被代理企业签订协议或者合同，虽然是代表企业销售了产品或者服务，但不构成该企业的常设机构构成。这样一来，该企业在这个国家实现的利润就不会被征税。而在现实中，代理人很可能不是独立的第三方代理机构，关联方很可能会被企业指定为代理人。如此一来跨国企业就可以偷逃掉其在某个国家应当缴纳的全部税款并且成功转移企业利润。有些企业甚至为了给自身提供利润转移的空间，人为地把在其他国家的销售机构改变为代理机构，负责代理企业的销售业务，以避免其成为企业的常设机构。

此外，企业的代理人可能会仅通过协商达成协定而不签订合同，这种行为是有意而为的。虽然这样和同被代理企业签订合同是同样的效果，但是不签订合同就意味着企业在该国没有常设代理机构，该国税务机关是无法对其在该国的利润进行征税的。

基于此，第七项计划对上述情形作出了考虑，将以他人名义签订合同的行为也纳入常设机构构成的范围之中，报告同时也对代理人不签订合同但是达到以被代理企业名义签订合同效果相同的行为进行了考虑，即该种行为也会影响企业常设代理机构的构成。

（2）通过适用特定豁免条款规避构成常设机构。报告规定，只有代理人没有独家代理跨国企业或者没有代理多家与企业紧密联系的企业或者关联方的情况存在时，该代理人才可成为独立的代理人。因为独家代理或者代理了企业的关联方或者与之联系紧密的企业，代理人和企业之间是存在密切关系而非独立的，其交易自然也不构成独立交易。

为此，报告修改了紧密联系企业的范围，将其范围缩窄，改为紧密联系企业的收益权占50%以上。而关联方的标准则是企业被一方直接或者间接地管理或者其资本被另一方控制，或者企业和另一方企业直接或间接被另一第三方企业控制或者管理。

①准备性辅助活动。报告规定，如果企业的机构没有成为常设机构，那么其机构所从事的活动一定具有准备性和辅助性。但是报告也给予各国税务机关一定的灵活性，即可以继续使用OECD修改前的规则。随着电商平台的蓬勃发展，企业的经营方式已经发生了变化，准备性辅助活动很可能已经摇身一变成为了企业的日常经营活动。BEPS中有一种行为是特定活动豁免带来的，为防止其带来不利影响，第七项行动计划明确规定，若企业机构不被认定为常设机构，必须满足企业的所列活动都应具备准备性和辅助性。但是报告给予了缔约国一定的灵活性，当其认为相关活动不需要满足辅助性和准备性的条件时，也可以用当前的规定而不采用新提出的计划。②拆分紧密关联企业的经营活动。企业可能将某业务拆分成若干部分，这些部分可能在同一场所或者若干场所由不同的关联企业实施以避免常设机构构成。因此报告作出新的规定，如果企业紧密关联的企业从事被拆分的经营业务，即使符合前述某些要求，但也要构成企业的常设机构。

（3）人为规避构成常设机构的其他安排。人为规避成为常设机构包括两个部分：一是合同拆分；二是保险业务合同的订立。

①合同拆分。合同拆分主要防止某些企业通过将合同一分为

若干个部分以规避协定规定的最长时间，即若超过该时间企业的机构即成为常设机构。为此，报告对其进行了修订，若公司签订合同中规定的时间虽未超过不构成常设机构的最长时间，但是企业的关联方或者与其密切相关的企业仍在开展相关活动且持续时间超过一定期限，那么这段时间也应该与规定时间合并计入。②保险合同的订立。对于保险合同的跨国销售问题，关于常设代理机构的规定同样也可应用。保险行业同样可以用代理人个人或者他人名义，而不以被代理企业的名义签订合同甚至不签订合同，所以报告第一部分规定的企业同样适用于保险业。报告没有就保险业订立特别的标准和规定。

（4）常设机构利润归属及其转让定价相关行动计划的相互影响。第七项行动计划重点关注的是因为该项计划的提出而导致判定规则变化从而重新判定的常设机构，这些机构确定的所属利润是否合规。各个缔约国应就第七项计划的提出应用于常设机构判定。但该部分计划的实施和第八项与第九项计划是密切相关的，OECD 应继续对其进行研究并发布最新的文件进行定规。

3. 该项行动计划对我国的影响

（1）有利于维护我国税收权益。当前我国处于经济快速发展阶段，外资企业在我国投资规模也在不断增大，这些跨国企业在我国产生了大量业务收入和所得，我国成为这些在华投资并开展业务企业的所得来源国。大量外国企业通过人为规避常设机构的构成从而规避在我国的纳税义务，这种行为给我国税收造成了不小的损失。第七项行动计划的提出，在很大程度上弥补了原 OECD 规定中的漏洞，并且在很大程度上对企图规避常设机构构成从而在我国偷逃税款的企业产生了威慑作用，对于维护我国税收权益产生了有利的影响。

（2）计划的提出对我国企业的正当利益造成潜在不利影响。

第七项行动计划报告给予了各个缔约国一定的灵活度，各个国家可以根据自身的情况选择接受或者不接受报告提出的条款和事项，也可以选择其中的若干项运用于自己国内的法律、规定和解释性文件。这对我国走出去企业造成潜在的不利影响，特别是我国在外有多国业务的企业。各国标准不一致，如果没有相关部门的宣传、引导和信息传递，很可能使得企业业务经营效率降低，甚至会因为标准不一的问题和相关国家的税务部门以及常设机构的审核部门产生不必要的争议，这对我国企业造成的潜在影响是极其不利的。

（3）对我国机构评判标准和对各国信息共享提出了新的要求。各国由于国情不同，对报告条款和事项的选择也不尽相同，进而制定的税法、政策以及相关规范解释性文件也不同。我国相关税务部门若不及时制定出各个国家都认同的机构或者常设机构的评判标准，可能会对在我国进行投资或者开展业务的企业的正当利益造成不利影响。同时，互联网电商企业的机构判定标准若不加快制定，则可能对我国税收权益造成不利影响。

4. 我国的应对措施

（1）加快制定符合我国国情的税法，并及时颁布相关法律法规和政策。当前，我国吸引了大量外资企业在我国进行投资或者开展业务，这些跨国企业可能通过我国税法和相关规定的漏洞进行人为规避常设机构构成，使得我国无法对其在我国境内所得或收入进行征税。第七项计划的提出给我国相关部门修订税法和及时颁布相关的政策规定及规范解释性文件提供了依据。我国相关税务部门应当结合我国国情加强对该部分税法的研究，及时颁布补充性规定或者政策，积极维护我国的税收权益。

（2）加强对企业的引导和宣传工作，积极解决因规定产生的争议性问题。各国由于国情不同，对第七项行动计划相关条款和事项的选择也不尽相同,甚至根本没有选择应用其中的条款,如此一来各个国家对常设机构构成所颁布的相关法律法规也不尽相同,对我国的跨国企业造成潜在挑战。这就要求我国相关部门应当积极和各个国家的税务部门进行沟通和信息收集,在国内加强宣传相关政策的解释,对企业进行积极的引导。同时,我国税务部门也应当积极处理我国走出去企业和各国税务部门因常设机构判定产生的争议问题。

(3)加快设立机构的评判标准,利用大数据促进信息共享。当前,我国乃至全世界的互联网和电商平台都蓬勃发展,我国应该对这些线上企业制定出相关的机构评判标准。同时,由于各个国家对机构设置的评判标准不同,我国也应该及时制定出严谨并获得其他国家企业认可的机构评判标准,标准的制定应当充分考虑到各种企业可能的避税和税务筹划行为,且不能影响到企业的正当利益,这为我国及时处理外国企业在我国境内产生的常设机构争议提供了客观而公正的标准,使我国处理和解决争议时有理可依。

同时,在大数据时代的背景下,我国应加强企业数据的整理和归档,及时建立我国走出去企业机构设立情况的数据库和外国来华投资和开展业务企业的机构设置情况数据库,并通过互联网和相关国家进行信息共享和互联互通,以加强对我国境内企业的机构管理,以提高管理效率,切实维护我国税收权益和外国来华投资与经营企业的正当权益。

(八) BEPS 行动计划八、九、十 ——无形资产、风险和资本以及其他高风险交易

当前,在经济全球化的背景下,跨国公司都不约而同地增加了对资本的运营,其业务所涉及的范围也逐步扩大到全球,因此，跨国公司应当就其在全球范围内取得的收入在不同的国家依照相应的税法进行缴纳。然而，这些跨国公司纷纷采取越来越复杂的转让定价方法来进行国际逃避税。例如：某跨国公司在不同的国家都有着相应的子公司，而子公司之间利用各国税收制度的不同将其所需要缴纳税款的应税收入通过企业内部交易导入至低税率甚至免税的国家或地区，这其中就有着较为著名的"双重爱尔兰"结构。这些跨国公司采用转让定价进行国际逃避税的行为极大地损害了各国税基，因此遭到了世界各国的极力反对和不断打击。我国在加入 BEPS 行动计划后，在吸收了世界各国的反逃避税经验以及 BEPS 行动计划有关转让定价的行动指南后，不断完善我国有关转让定价的法律法规，强有力地打击了国际逃避税的行为。

1. 第八至十行动计划的产生背景

我国作为世界上经济实力最好的发展中国家，随着改革开放以来的各种税收优惠政策，境外企业不断进入国内资本市场，这些外资企业利用转让定价规则进行逃避税也是常有之事。虽然，众多境外企业进入我国资本市场对于我国的经济收入与环境有着不可磨灭的贡献，但是大部分外资企业都采取各种逃避税方法将在我国资本市场取得的丰富利润导出国外，这对于我国税基造成了巨大侵蚀。同时，因为外资企业进入国内市场而产生压力的本土企业也遭受到了不平等的待遇，这都不利于我国经济的发展，并且对于我国的经济环境有着较为恶劣的影响。

由于全球进入了数字经济时代，跨国企业利用其方便、快捷、隐蔽性对传统转让定价规则进行了不断地改进，逃避税手法层出不穷，使其税负不断缩小，给各国的税收政策也带来了较大的冲击。数字经济时代虽然是全球经济化的最大功臣，但是也为跨国企业国际逃避税提供了优良的环境，各国政府对于跨国企业经济实质发生的真实性无法进行有效判断。而数字经济化又导致目前各大企业产生了较多的无形资产，对于无形资产的定价也是转让定价中较为困难的挑战。因此，我国政府应当在借鉴世界其他各国反逃避税经验基础之上，对于跨国企业利用转让定价规则进行逃避税的行为进行不断打击，并且制定相应的法律制度来进行有效约束。

BEPS行动计划是由经济合作与发展组织（OECD）于2013年推出，其中，转让定价规则与税收协定称为国际税制的浴火重生。基于此项计划，我国也在国家税务总局的领导下积极参与有关转让定价的税务工作。在此之前2008年的《企业所得税法》就已经有了转让定价相关规定，但是却没有明确的反避税管理办法。我国于2009年出台的《特别纳税调整实施办法（试行）》才是转让定价税制的核心，并且于2015年发布了《特别纳税调整实施办法》征求意见稿，在2017年3月份颁布《特别纳税调查调整及相互协商程序管理办法》（以下简称《办法》），并于2017年5月1日正式施行。

2. 第八至十行动计划的主要内容

2015年9月，经济合作与发展组织（OECD）正式对外发布了税基侵蚀和利润转移（BEPS）行动计划的成果报告，其中关于转让定价的为第八至十项，重点是第八项无形资产。下面将分别介绍这三项行动的主要内容：

（1）第八项行动计划。该项计划是对企业利用无形资产进行逃避税的相关问题说明，其主要内容是企业在利用无形资产或者转让无形资产时所取得的收益必须与该项资产对于企业所创造的价值相同。无形资产在世界各个国家的法律领域与会计领域都有着各不相同的定义，跨国企业正是利用了这一点将无形资产作为其逃避税的有效途径。成果报告对于这一点进行了明确的要求，在面对无形资产转让定价时税务机关以及纳税人应当准确的对其定性，确认无形资产在交易中实际具有的价值，不能在交易中以无形资产为依托进行非正常的利益转移。在无形资产的各个阶段企业所付出的费用以及收益应当有实际的界限，例如研发阶段、后期维护阶段等。企业没有无形资产在财务领域上的所有权时，不能获得无形资产所产生的收益。

（2）第九项行动计划。该项计划是有关人为转移风险的逃避税问题，并且对于企业投资方在提供资金时能否获得与其提供资金数额相应的收益进行了要求。在这一项行动中有着成果报告的一项重要议题——独立交易原则，利用这一原则时，应当对交易双方进行风险分析，判断是否符合独立交易原则。如果存在交易的真实性缺乏扎实的佐证时，可以利用风险分析来确定交易的真实性，而无形资产在进行交易的情况下，风险分析对能够确认其所真正拥有的商业价值也是功不可没的。

（3）第十项行动计划。该项计划是有关其他高风险的关联交易。其核心内容是防止纳税企业利用企业自身较少涉及的业务来实现税基侵蚀以及利润转移。例如，企业关联方之间没有实质性目的的交易、巨额交易、企业总公司与子公司之间费用的分摊等。跨国公司利用这些表面上没有任何漏洞的交易转移利润，但是却侵害了各国的税基。第十项计划就是以此为中心，对跨国公司的逃避税行为进行有效的抑制。

3. 该项行动计划对我国的影响

由于我国改革开放以来实施的各项税收优惠政策，各大跨国公司都不约而同地将我国作为"避税港"，利用不正当的转让定价手段逃税避税，这对于我国的经济、税收、资本环境都造成了极大的冲击。而BEPS行动计划使我国的反逃避税成果受到了极大的影响，主要分为以下几个方面：

（1）全新的概念产生深远影响。

①引入独立交易原则成为新保障。我国在关于转让定价方式下的反逃避税法引入了BEPS行动计划中的核心原则，例如，我国的新《企业所得税法》就引入了独立交易原则，这为我国的反避税工作提供了有力的保障。如果成员企业之间进行交易或者对费用进行分摊计提时没有遵守独立交易原则，从而导致成员企业利用相关交易减少应缴税额，那么我国的税收机关可以利用相关的方式调整企业应纳税额。在该过程中，税收机关不可避免的将会对相关交易进行风险分析，同时对中国子公司相对于境外母公司的正常经营过程中起着怎么样的作用进行判定，如果风险的主要控制方为该子公司，那么子公司的收益应当与其承担的风险相对称。②无形资产转让定价问题基本解决。在BEPS行动计划成果中，关于无形资产最大的变化是对其受益人的重新判定，以及确认受益人在无形资产各个阶段所作出的贡献，这一理念与我国的转让定价原则如出一辙。当无形资产的受益人是本土企业的情况下，我国的税务机关就不得不去全面了解其在无形资产各个阶段所做的具体贡献，尤其是无形资产在法律方面的所有人并不是本土企业时。通过BEPS公布的成果报告不难看出，地域优势也已成为无形资产，并且能够为企业带来不菲收益，这一概念已经得到广泛认可。改革开放初期，我国为了吸引外资而采取了一系列的商业优惠政策，其中就包括了各种税收优惠政策。因此，我国提出了地域性优势这一概念，帮助我国在将来收取与付出特殊地域代价相匹配的税款。

（2）旧税收制度难以匹配新概念。我国在改革开放初期，为了吸引外资而对境外资本采取了一系列的税收优惠政策，这也是近几十年来跨国公司选择我国作为"避税港"的主要原因之一。然而，随着近年来我国经济的快速发展，我国已经拥有较为雄厚的经济资本，但是我国的税收政策依旧停留在改革开放初期，严重破坏了我国税收环境。虽然我国已经加入了 BEPS 行动计划中，但是我国的税收法律法规中有关转让定价的规定依旧很少，其中存在的漏洞就为跨国公司逃避税创造了有利条件。2008年出台的《企业所得税法》虽然将转让定价规则引入到相关规定中，但是对于其中的具体细节依旧不够完善，这就使得跨国公司在此之后还有漏洞能够利用。

（3）潜在的不利影响成为新阻碍。BEPS 行动计划在转让定价方面的规定一直在不停地修改并且日趋完善，然而，并不一定完全有利于我国经济的发展。我国税收制度的完善程度尚不能够与发达国家相比，因此就给外资企业留下了可以利用的逃避税空间，不利于我国的涉外税收。同时，当我国"走出去"的企业面临其他国家的税收政策时，并没有作为投资方享受应有的税收优待，且发达国家的税务机关相对于我国而言更为仔细和严格，这样的税收环境对于我国的企业是将无法适应的。这给我国的经济与税收带来了双重的打击与损失。

4. 我国的应对措施

由于我国之前在转让定价方面缺乏经验，因而造成了无法想象的经济损失。但是，近几年来在国家机关与税务部门的不断努力下，终于有了明显的成效，下面就主要的两个方面进行阐述：

（1）不断完善的税收制度适应新规定。我国对于 BEPS 行动计划中转让定价的部分给予了高度关注，在 2008 年 1 月 1 日实施的新《企业所得税法》中，"特别纳税调整"这一章将反避税的概念第一次带入了我国税法的舞台。在该章节中有关转让定价的概念例如独立交易原则、关联交易的预约定价安排等都被正式的列入了税法当中。

2009 年，国家税务总局又颁布了《特别纳税调整实施办法

（试行）》。在这一办法中主要明确了转让定价方法、转让定价同期文档等以及一般反避税条款。与之前所颁布的新《企业所得税实施条例》较为不同的是，条例允许企业可以选择转让定价的方法有：可比非受控定价法、再销售价格法、成本加成法、利润分割法、可比利润分割法/交易净利润率法。而《特别纳税调整实施办法（试行）》却要求企业在选择利用不同方法时应当考虑哪种方法最为适合企业的运营。

为了加强 BEPS 行动计划在我国的落实，2015 年 9 月 17 日国家税务总局发布了《特别纳税调整实施办法》征求意见稿，其目的是进一步完善转让定价法律法规。最终，《征求意见稿》以我国修订之前的转让定价法律法规为基础，结合了 BEPS 行动计划中的要求，将地域优势、成本节约等观念加入其中，形成了更加符合我国基本国情的转让定价法。

我国国家税务总局于 2017 年 3 月份颁布《特别纳税调查调整及相互协商程序管理办法》（以下简称《办法》），并于 2017 年 5 月 1 日起正式施行。该办法以近几年来我国特别纳税的工作经验为基础，对之前所颁布的 2 号文件进行了全方位的改进。该办法中从第二十九条至第三十三条专门对无形资产转让定价方面较为棘手的问题重新进行了规定，并且充分体现了 BEPS 行动计划的核心原则，即独立性原则与受益性原则，为我国在转让定价税收规则方面提供了坚强的法律后盾。

（2）数据交流日益加强防止双向损失。信息技术的快速发展虽然为跨国企业逃避税带来了较多便利，但是同时也为我国进行反避税工作提供了保障。相较之前跨国企业利用我国信息技术落后，难以全方位的展开反避税工作，现在，我国已经进入到大数据时代，跨国企业已经难以利用这一缺点进行逃避税。尤其是现在我国有关税务工作的各个部门，例如：税务部门、海关部门、工商部门等通力协作,加强之前所没有的信息互换,反避税工作得以高效进行。同时,通过收集数据,我国税务部门能够拥有有效的信息资源得以运用,并且与银行、物价等部门之间的沟通也十分有利于税务工作的展开。

为了有效打击跨国公司的国际逃避税行为,我国税务部门与外交部门应当积极与国际税务相协调,加强各国之间的合作,主动与其他国家信息互换。与此同时,也要注意保持与各国外交部门的沟通,不仅仅有利于我国追查跨国公司逃避税,而且也有利于我国内资企业更加顺利"走出去"。如此一来就能有效缓解我国税收征收制度不完善,从而造成巨额税收损失,而内资企业在其他国家没有税收优惠的双向损失的尴尬局面。

(九) BEPS 行动计划十一——衡量和监控 BEPS

近年来,随着我国经济增长变得越来越迅速,税基侵蚀和利润转移问题也变得越来越严重,这给我国的税收征管工作带来了巨大的挑战。在治理税基侵蚀工作中,我们应当先估计税基侵蚀规模,以及税基侵蚀的多发领域,这样才能有效且有针对性地开展税基侵蚀治理工作,维护税收公平。

1. 第十一项行动计划产生的背景

跨国企业在全球经济中的作用日益重要,一些跨国企业利用各国之间的税收漏洞实施税收筹划,以便可以减少纳税,从而增加企业利润。但是,这些行为会对一国税基造成严重的侵蚀,导致国家税收收入减少,同时国家本土企业要按照本国税收制度照常纳税,如此一来,就有悖于税收公平原则。更为重要的是,这类行为扭曲了企业正常的投资地点配置行为,对经济效率造成额外损失。

因此,测算跨国企业税收筹划对税基侵蚀的规模程度和造成

第七章 BEPS 行动计划解读及我国的应对措施

的影响是防治跨国企业国际逃避税工作中重要的一部分。第十一项行动计划的目标是通过数据的筛查整理，建立指标体系，测算税基侵蚀规模，在此基础上，进一步分析对国家税收及经济的影响，同时，建立对税收侵蚀的持续跟踪研究机制，并对其他行动计划的实施效果进行评价。

数据的复杂性和获取的局限性会给第十一项行动计划带来挑战，导致研究距离理想的目标还有一段差距。但可以预见的是，随着数据的愈发完善和分析手段的日益成熟，这项行动计划的实施效果会变得越来越好。

2. 第十一项行动计划的主要内容

该项行动计划报告由四个相对独立的章节组成。第一章阐述主要数据来源，并进行系统梳理；第二章介绍针对 BEPS 构建的 6 个指标，这些指标在一定程度上可以反映 BEPS 的规模、经济影响程度和变化趋势；第三章介绍关于 BEPS 的规模、BEPS 应对措施效果评估和经济影响的相关研究；第四章对未来的研究工作提出了一些设想和建议。主要研究内容包括以下几个方面：

（1）BEPS 相关分析数据综述。行动计划能否达到预期目标的关键是数据，而且也是最大的难点。报告在对现有数据分析的基础上，指出现有数据的有用性和不足之处。

①数据的主要来源。通过广泛收集和调研，把主要数据进行分类和汇总。其中宏观数据主要包括：国民经济核算数据、国际收支平衡表、外商直接投资数据、国际贸易数据、企业所得税收入数据等 5 项；微观数据主要包括：海关贸易数据、企业财务数据、企业所得税纳税申报信息、税务审计信息、特定的企业涉税数据等 6 项。②现有数据的简要评述。现有数据的局限性主要表现在以下几个方面：第一，代表性。税基侵蚀是跨国公司引起的，是跨国的问题，但是现有数据只局限于个别国家和地区，无

法反应全局的问题。第二,有效性。现有数据难以区分多种行为的影响,BEPS 需要更多地用企业数据提供详细信息。第三,指向性。现有数据无法准确和全面地描述这类行为的发生程度。第四,丰富性。现有数据不能提供跨国企业关联交易的相关信息。第五,时效性。现有数据有较强的时滞,不利于及时监控。要求纳税人提供更多的信息,对税务机关是有益的,但这会极大增加遵从成本和数据采集成本,因此,有效的数据采集机制的建立是非常重要并且很难的一件事情。

(2) 指标体系。指标体系的作用在于显示税基侵蚀的存在和程度,并且反应变化趋势。报告提供的 6 个指标可以大致反映以上内容,另外还有两个候选指标。随着数据的完善和研究的深入,指标可以逐渐更新。当前的指标主要反应以下几个方面的问题:第一,金融指标与经济指标的偏离问题。一般来讲,该指标越高,税基侵蚀问题越严重。第二,低税率地区分支机构的收入占全球收入比重。税基侵蚀问题越严重,该项指标会越高。第三,低税率地区利润率相对平均利润率的比率。第四,有效税率之差。第五,特许使用权收入相对研发支出的集中度。第六,跨国企业在高税率国家分支机构的利息费用率。

(3) 税基侵蚀规模、影响以及应对措施实施效果的估算。第十一项行动计划的核心是对税基侵蚀的分析,包括估算其规模、评估其对经济效率的影响以及采取应对措施可能出现的效果等。

①税基侵蚀规模的估算。计算税基侵蚀规模主要有两种方法:一是反事实分析,也就是先假设不存在税基侵蚀的情况,观察相关指标的表现,然后与实际指标进行对比,这种方法是从总量上分析;二是逐一进行计算,如混合错配、受控外国公司控制、利息扣除、协定滥用、人为规避常设机构设置、转让定价等

对税基造成的不同影响程度，然后将其进行加总。在估算税率差异对利润的影响时可以利用计量的方法控制其他变量的影响。主要有两个思路：一是比较跨国企业在各国分支机构的利润率与所在国法定税率之间的关系；二是比较同一国家内跨国企业的利润率和国内企业的利润率。②对税基侵蚀应对措施影响的测算。对税基侵蚀应对措施影响的测算主要是对已有或可能付诸实施的应对措施效果进行分析评估。首先，一些应对政策在一些国家已经实施，这些国家的实践经验可以为其他国家提供参考；其次，各个国家在某些方面有可能达成一些共识，作出包括纠正错配、强化 CFC 规则、限制利息扣除、防止协定滥用、确保转让定价符合价值创造原则等措施，这些措施也将逐渐完善。③应对措施的经济影响。A. 对经济产生系统性影响。首先，会导致企业之间税负的不公平。跨国企业分支机构比国内企业的有效税率大约低 4%~8.5%，个别跨国企业会更低。税收优势可以使企业获得竞争优势，从而使市场集中度更高。其次，税基侵蚀会使政府加大对本土企业的征税力度，进一步加重税收不公平的现状。B. 应对措施对经济增长和效率的影响。如果只是一个国家对税基侵蚀采取措施，则会导致跨国企业资本流出，但是，如果全球共同实施税基侵蚀应对措施，则会增加跨国企业的税收支出，相应的本土企业和家庭的税负会减轻，国家税收收入会增加，从而可以提供更多的公共服务。

（4）未来研究的设想。正如前文所述，由于分析数据的来源及可靠性等方面的局限性和税基侵蚀问题本身的复杂性，目前成果距离理想状态仍有较大差距。税基侵蚀及各国的应对是一个长期、持续性的工作，报告指出一些未来工作的研究方向。

首先，现有的数据虽然有多方面的局限性，但也可以反映当前的一些情况，需要好好地加以利用；其次，各国应积极开展合作，制定规范的税收统计标准规则，实现税收数据适当共享；最后，各方应不断改进研究方法和指标体系，扩大数据收集范围，鼓励更多的人参与相关研究工作。

3. 该项行动计划对我国的影响

我国实行对外开放战略，吸引一大批外资企业来我国进行投资，其中包括一些超大型跨国企业，在相当长的时间内，外资企业给我国的经济发展带来了积极的作用，我国也给了外国企业很多税收上的优惠。不过在税收实践中，我国发现一些企业通过税收筹划进行跨国逃避税。虽然我国对税基侵蚀的规模和影响没有进行全面的分析和估算，但是我国税基侵蚀问题同样比较突出。第十一项行动计划的实施，有助于对我国的税基侵蚀规模进行细致的评价和估算，发现我国税基侵蚀方面比较突出的问题，为今后我国税基侵蚀问题的解决和方法的实施有积极的作用。与此同时，也给我国的税收工作带来了一些挑战，主要体现在以下几个方面：

（1）税收复合型人才的培养。第十一项行动计划要求对税基侵蚀的规模进行估算，整个过程中需要用到复杂的计算模型，并且需要根据具体国情调整相应指标，工作量大，从事相关工作的人员不仅需要具备税收方面的知识，还需要对数学等其他学科有深入了解，因此，税收复合型人才的培养对于计划的顺利实施至关重要。

（2）税收制度的建设。税基侵蚀规模估算的任务不可能由民间机构实施，只能交由国家税务机关实施，因此，税务制度需要提供相应的基础和保障，但是目前我国尚没有建立起相应的制度。

（3）评估的持续性。税基侵蚀是处于不断变化的过程，手段也越来越层出不穷，因此，对税基侵蚀的评估工作不是一劳永逸的，需要建立定期评估为主、不定期评估为辅的制度。

4. 我国的应对措施

与发达国家相比，我国税务机关和研究机构对税基侵蚀问题的关注和研究以及应对经验都相对不足，因此，我国参与行动计划的制定与实施是一次很好的交流机会，可以更多地学习和借鉴其他国家的经验，完善我国的税收体制。面对行动计划带给我国的挑战，我国可以采取以下几个方面的应对措施：

（1）加强人才培养，提升素质能力。有针对性地培养所需人才，建立良好的人才培养机制，顺应时代发展，以需求为导向，而不是一成不变的教育模式。要根据每个岗位的特点培养专业型人才，针对不同工作性质的税务人员相应的传授其工作所需的专业知识。

（2）完善税收立法，改进税收制度。法律是对计划及评估工作顺利实施最有力的保障。完善税收立法，把对有害行为的惩罚以法律条文的形式正式化，同时改进现有的税收制度，借鉴国际先进经验，为计划的实施提供前提和基础。

（3）建立持续评估制度。评估工作不是一时的，只要有税基侵蚀情况的存在，就要有评估量化工作。因此，应当把评估和量化当作一项日常工作来做，不断进行修正和改善，并且把之前的工作整理归档，以便于日后进行比较。

（十）BEPS 行动计划十二——强制披露规则

税基侵蚀和利润转移情况多发的前提之一是税务机关对纳税人的税务信息了解不充分，许多关于纳税筹划的信息没有可以了解的途径。因此，获取更多纳税人的纳税筹划信息是解决税基侵蚀的有效方法，第十二项行动计划给完善披露制度提供了方向和思路。

1. 第十二项行动计划的产生背景

信息披露是税务机关获取数据，了解企业纳税信息，提高税收透明度的有效途径之一。各国的税务机关也致力于加快信息披露制度的建设，国际合作也一直在缓慢进行。2011年，经合组织就发布了《关于税收透明度和披露举措的报告》，阐释了及时、精准和全面的信息在应对恶意税收筹划方面的重要性，对某些国家信息披露制度进行了概述，同时建议各国考虑引入那些最适合本国特定需要和国情的举措。2013年，经合组织发布了《关于合作遵从筹划安排的报告》，阐述税务机关与纳税企业之间关系的重要性。强制披露和合作遵从的共同点在于，实施的目的都在于提高透明度，改进风险评估，最终促进纳税人照章纳税，只是二者实现目标的途径方式不一样。强制披露规则适用于全体纳税人，可以确保全体纳税人在信息披露和税收透明度方面享有公平的竞争环境，从而提高合作。同年7月，OECD在BEPS行动计划前期研究成果的基础之上制定第十二项行动计划，目的在于论述强制披露举措有助于税务机关解决缺少税收筹划相关信息的问题，同时建议参与国根据行动计划设计适合本国的强制披露规则。该行动计划于2015年5月发布公开讨论稿，最终成果报告于同年9月发布。

2. 第十二项行动计划的主要内容

为了实现该行动计划设计的目标，成功获取税收信息，第十二项行动计划报告提出了规则框架，主要内容包括应披露的交易内容、披露方式、相关惩罚措施和信息使用等。

（1）基本类别。现有的强制披露规则主要为两个基本类别：第一种是一种基于交易的方法，为美国采用。该方法需要税务当局先识别可能产生税收风险的交易，然后要求纳税人以及对应披露安排提供了实质性协助的人强制披露。第二种是一个可以被描述为基于筹划方的方法,为英国和爱尔兰所采用。该方法关注税收筹划方所扮演的角色,而且特别考虑筹划方和纳税人必须披露什么类型的筹划安排。

(2)披露人。确定披露义务人是第十二项行动计划的任务之一,现有披露义务人的确定方法主要有两种:一是税收筹划方或纳税人负有首要披露义务;二是税收筹划方和纳税人同时负有信息披露义务。两者的共同点是均将披露义务强加给税收筹划方或实质性顾问,这样做的原因是考虑到设计税收筹划方案的筹划方必然了解更多与筹划安排相关的内容,也掌握更多的信息。同时还可以从侧面影响税收筹划方的行为以及避税对市场供给产生的影响。除以上两种之外还有其他情况,如英国和爱尔兰的规定是:当筹划安排是由法律专业人士筹划的,其可以申请法律专业特权,则披露义务将归到使用筹划安排的纳税人身上。

(3)披露安排。现有规则要求如果一项税收筹划符合该规则所列举的描述或"特征",则关于该税收筹划的相关信息需要进行披露。企业的税收筹划安排较多,为了节约资源,提高效率,税务机关可以先判断是否符合披露规则的要求和条件,对于符合的再进行评估。最常用的方法是利益测试,也就是测试一项安排是否是为了获取税收利益而进行。

(4)披露时间。税务机关越早获得信息,就可以越早采取针对税收筹划行动的措施,因此,税务机关要求纳税人披露信息的时间点就显得至关重要,一般是在早期,即纳税人获得筹划安排的时点而非真正实施时。例如:英国和爱尔兰就规定筹划方必须在5个工作日内披露可供他人实施的筹划安排。当纳税人承担披露义务时,披露时间为实施安排时的有南非等国家,具体为纳税人需在第一次收到或支付款项之后的45天内进行披露。

(5)筹划方或使用者应该承担的其他义务。在强制披露规则中，筹划方和使用者承担披露责任，所以识别筹划安排用户是规则的必要部分。它可以使税务机关提高风险评估和询问的针对性，也能使税务机关更好地量化税收损失。现有的机制主要有两种方法：第一，通过筹划安排代码，可以识别纳税人具体使用了哪一个筹划安排；第二，不使用安排代码，而要求筹划方承担提供使用筹划安排客户名单的义务。如果使用筹划安排代码，每一个筹划安排代码必须包含全部的筹划安排细节，以便今后检索，并要求纳税人在申报时填报该代码。对于客户名单，通常要求中介机构定期提供。在规则设计上，如果筹划方负有主要报告义务，建议引入筹划安排代码，并要求提供客户名单；如果引入双重报告义务，且筹划方和纳税人均报告筹划安排代码时，可不使用客户名单，但客户名单可以交叉验证。

（6）披露内容。确认需要披露的税收筹划方案后，披露义务人必须向税务机关披露税收安排的相关信息。具体需要披露的内容包括：第一，筹划方或顾问明细（名字、地址、电话号码、税务号码）；第二，筹划安排明细，这部分需要披露的内容主要是与产生预期税收利益相关的交易要素；第三，披露条款，主要披露的是相关特征；第四，法律法规条款，披露的是与产生预期税收利益相关的法规条款；第五，客户名单，主要是使用交易的客户名单。

（7）遵从或不遵从的后果。纳税人披露相关信息之后，税务机关会针对其实施的税收筹划采取行动，导致纳税人的税收利益减少，因此，一些纳税人会抵制信息披露，或者在披露时不按照税务机关的要求进行披露，故而需要对不遵从披露规则的纳税人给予处罚，来保障强制披露规则得以有效实施。例如在美国，如果纳税人没有披露相关信息或者提供不完全或错误信息的，将被处以5万美元罚款；对在立法中已列明的筹划安排如披露失败，罚款是20万美元或者为咨询业务总收入的50%。

（8）国际税收披露机制。第十二项行动计划的工作之一是探讨强制披露如何在国际税收领域更加有效。在各国之间，由于税收管辖权的重合，会对纳税人造成重复征税。但将其从整体中剥离出来单独看待时，跨境筹划安排中的国内税收利益可能并不明显。因此，跨境税收筹划产生税收利益的模糊性意味着在不了解全面筹划效果的情况下，仅仅关注国内纳税人获取的国内税收利益的披露机制，可能无法捕捉到更多类型的跨境筹划安排。因此在规则制定上，捕捉跨境筹划的通用特征应重点关注跨境的税收结果，无论跨境税收结果是否在本国产生，都应当被视为需要报告的筹划安排。同时对披露不设定门槛条件，简化披露要求，但仍要注意披露的范围，一般应当要求只有国内纳税人是安排的一方或者跨境结果在同一集团内发生时，国内纳税人才有义务进行披露。

3. 该项行动计划对我国的影响

经合组织中的许多国家，例如美国、加拿大、南非、英国、葡萄牙、爱尔兰、以色列和韩国已实施强制披露规则，并取得了一定的效果。强制披露规则在一些国家被证明是对税务机关识别税收筹划有重要作用的，例如在英国，避税安排早期信息的披露就可以让英国政府在税收流失之前采取措施，堵住漏洞。截至2013年，在已披露的2366个避税筹划安排中，有925个已经通过立法而解决，200个以上印花税的筹划安排通过3个立法修改而解决。

面对世界各主要国家先后实施强制披露规则并取得的显著效果，我国也应该顺应时代潮流，建立并完善强制披露规则，不仅可以有效地保证国家税收的安全，还有利于企业"走出去"战略的实施，使其与世界接轨，但同时也会带来一些影响，主要包括：

（1）行动计划不形成硬性约束。行动计划虽然是由各国领导人背书，但没有对企业形成硬性约束，没有本国法律的正式条文规定，因此难以保证计划的有效实施。

（2）对我国"走出去"企业产生较大影响。强制披露规则要求税收筹划方对于税收筹划有关的信息进行披露，可能会导致"走出去"企业在投资东道国的税收遵从以及享受税收协定待遇等方面，面临外国税务机关更为严格的审查，影响企业经营效率，产生额外成本。

（3）商业机密的保护。相比于现有的信息披露制度，强制披露规则下披露的涉及企业商业机密的信息会更多，这些信息如果泄露出去，对于企业是极为不利的，也不利于市场公平竞争，如何在强制披露和保密间找到平衡点是规则实施的关键。

4. 我国的应对措施

虽然有以上诸多挑战，但行动计划确实给税基侵蚀问题带来了解决途径，根据我国具体国情，可以从以下几个方面进行完善：

（1）把行动计划政策化。行动计划没有形成硬性约束是其不能够贯彻实施的主要原因之一，把相关内容政策化，以明文规定的方式体现出来，对不遵守规定的给予惩罚。惩罚的程度至少应当大于不遵守规定可以得到的利益程度，从而使相关披露责任人能够按照具体要求进行信息披露。

（2）加强企业自身建设。强制披露规则对"走出去"企业的影响主要是会增加企业的成本，企业需要根据披露规则的要求建立相应部门，从而增加了企业的额外成本。强制披露规则对企业提出更高要求，需要企业加强自身建设，完善信息披露制度，尽量降低披露成本。

(3) 加强国际合作,做好保密工作。从目前的政策取向来看,我们可以借鉴行动计划关于建立强制披露规则的建议,抓住目前修改《税收征管法》及其实施细则的契机,将强制披露规则引入我国。赋予纳税人和筹划方强制披露义务,同时做好信息的保密工作,尤其是对企业至关重要的商业信息,从而保证市场公平竞争。

(十一) BEPS 行动计划十三——转让定价文档和国别报告

随着经济的不断发展,世界各国普遍开始对跨国公司存在的税基侵蚀与利润转移问题感到担忧。因此,我们急需增加对跨国企业在全球范围内业务信息的披露程度,使得全球范围内的税务机关都能够更加清楚地了解各国在企业转让定价操作与政策上的差异,并且通过信息共享和交换,更有效率和针对性地发现不合规的事项,并基于国内转让定价法规向纳税人提出进一步的资料要求。

1. 第十三项行动计划的产生背景

《转让定价指南》第五章于 1995 年颁布,当时的纳税人和税务机关在制作与使用转让定价文档方面的经验还相对较少。《转让定价指南》第五章的原有内容是从纳税人和税务机关两者的角度来强调需要建立合理的文档程序,并希望纳税人和税务机关在解决转让定价文档的问题上,可以有更深层次的合作,以避免纳税人承担过多文档在合规性方面的负担,同时也需要确保能够提供足够的信息,以便可靠地运用独立交易原则。但是《转让定价指南》第五章原有内容并没有提供目前转让定价文档中所应当包含的文件清单,也未对转让定价文档准备程序、相关处罚管理及举证责任之间的相互联系提供明确的指导原则,因此许多国家都随后出台了转让定价文档的相关规定。

2008年，我国也引入了同期资料的管理，但是随着跨国企业集团内部交易的复杂性和交易额的急剧增加，税务机关发现既有的转让定价文档中所披露的信息越来越不充分，根本无法满足风险评估和税务执法的需要。与此同时，由于税务机关对转让定价问题的检查力度不断加强，纳税人相关的合规性成本也随之显著增加。但是纳税企业对其转让定价资料，长期以来都没有统一的管理方案和通用的模板，因此要求纳税企业在符合成本的前提条件下，通过完善同期资料管理条款从而使纳税明确。另外在一些情况下，跨国公司可以利用各国不同的税收制度，作出混合错配的安排，使其应税收入从整个税收链条中"消失"；在另一些情况下，跨国公司也能够利用各国税收制度的不同，将其应税收入导入无税或低税国家（地区）。因此，为了确保纳税人在制定关联交易价格和其他交易条款时，考虑合理的转让定价政策，并在纳税申报中予以披露，同时为税务机关进行有效转让定价风险评估提供必要信息，当税务机关对其管辖范围内的应税实体转让定价行为进行全面调查时，能够为税务机关提供有用的启动信息，我国必须重新审视相应转让定价文档和国别报告的相关规则，提出新的行动计划。

2. 第十三项行动计划的主要内容

该项行动计划要求制定"相应的转让定价文档规则，以提高税务机关的信息透明度，同时还需考虑企业的合规性成本"。这些规定包括要求跨国企业根据统一的模板向相关政府机关提供其在全球范围内的收入、经济活动以及纳税的分配情况。针对这一要求，BEPS第十三项行动计划提出了转让定价文档的三层标准结构。首先，主体文档要求跨国公司提供全球经营信息，以便于税务机关评估企业的转让定价风险。主体文档的信息由跨国公司的全球组织架构、业务描述、无形资产情况、集团内融资活动以及财务和税务情况五个部分构成。通过主体文档，税务机关可以掌握跨国公司概括性地全球运营信息和转让定价政策。其次，本地文档要求基于交易的转让定价文档应该以本地文档的形式在各个国家分别准备。与主体文档不同，本地文档提供一国税务机关所管辖的企业与集团内其他国家企业之间的主要交易信息。本地文档确认相关关联交易、交易金额以及企业对于这些交易所作的转让定价分析，内容包括具体交易的相关财务信息、可比性分析以及最合适的转让定价方法的选择与应用，与主体文档共同作为进行转让定价评估的主要依据。再次，国别报告要求跨国公司披露其在有商业运营的每一税收管辖区内的收入分配、所得税前利润、已纳所得税、计提所得税等信息。分国别报告还要求跨国公司按税收管辖区，申报其全部雇员、资本、未分配利润、有形资产等信息，并确认在某税收管辖区内进行商业活动的集团所有成员实体和这些成员实体所从事商业活动的性质。分国别报告有助于税务机关从整体上评估转让定价风险，以及其他与 BEPS 相关的风险。但是分国别报告中的信息并不能代替对某一项交易和价格的转让定价分析，转让定价分析仍需通过完整的功能分析和可比分析完成，税务机关不能以此作为使用全球公式分配法进行转让定价调整的依据。

  各项文档的具体内容体现了为平衡税务机关对信息的需求、解决对信息不合理使用的担忧，以及企业对合规成本和负担等方面的关心所作出的努力。上述三个文档（主体文档、本地文档、国别报告）要求纳税人阐述一致地转让定价立场，税务机关应当综合使用，作为进行转让定价风险评估、分配税务调查资源的信息，并在需要时开展有针对性地税务调查。这些信息能够协助税务机关更容易地判断纳税人是否通过转让定价和其他操作，人为地将大量利润转移至税收优惠的国家（地区）中。

3. 该项行动计划对我国的影响

该项行动计划首先要考虑的问题是，如何在满足税务机关可以获得用于转让定价风险评估及其他目的有效数据的同时，还能避免增加纳税人的合规性负担。与以往税务机关只能够获取本国企业的信息相比，该项行动计划为税务机关提供了跨国集团的整体经营信息，以及跨国公司在各国子公司的相关信息，有助于税务机关从产业链和价值贡献角度对转让定价问题进行分析，从而也有助于我国税务机关能更好地根据获取的信息对相关税务问题进行分析并制定和完善我国的税收政策。该项行动计划的要求将导致纳税人需要向税务机关提供大量以前并不要求披露的集团全球运营信息，同时为税务机关提供前所未有的信息透明度，包括纳税人在全球范围内的转让定价政策和相关财务信息，这也将显著改变我国境内的跨国公司转让定价同期资料准备的现状。

与以往相比，该项行动计划的成果对转让定价同期资料的规定作出了明确的改变，要求所有跨国公司准备国别报告，该报告将提供给跨国公司经营活动所在国家的税务部门。国别报告包括跨国公司所有关键性经济指标，如企业在该国的雇员人数、资产总额以及所得税申报金额。这个报告可以使我国税务机关一目了然地看清楚跨国企业的几乎所有相关信息，极大地增加了跨国公司在我国及其他国家的税收安排透明度。如果国别报告显示跨国公司的大部分利润都集中在某个低税国家，必然会引起其他国家对其转让定价安排的关注。

该项行动计划有利于解决国际跨境交易中可能出现的税收争议，对于国内法立法也具有深远意义，完善的国际税收规则同时对于税收利益在各国间的合理分配也具有重要意义。该项行动计划对于我国所得税制度适应当下商业经营模式的发展进程起到了促进作用，使我国在不断修改国内税法的过程中，减少企业逃税漏税避税等现象，税收的征管秩序变得更加良好，也使得各国征管差异空间减小，最终全球税收环境更加公平，税收秩序更加合理。我国在国际税收规则制定上的话语权也会进一步增强，影响力进一步扩大，进一步完善我国税务机关税收征收管理监督办法，将国际和国内方面的税收监督管理能力提升至制度性权力。当然，行动计划对税收协定和转让定价规则的修改，可能使我国"走出去"企业在投资东道国的税收遵从以及享受税收协定待遇等方面，面临外国税务机关更为严格的审查，这将影响企业的税收遵从成本和经营环境，并可能导致对企业的双重征税。

4. 我国的应对措施

作为处于经济转型期的国家，我国的经济发展既具有发展中国家的特征，又具有发达国家的部分特点。长期以来，跨国公司习惯于将中国子公司定位为功能单一的合约加工、合约销售或合约研发公司，仅给予中国子公司微薄的利润回报。近年来，中国公司在跨国公司全球布局中承担的功能越来越丰富，在全球价值链中作出的贡献也越来越大。我国积极面对、参与该项行动计划时，不仅需要考虑国际税收制度的公平性问题，还需要考虑到如何维护我国税收公平和我国企业的利益，我国应当十分重视并积极跟进相关税改项目，并且在国际税收规则中保持灵活性，以适应多变的国际税收规则。

近年来，我国税收法律法规已经在逐步改变和完善，但是由于我国的"一带一路"战略构想、境内存在诸多跨国企业以及"走出去"企业等原因，为了适应我国经济的进一步发展，我们不能再单纯地思考国内税收法律制度的改革，而是应当将国内立法改革和国际税收规则相结合考虑。面对该项行动计划，我国需设立专门的监督机构，以监控跨国企业主体文档、本地文档、国别报告的提交工作。

总体来说，我国需要首先完善税收法律法规并形成相对完整的理论体系，即制定符合我国基本国情的税收体系；其次，需要在国际上提升自己的国际地位和影响力；最后我们还须积极创新、积极思考，在现有基础上制定符合我国社会主义基本国情的税收政策。这不仅可以为建立公平合理的国际税收秩序作出贡献，而且能够保证我国在国际税收中的经济利益。

（十二）BEPS 行动计划十四——使争议解决机制更有效

随着 BEPS 行动计划的公布，OECD 认为 BEPS 各项行动计划的实施必定会使国际税收规则与各国国内法都面临大幅度调整，各国乃至国际税收征管环境都会变得更加严格。消除跨境避税或逃税的机会以及有效防止双重征税，对于构建一个支持经济增长和发展并且保持全球经济活力的国际税收体系至关重要。在根据 BEPS 行动计划引入有关措施来应对税基侵蚀和利润转移的同时，不应该结合规纳税人带来可能出现的不确定性或者双重征税等负面影响。因此，创建更有效的争议解决机制是 BEPS 行动计划相关工作中不可或缺的一部分。

1. 第十四项行动计划的产生背景

通常，各国的国内法都规定了纳税人与税务机关发生涉税争议可以适用的一般性法律救济，但是这些一般性法律救济在面对国际税收争议时却无法适用。因此，经济发展与合作组织（OECD）在税收协定范本第 25 条中提供了适用于国际税收争议的另一种机制——相互协商程序（Mutual Agreement PrOECDure，简称 MAP）。它指的是税收协定缔约双方税务主管当局根据协定中相互协商程序条款的规定，通过协商共同解决税收协定在解释和适用过程中遇到问题的机制。该项机制对于税收协定的适当应用和解释具有十分重要的基础性意义，可以有效防止享受税收协定待遇的纳税人被缔约双方中的任何一方不当征税。

然而，在实际执行过程中，相互协商条款并没有真正发挥其作用，对于纳税人的保护作用也往往大打折扣。这主要是由于一些税务当局没有善意解释和使用协定、相互协商条款受各国国内法掣肘影响、主管税务当局的各项处理资源有限等造成。因此许多协商案件的进度都极其缓慢，往往都要一拖数年仍然得不到有效解决，甚至有些还会陷入无法解决的僵局。

据 OECD 统计，OECD 国家之间完成一个相互协商案件的平均时间为两年左右。而且并不是所有的案件最终都达成了意见有效一致，这代表双重课税在各国之间并未得到有效消除。而随着 BEPS 行动计划的实施，国际税收规则与国内法的剧烈变动很可能在短期内导致双重征税与相互协商案件的大幅度增加。因此，BEPS 第十四项行动计划应运而生，旨在加强 MAP 的效力与效率，从而尽可能地降低各项不确定性及双重征税的风险。

2. 第十四项行动计划的主要内容

第十四项行动计划报告（以下简称"报告"）主要包括三个方面的内容：一是提高相互协商机制效力与效率的主要措施；二是为了保证这些措施的顺利施行，各国税务主管当局都要接受同行审议并将审计结果报告给二十国集团（G20）并向国际社会公示；三是同行审议的标准与方法。

该项报告的核心内容是提高相互协商机制效力与效率的主要措施，主要包括三个层次：最低标准、最佳实践、强制仲裁。参加 BEPS 项目的各国税务主管当局都将努力落实最低标准，同行审议将会对各国的执行情况进行考核与审议；同时，最低标准将会辅以一系列的最佳实践；此外，还有 20 个国家声明将在双边税收协定中设置具有强制约束力的相互协商机制仲裁条款，强制仲裁机制也被认为是解决跨境税收争议的终极手段。

（1）最低标准。最低标准是由若干具体措施组成，主要包含了三个总体目标，各国都将落实这些措施，以确保协定相关争议可以得到及时和有效的解决。

①确保与 MAP 相关的协定义务被全面而善意地履行，且 MAP 案件得到及时解决。A. 各国应将 OECD 协定税收范本第 25 条的第 1—3 款纳入税收协定中，在转让定价案例中提供 MAP 适用通道并执行双边达成的协议；B. 当纳税人与税务机关针对协定的反滥用规定适用条件等持有不同观点时，各国应当提供 MAP 通道；C. 各国应承诺在平均 24 个月内及时解决 MAP 案例；D. 各国应加入税收征管论坛下的 MAP 论坛，加强合作与联系，共同提高 MAP 的效力；E. 各国应当按照 OECD 与 MAP 论坛协作开发的报告框架和模板，及时完整地提供全面的 MAP 统计数据；F. 各国应承诺在 MAP 论坛框架下允许其他国家按照最低标准来检查其执行遵从情况；G. 各国都应表明其对 MAP 仲裁的立场。②确保行政程序的执行促进协定相关争议的预防和及时解决。A. 各国应确保向纳税人公布的 MAP 指引各项内容表述清晰且公众易于获取；B. 各国应按照约定模版编制其 MAP 国家概况并在公开的共享平台上公布；C. 各国应当确保负责相互协商的工作人员具备按照有关税收协定条款解决 MAP 案件的权限；D. 各国不应以最终的税务审计调整额或税收收入额作为负责 MAP 的主管当局及人员的绩效考核指标；E. 各国应确保负责 MAP 工作的部门拥有足够的资源来处理案例；F. 各国应在其 MAP 指引中明确阐释，税务机关与纳税人之间的审计和解并不妨碍纳税人申请启动 MAP；G. 提供双边预约定价安排（APA）的国家应规定，在遵循时间限制规定的前提下，如果以前税务年度中相关事实情况相同且真实性可经审计核实，应当允许在适当情形下将 APA 追溯适用于以前年度。③确保纳税人在符合条件时可申请

启动 MAP。A. 双方税务当局都应被知会所提交的 MAP 申请,且双方都能够对是否受理或拒绝该请求提供意见;B. 各国应在 MAP 指引上写明纳税人提交申请时需要提交的各项文件,并且不得在纳税人已经提交所列信息后以信息不充分为由拒绝其 MAP 申请;C. 各国应在其税收协定中根据 OECD 范本进行及时调整,避免出现由于调整不及时而导致无法通过 MAP 来避免双重征税的情形。

(2) 最佳实践。

①各国应将 OECD 协定范本的第 9 条第 2 款纳入税收协定中;②各国应当制定适当的程序来公开协商达成的有益协议;③各国应加强培养国际税收审计和检查人员的"全球意识"以减少不当调整情况的发生;④各国应当实施双边预约定价安排;⑤在相关事实情况相同且真实性可以被审计核实的前提下,各国应当允许纳税人就重复发生的事项通过 MAP 寻求多个年度解决方案;⑥各国应采取适当的措施来规定在 MAP 案件进行期间暂停税款征收程序;⑦各国应通过执行适当的行政措施促进纳税人选择 MAP 解决协定相关争议,并充分尊重纳税人自主选择救济途径的权利;⑧各国应在其发布的 MAP 指引中加入对 MAP 与国内行政和司法救济之间关系的解释;⑨各国发布的 MAP 指引应当允许纳税人适用 MAP;⑩各国应在发布的 MAP 指引中提供与相互协商程序中利息和罚款考量有关的指导意见;⑪各国应在发布的 MAP 指引中提供关于 MAP 和 APA 的指导意见。

(3) 强制仲裁。企业界和多个国家都认为具有强制约束力的仲裁机制是确保与协定有关的争议能够通过 MAP 得到有效解决的最佳途径。但在执行过程中,由于缔约国只是尽可能达成一致而不是要求一定要达成最终协议,因此经常会留下一些尚待解决的问题,这些都阻碍了相互协商程序的有效运行。

在第十四项行动计划报告形成的过程中，相关国家在 MAP 仲裁条款适用范围方面的意见分歧比较大。许多国家认为强制仲裁需要让渡的税收主权过大，因此偏向于将仲裁机制的适用局限于某一类 MAP 案件，但是另外一些国家则偏向于对 MAP 仲裁机制的适用范围不做限制。

虽然 OECD 和 G20 国家并未就是否采用仲裁机制来确保 MAP 案件得到解决达成有效一致，然而一些国家已经承诺采纳并实施具有强制约束力的仲裁机制，来解决那些难以通过协商程序解决的案件。这些国家包括：澳大利亚、奥地利、比利时、加拿大、法国、德国、爱尔兰、意大利、日本、卢森堡、荷兰、新西兰、挪威、波兰、斯洛文尼亚、西班牙、瑞典、瑞士、英国和美国。这些国家之所以选择强制仲裁，是因为根据 OECD 的统计显示，截至 2013 年底 90% 以上未解决的 MAP 案例都与这些国家有关。

3. 该项行动计划对我国的影响

随着近年来中国经济的迅猛发展，中国已经成为全球范围内最具投资吸引力的国家之一，中国的对外投资也呈现良好势头。在对外投资与吸引外资的过程中，发生双重征税情形，需要相互协商的情况和潜在数量都会日益增多。第十四项行动计划会给我国的税务主管当局带来巨大的挑战，并对我国的税收政策带来巨大影响，具体如下：

（1）国内法目前暂不支持相互协商期间暂停征税。2017 年 3 月，我国税务总局发布了《特别纳税调查调整及相互协商程序管理办法》，但是该办法并不适用于涉及税收协定条款解释或者执行的相互协商程序。按照规定，涉及税收协定条款解释或者执行的相互协商程序仍然按照 2013 年我国颁布的《税收协定相互协商程序实施办法》的有关规定执行。至此，我国国内法仍然暂不支持在相互协商期间暂停征税，这给我国在落实 BEPS 第十四项行动计划上提出了巨大的挑战。

（2）我国税务主管当局负责相互协商机制的各项资源尚不充分。随着数字经济的迅速发展和国际税收大环境的剧烈变化，我国税务主管当局在应对复杂多变的国际税收环境与形势严峻的国内税收环境时，各项资源缺失的问题日渐凸显。而负责相互协商机制的各项资源，不论是人力资源还是财力资源等都不充分，这明显会影响到我国相互协商机制的有效制定和实施。

（3）我国在接受强制仲裁上仍存在一定的障碍。由于国际税收实践的日益复杂化，MAP 并不能解决所有的税收争端，为了弥补 MAP 的不足，越来越多的国家开始将强制仲裁纳入其税收协定中。强制仲裁被认为是可以解决跨境税收争议的终极手段，然而，当前我国在接受强制仲裁上仍然存在一定的障碍，强制仲裁被纳入我国税收协定中仍需一段时间和努力。

4. 我国的应对措施

机会与挑战往往并存，虽然第十四项行动计划给我国带来巨大的挑战，但是基于最低标准的同行审议将给我国提供一个完善关于相互协商国内法与实践的良好机会。我国可以从以下几个方面来应对第十四项行动计划带给我国的各项挑战：

（1）争取早日将相互协商期间暂停征税纳入我国税收法律制度。随着"一带一路"战略和欧亚高速运输走廊的实施，我国的涉外税务会不断增加，将相互协商期间暂停征税纳入我国税收法律制度变得尤为必要，不仅有利于我国与其他各国更好的实行相互协商机制，同时也可以切实保护我国纳税人的合法权益并完善我国税收法律制度。因此，应该争取早日将相互协商期间暂停征税纳入我国税收法律制度。

（2）加大我国税务主管当局负责相互协商机制的各项资源

投入。在完善我国税收法律制度的基础之上,我国也应当加大我国税务主管当局负责相互协商机制的各项人力与财力资源投入:培养一批具有良好税收法律知识和税收实践能力的人才;逐渐增加我国在税收实践中的资金投入。保证我国税务主管当局负责相互协调机制的资源充足,为更好落实第十四项行动计划提供资源保证。

(3)努力消除我国在接受强制仲裁上存在的障碍。由于一系列国际问题的存在,我国在接受强制仲裁包括税收强制仲裁上仍然存在一定的障碍。但是,我们应该认识到,税收强制仲裁是有效解决 MAP 的终极手段,越来越多的国家也都开始将强制仲裁纳入国内法。因此,税务主管当局连同我国专家学者应当积极推进强制仲裁纳入我国税收法律制度的进程,争取早日消除障碍,为更好落实相互协商机制提供保证。

通过以上一系列措施的实行,落实"税收法定原则",为我国的税收征管工作提供一个良好的法律环境,为我国更好的落实 BEPS 行动计划提供一个良好的保障。

(十三) BEPS 行动计划十五——开发用于修订双边税收协定的多边工具

2013 年 9 月,在圣彼得堡举行的二十国集团(G20)峰会上,各国领导人通过了反税基侵蚀和利润转移(BEPS)行动计划,显示出各国为了应对当前全球化的挑战,促进国际税收体制改革所给予的空前支持。经济合作与发展组织(OECD)和联合国(UN)在 20 世纪 20 年代由国际联盟制定的最初的"软法"税收协定范本基础上推出了各自税收协定范本的更新版本。上述税收协定范本内容在不同国家之间签订的双边协定中得以体现。

1. 第十五项行动计划的产生背景

随着经济全球化进程的加快，不同国家税收体制之间的摩擦与间隙不断加深，因此，双边税收协定中的一些特征可能会导致 BEPS 而亟须修正。当前的双边税收协定体系并不能与税收协定范本进行有效的同步，而以后将会出现的问题也将不能得到及时的解决和处理。没有迅速的执行机制只会不断加大税收协定范本与税收协定世纪文本之间的差距。因此，建立迅速的执行机制以消除 BEPS，保证对于消除双重征税所达成的双边合意架构的稳定性十分必要。为了快速实施 BEPS 成果，多国政府同意制定一个多边法律工具来应对和修改各国面对的共性问题和全球 3000 多个税收协定，而多边协议的效用等同于同时协商数千个双边税收协定。

2. 第十五项行动计划的主要内容

BEPS 第十五项行动计划提供了与制定多边协议相关的税务和国际公法问题上的分析，帮助各国应用该多边协议，从而实施在 BEPS 和修订双边税收协定工作中的各项措施。当前，双边税收协定的重点依旧是消除双重征税问题，但是，目前税收协定体系的某些特征使得 BEPS 成为可能，因此，需要各国作出改变来消除现行税收体系下可能产生的双重不征税问题。但是由于双边协定的数量过于庞大，因此导致更新协定体系的工作繁重且费时，使得多方工作推进效率低下。

由于各国对消除 BEPS 有急迫的政治需求，同时对迅速实施解决措施抱有很大期望，BEPS 行动计划得以快速发展。多边协议能够加速各国行动与创新，同时，各国也应提供政治支持以克服协定措施快速实施的传统阻力。经过报告研究发现，制定多边协议是合适的，不仅具有益处同时可以应对或消除很多困难。同时，制定多边协议也是可行的，法律机制可以对制定解决技术上和政治上挑战的平衡性工具提供保障。与协定相关的 BEPS 措施的特性不仅有助于达成具有针对性地多边协议，同时也可以让多边协议在制定以后得到进一步拓展。

第十五项行动计划报告通过列举一些可选择的工具选项，通过吸收多边协议非正式专家小组的工作成果，由国际公法专家和国际税务专家讨论了多边协议的可行性，主要结论如下：

（1）多边协议可以修订双边税收协定网络。多边协议设立的目的是为了实施用于解决税基侵蚀与利润转移问题的一系列措施，它会对现行网络下的双边税收协定中的某些条款进行修订。对于所有非税基侵蚀与利润转移的问题，双边税收协定将继续生效。同时，为了提高效率的透明度，可以考虑在多边协议中纳入兼容性条款。

（2）多边协议可以提供承诺水平的弹性。多边协议可以适时的在限定范围内提供适时缔约方的弹性承诺水平以促成公平竞争环境。针对所有缔约方或某些缔约方的弹性承诺水平可以通过一定的机制达成，包括：选择退出机制；允许当事人排除或者修改某些条款的法律效力；选择替代条款或者是明确界定条款；使缔约方作出额外承诺的选择加入机制等。同时，也可以通过多边协议中所使用的语言（强硬或者软化的措辞）及义务类型来对各缔约方的承诺水平进行调节。

（3）多边协议可以确保承诺的透明度和清晰度。由于双边税收协定网络的复杂性及各利益相关者（税收管理方、纳税人、第三方）的数量众多，因此，以多边协议确保各方承诺的透明度和清晰度是十分关键的。此机制可以确保一定信息的清晰与公开，包括多边协议与双边税收协定之间的互动信息，同时该机制的使用也可以保证多边协议的灵活性。

3. 该项行动计划对我国的影响

与发达国家相比,中国作为一个发展中国家,想要通过单方面的努力在双边税收协定条约体系中解决 BEPS 问题将会遇到更多的实务障碍。与发达国家相比,发展中国家的税收协定谈判专业知识有限,因此更难达成双边税收协定,也很难吸引其他国家参与税收协定的重新谈判。多边协议为保证发展中国家从消除 BEPS 的多边努力中获得最大收益提供了最佳的机会。在多边谈判中,持相似观点的发展中国家就会合作并且利用他们所具备的专业知识来进行最有效地谈判。

4. 我国的应对措施

BEPS 行动计划的实施将从税收国际规则和国内法两个层面改变现行跨境交易税收规则,对各国经济发展和税收利益分配都影响深远。为了更好应对 BEPS 带来的各项机会与挑战,作为发展中国家的我国需要做到以下几个方面:

(1) 坚持积极参与应对 BEPS 行动计划的立场。中国在经历了改革开放四十年的高速发展后,经济发展及国际税收方面都遭遇了新的矛盾与风险。税收治理体系作为国家治理体系重要的一部分,我国必须要在结合自身发展情况并顺应全球税制发展的基础之上,积极参与 BEPS 行动计划,进一步规范和完善我国税收制度,推动国际税收规则改革的进程,最大限度地在国际税收贸易中维护我国利益。

(2) 积极加强与其他各国的多边谈判,制定有效的多边工具。当前的很多双边税收协定并不能有效解决 BEPS 问题,因此我国应当积极加强与其他国家的多边谈判,通过制定一项多边协议,为解决国际税收问题提供新方法,同时也能够迅速适应全球经济快速更新的需要。

(3) 积极参与后 BEPS 工作议程,不断完善我国税收制度。

不断完善所得税相关制度和跨境服务贸易的增值税/货物和劳务税制度。积极参与到后 BEPS 工作中去，参与 OECD《国际增值税/货物和劳务税指南》的制定工作中，并进一步完善我国企业所得税相关的法律法规和制度。

第八章
中国涉外税收问题专题研究

一、中美电子商务市场现状及税收问题

（一）引言

目前的零售业正向国际电子商务交易转变，网络在线交易就是一个典型的例子，交易双方只需通过互联网就可完成无国界的交易，而且经营扩张也几乎没有任何限制。由于中国庞大的消费市场和巨大的生产能力，中国有着世界上发展国际电子商务最为肥沃的土壤，它的国际电子商务交易额也正以"光速"快速增长。如今，许多企业的经营目标都盯向了中国。

电子商务交易必然会涉及消费税的问题，

由于中国的税制系统是如此的复杂且与世界其他国家不同，因此对于想进入中国电子商务市场的外国企业和个人来说，了解中国电子商务交易如何征税就显得特别重要。本书将探讨电子商务交易所涉及的主要税种和征税主体，指出中国和美国在税法原则和税务实践中的巨大差别。任何想进入中国电子商务市场的商家都必须意识到这种差异，并为应对这一未知领域以及这些差异做好充分的准备，这是写作本书最主要的目的。

（二）寻找最好的国际电子商务市场

如今，电子商务已经使得没有一个企业能脱离一个网站而进行运营，没有一笔交易能脱离在线工具来成交，大量的消费者都是通过互联网来采购商品，因此，主要街道上的商店更多的作用是成为消费者查找商品的陈列厅。换句话说，现在所有的企业都是在线的，这种趋势近年来发展的更加迅速。电子商务交易在商业零售总额的比重究竟是多少？在不久的将来，它的预期增长率是多少？电商应该出售什么类型的商品？主要的电子商务零售商是谁？中国和美国在这些方面有什么区别？回答这些问题把我们引向对新兴市场的探索。由于目前电子商务正向国际化发展，消费者不再只局限于一国之内，因此，电商应该重点调查中国电子商务市场的发展潜力。

本节分别对比分析了美国和中国从 2001 年至 2013 年的数据，逐年分析了电子商务销售规模、增长率以及其占商业零售总额百分比的变化情况。它有助于商家预测未来销售额，提供了电子商务交易占整个商业零售总额的百分比，提出电子商务活动重要性的独到见解。这些分析旨在描绘出一幅中美两国电子商务经营环境的对比图。相关数据如表 8-1 所示，该表简单地揭示了未来哪里是国际电子商务最好的市场。主要是从以下三个方面进行分析：

表8-1　　美国和中国电子商务销售增长率对比（单位：美元）

	美国		中国	
	电子商务销售额（增长率）	占商业零售总额百分比	电子商务销售额（增长率）	占商业零售总额百分比
2013	2520亿（12.0%）	5.6%	2850亿（41.1%）	7.2%
2012	2250亿（16.6%）	5.2%	2020亿（53.1%）	6.3%
2011	1930亿（16.3%）	4.6%	1320亿（55.3%）	4.4%
2010	1660亿（15.3%）	4.3%	850亿（97.7%）	3.5%
2009	1440亿（0.7%）	4.0%	430亿（152%）	2.1%
2008	1430亿（3.7%）	3.6%	170亿	1.3%
2007	1380亿（21.1%）	3.4%	n/a	n/a
2006	1140亿（22.6%）	2.9%	n/a	n/a
2005	930亿（25.7%）	2.5%	n/a	n/a
2004	740亿（27.6%）	2.1%	n/a	n/a
2003	580亿（28.9%）	1.7%	n/a	n/a
2002	450亿（28.6%）	1.4%	n/a	n/a
2001	350亿	1.1%	n/a	n/a

数据来源：1. 美国商务部[①]。
　　　　　2. 中国电子商务研究中心。

（三）美国电子商务增长率

电子商务在美国最早出现于2000年初，根据美国商务部人口普查局的统计数据显示，2001年美国电子商务销售额是350亿美元，仅占美国全部商业零售总额的1.1%，到2008年，美

---

① 美国商务部人口调查局："电子商务调查"，2013年2月。

国电子商务销售额暴增至 1430 亿美元,是 2001 年的 4 倍多,一直以每年 25% 的增速保持增长,且其占零售交易总额的比例也上升至 3.6%,市场占有率也增长了近四倍。这个结果令人很吃惊,它意味着电子商务活动在商业零售领域正变得日益重要。

虽然美国遭受 2008 年、2009 年和 2010 年的经济衰退,但是电子商务销售额及其在商业零售总额中所占的比重却没有下降,这两项指标都保持稳定增长。数据表明电子商务交易是抵抗经济衰退的,事实上,它确实也是当今经济复苏的驱动力。2012 年电子商务销售额高达 2250 亿美元,每年仍保持 16% 的稳定增长率。更为重要的是,其占商业零售总额的比例已经进一步上升至 5.2%。在过去 12 年中,电子商务活动已经从萌芽阶段发展到了成熟阶段,它最终在整个美国零售业占据了一席之地。事实上,电子商务已经彻底地改变了零售业,现实中有无数的网上零售商打败实体零售商的案例,如"网飞公司"击败"百视达","数码摄影击败柯达胶卷,"亚马逊"击败"巴诺书店",这里仅仅列举了几个例子而已。

2013 年电子商务销售额预计将进一步增长到 2520 亿美元[①],它占商业零售总额的比例预计可达 5.6%。通过调查过去 13 年的一系列数据可以看出,电子商务的增长趋势似乎没有停止过。但是电子商务增长率会在将来减慢吗?此外,未来它还可以稳定占有零售市场份额吗?明晰这两个问题无疑会影响到电商制定未来市场发展战略。

在美国这两个问题的答案可能是肯定的,目前的电子商务浪潮主要是来自于计算机技术的发展,但是在企业经营中使用计算机技术有一定的局限性。随着业务已经开始全面计算机化,计算

---

① 互联网零售商. 2013 - 12 - 22 [R]. http://www.internetretailer.com。

机技术的增长将趋于平稳。目前已经有计算机技术市场日渐饱和的迹象。例如，近些年来大量电子商务销售额依赖于数字产品，如软件、电子图书、电子游戏、电子音乐、电子报纸等，但是并非一切产品都可以被数字化。当可以被数字化的产品都被数字化后，就没有产品可以再被数字化了，数字化业务也将陷于停顿状态。

电子商务的增速放缓可以通过2008年前后的经济数据来证明，2008年前增长率保持在25%左右，而2008年后却只有16%左右。这种现象导致了电商必须寻找一个新的市场，这个市场在哪里？下一节将研究中国电子商务市场并提供一些线索。

（四）中国电子商务的增长速度

与美国相比，中国的电子商务自2008年才开始发展，历史虽然相对较短，但成长速度却非常惊人。2008年，中国的电子商务销售额是170亿美元，占整个商业零售总额的1.3%；美国的电子商务销售额是1430亿美元，占整个商业零售总额的3.6%。然而，中国的电子商务活动从那时起开始呈现爆发式增长。

截至2012年，中国的电子商务销售额达到了令人难以置信的2020亿美元，增长超过12倍，年增长率超过70%，占整个商业零售总额的比例也增加至6.3%，增长了5倍。销售额已快赶上美国，商业零售总额的占比已超越美国，而年增长率却是根本没有可比性，中国是70%的年增长率，而美国只有16%。

展望2013年，中国电子商务销售额预计将达到2850亿美元①，与上年同期相比增长41%，已成功超越美国2520亿美元

---

① 中国商务调查中心．杭州．中国电子商务市场统计数据［R］．2013 - 8 - 28。

的销售额及 12% 的增长率。更令人惊讶的是，中国电子商务占商业零售总额的比例将提高到 7.2%[①]，而美国则是 5.6%。

以上所有数据清楚地表明中国必定会超过美国，成为未来几年国际电子商务活动舞台上的领导者。值得深思地是，中国的电子商务发展仍处于起步阶段，与美国相比，市场尚未饱和。如果国际在线零售商想要寻求最好的市场，中国无疑是世界上最有希望的土壤。

如果一个电商试图进入中国市场，中国的商业环境会是怎样的呢？下节将对市场参与者和消费品的市场状况进行研究。

（五）美国亚马逊和中国淘宝网络销售增长率的对比

每一个电子商务市场的参与者必须了解它的竞争对手。由于亚马逊是美国最大的在线零售商，而淘宝是中国最具优势的在线零售商，本书采用这两个特殊例子来阐述电子商务销售规模和增长速度，其目的是为了指出电商在美国和中国最强大的竞争对手。

2012 年亚马逊占整个美国电子商务市场份额的 27.1%[②]，而淘宝在中国市场份额的占比却高达 81.2%[③]。预计 2013 年，前者将达到 29.8%；而后者将保持 81.2%。

亚马逊和淘宝之间的区别是显著的。两者所占有的市场份额均稳步增长，这种现象意味着市场更集中在一个卖家，其他的市场参与者变得不那么重要。糟糕的是，美国市场的卖家更多元

---

① 中国商务调查中心. 杭州. 中国电子商务市场统计数据 [R]. 2013 – 8 – 28.

② 亚马逊股份有限公司. 年度财务报告 [R]. 2013. http://www.marketwatch.com/investing/stock/amzn/financials.

③ 中国国家统计局. 中国互联网观察 [R]. 2013.

化，而中国市场却高度集中在一个卖家，淘宝几乎是一个完全垄断的市场。中国的这种商业环境是非常不健康的，这种情况肯定会导致市场的不公平竞争。任何想进入中国市场的在线卖家，都必须警惕这个强大的竞争对手。

此外，亚马逊过去十四年的增长速度一直保持在每年35%左右，相比之下，淘宝的增长率一直在稳步上升，从2009年的78.8%增加到2013年的81.2%，这一现象表明在中国电子商务市场成为一个公平竞争的市场之前，中国的电子商务市场将变得更糟。所有数据如表8-2所示。

表8-2　　美国亚马逊和中国淘宝的市场份额对比　　（单位：美元）

	美国亚马逊		中国淘宝	
	网络销售额（增长率）	占美国零售总额百分比	网络销售额（增长率）	占中国零售总额百分比
2013	750亿（23.0%）	29.8%	2310亿（40.9%）	81.2%
2012	610亿（27.1%）	27.1%	1640亿（57.7%）	81.2%
2011	480亿（41.2%）	24.9%	1040亿（57.6%）	78.8%
2010	340亿（36.0%）	20.5%	660亿（94.1%）	77.6%
2009	250亿（31.6%）	17.4%	340亿（100%）	79.1%
2008	190亿（28.4%）	13.3%	170亿（139%）	100%
2007	148亿（38.3%）	10.7%	71亿（154%）	n/a
2006	107亿（25.9%）	9.4%	28亿（100%）	n/a
2005	85亿（23.2%）	9.1%	14亿（600%）	n/a
2004	69亿（30.2%）	9.3%	2亿	n/a
2003	53亿（35.9%）	9.1%	n/a	n/a
2002	39亿（25.8%）	8.7%	n/a	n/a
2001	31亿	8.9%	n/a	n/a

数据来源：1. 亚马逊2013年财务报表。
　　　　　2. 中国国家统计局2012年统计年鉴。

该表重点介绍了中国电子商务销售额爆炸式的增长以及淘宝"一家独大"垄断局面的不良影响。它表明,从2008年起,淘宝在中国商业零售总额的占比已经开始超越亚马逊在美国的占比,虽然在2012年前总量上中国并没有超越美国。此外,2011年后亚马逊的市场份额已经达到最高峰并有下降趋势,而淘宝则继续以原来的速度扩张。这些迹象给所有外国在线商家一个警告,进入中国电商市场之路将会非常坎坷。

尽管有前面提到的困难,但中国的电商市场也存在一些机遇,下一节将探讨中国的潜在市场机会。

(六) 中国潜在的电子商务市场

一个国际电商需要知道中国电子商务市场前景不同于美国,一种方式就是研究这一市场的互联网用户。目前,美国人口是3.139亿,而中国的人口是13.5亿。根据网络零售商的报告,2012年美国有2.543亿互联网用户,而中国有5.711亿互联网用户。前者占总人口的比重高达81%,而后者却只有42.3%。中国的人口是美国的四倍,而互联网用户却只是美国的两倍。

2012年美国电子商务销售总额为2250亿美元,而中国电子商务销售总额为2020亿美元。如果与美国一样达到市场最大潜力,中国互联网用户可高达十亿,而电子商务销售额可以达到9000亿美元。换句话说,中国电子商务市场潜力会是当前水平的四倍,这是中国未来电子商务市场的发展前景。

市场潜力另一方面的体现是电子商务市场份额占社会商品零售总额的百分比。2012年美国的这一比例为5.2%,而中国这一比例为6.3%,这种增长趋势相当快,而且在可以预见的未来并没有放慢的趋势。随着消费者变得日益网络化,市场份额在不久的将来可能达到10%。例如,大多数的教科书将被数字化,它们被称为电子书。结果是，现在很多学生都是只购买电子书而不是印刷课本。此外，在线新闻代替了报纸业务，很多电影、游戏和音乐也不再刻录在 CD 上，它们也都被数字化了。因此，电子商务在零售领域的市场份额肯定会增加，中国在这方面有很大的发展潜力，市场也尚未饱和。所有上述数据如表 8-3 所示。

表 8-3　　2012 年美国与中国潜在电子商务市场对比　（单位：美元）

		美国	中国
1	人口	3.139 亿	13.5 亿
2	互联网用户	2.543 亿	5.711 亿
3	互联网用户百分比	81%	42.3%
4	电子商务销售总额	2250 亿美元	2020 美元
5	电子商务销售额占商业零售总额的比例	5.2%	6.3%
6	最大的网络零售商（市场份额）	亚马逊（27.1%）	淘宝（81.2%）
7	智能手机用户	1.479 亿	4.64 亿

数据来源：互联网零销商[1]（2013），网址：http://www.internetretailer.com。

该表比较了当前美国和中国的电子商务市场并揭示出两者之间的差距，美国在电子商务活动计算机化方面远远超过中国，这表明中国的市场潜力还没有像美国一样被充分开发，中国还有巨大的市场可以被发掘。

经营一个国际在线市场要考虑的另一个重要因素是商品，下一节将研究在线市场交易最活跃的商品类型。

（七）美国和中国的电子商务商品

任何一个电商都必须关注消费者产品。消费者通过互联网购

---

[1]　互联网零售商 [R]. 2013-12-22。

买的商品是什么?美国和中国之间是否有什么区别?回答这个问题将影响到市场的战略规划,根据美国商务部人口普查局的调查和麦肯锡全球研究报告数据,美国和中国的电子商务商品可以被分为以下七类,数据如表8-4所示。

表8-4　　　　2011年美国和中国国际电子商务商品

	商品	美国市场份额	中国市场份额
1	服装,服饰,珠宝	16%	35%
2	电子产品,计算机,软件,办公用品,娱乐,书籍,CD	30%	20%
3	家居产品,家电,家具	22%	15%
4	运输,通讯,旅游,汽车加油,汽车	15%	12%
5	保健品,药品,化妆品,美容产品	7%	11%
6	食品,饮料	2%	5%
7	非商品,例如:佣金,广告费,运输费	8%	2%
	合计	100%	100%

数据来源:1. 美国商务部人口普查局①。
　　　　　2. 2013年麦肯锡全球研究报告②。

上表显示,美国最流行的互联网消费产品是电子产品、计算机、软件、办公用品、娱乐材料、书籍、CD等,市场份额占整个电子商务市场的30%;排在第二位的是家居用品、家电、家具等,其市场份额接近22%。而中国最流行的网上商品是服装、服饰和珠宝,市场份额占整个电子商务市场的35%;排在第二

---

① 美国商务部人口调查局:"电子商务调查",2013年2月。
② 麦肯锡全球研究所. 中国网上零售的发展:网上购物作为一种增长的催化剂[R]. 2013-3. http://www.mckinsey.com/.../China%20e.../MGI China e-。

位的是电子产品、计算机、软件、办公用品、娱乐材料、书籍、光盘等，其市场份额为20%。

研究美国和中国电子商务商品之间的不同是相当有趣的，美国消费者更青睐的是电子产品，而中国消费者更青睐服装。这表明美国消费者更多是技术导向型的，然而中国的消费者更感兴趣的是衣柜。这表明现阶段两个国家在线消费者行为的不同特征，也暗示了中国在线电子产品市场拥有巨大的增长潜力，国际电商必须注意到这一点。

从另一个角度观察发现，美国和中国在线购买第一名和第二名的商品总和都超过50%，其他商品都显得不太重要。这些数据表明，无论是在美国还是中国，电子商务市场都非常集中在少数商品上，国际电商应识别消费者行为，更好地满足网上消费者需求，抓住市场发展机会。

除了了解中国电子商务市场的现状，国际电商还必须知道它的税收问题。任何网上交易都会产生消费税，美国和中国之间是否有什么区别？下一节将探讨这个问题。

（八）中国的电子商务税收制度

当纳税人赚取收入，其收入需要征收所得税，这在美国和中国都是一样的，没有任何的区别。然而，当纳税人消费产品或服务时，在美国消费涉及的是消费税，而在中国消费涉及的是增值税。消费税和增值税在纳税人、征税人、征税机关和税务受益人方面都存在有很大差异。如果一个国际电子商务交易发生在中国，交易必然涉及增值税。本节将探讨中国如何征收增值税。

在美国，个人所得税和企业所得税属于联邦政府和州政府管辖，营业税属于地方政府。然而美国宪法将消费税的征税权赋予了州政府①。因此，销售交易涉及三方：卖方，买方和州政府。这就带来一个消费税的征收问题，即消费税由买方缴纳，但是负责征收消费税并将收到的税交给州政府的是谁？

如果买方和卖方居住在同一个州，卖方负责从买方收取消费税，并将收取的消费税缴纳给所居住的州政府。如果他们不居住在同一个州，那么卖方是否还需要负责从在线买方那里收取消费税并将税款转交到买方所在的州政府？根据美国宪法修正案第十四条的规定，答案是否定的②。这个问题已经引起了许多在美国最高法院的诉讼。自从进入电子商务时代后，远程销售商和州政府之间的困境已经变得更为严重。

中国是否也会遇到同美国一样的消费税征收的责任问题？幸运的是，答案是否定的，但是中国却存在另外一个问题。中国是一个政权高度集中的国家，几乎所有的一切都是由中央政府控制。例如，个人所得税和企业所得税征收都属于中央政府的职权管辖，只有营业税的征收属于地方政府的管辖。然而，在新的税制改革中将酝酿把营业税并入增值税的征收范围，营业税在不久的将来将不再存在，因此，现在的焦点转向了增值税的征收问题。

与美国的消费税作用一样，中国增值税的作用也是为了地方政府筹资。在中国，地方政府有权征收增值税并同时负责收税，然而增值税的最终受益人却是中央政府。地方政府征收增值税后，增值税的25%被分配回到地方政府，剩余的75%都会缴纳给中央政府③，而在美国消费税全部都属于州政府。

---

① 美国宪法：《商业条款》，第一条，第八款，条款1。
② 美国宪法：《第十四次修正案商业条款》，第一条，第八款，条款1。
③ Yang, James G. S. 和 Robert Zheshi Ma："中国增值税的实施问题"，《国际税收研究》，2004年第1期。

因此，地方政府没有努力征收增值税的动力，每一个纳税人都企图逃避增值税，却没有政府机构努力来征税。只有当纳税人被查到时，他才会支付增值税，而绝大部分纳税人根本没有缴纳增值税，税收征收人和实际受益人的差异造成了地方政府巨大数额的财政赤字。

现在中国的增值税制度是极其混乱的，这是事实和现实。国际电商必须注意到中国目前的税收环境，上面的描述可以总结在下表 8-5 中。

表 8-5　　　　　　美国与中国税收制度对比

		个人所得税	企业所得税	营业税	消费税（增值税）
美国	纳税人	个人	企业	企业	买方
	征税人	州，联邦政府	州，联邦政府	州	卖方
	征税机关	州，联邦政府	州，联邦政府	州	州
	税收收益人	州，联邦政府	州，联邦政府	州	州
中国	纳税人	个人	企业	企业	买方
	征税人	中央	中央	地方	卖方
	征税机关	中央	中央	地方	地方
	税收受益人	中央	中央	地方	中央*

中央 = 中央政府　地方 = 地方政府。

*75% 分配给中央，而剩余的 25% 给地方政府。

上表突出了美国和中国之间税收原则的区别，在个人所得税、企业所得税和营业税方面，它们都非常类似。然而，美国的消费税和中国的增值税相比，中国的增值税最终受益人设计存在一个致命缺陷，该缺陷是由增值税的最终受益人属于中央政府而不是地方政府的事实造成的，下一节将选取相对重要的几个方面对比研究美国的消费税和中国的增值税。

（九）美国的消费税和中国的增值税对比

与美国相比，中国增值税占税收总收入的比重比美国消费税占税收总收入的比重更重要吗？这个问题的答案影响到是否增值税应在企业经营中扮演重要角色的战略规划，其重要程度可以通过二者（消费税和增值税）占税收总收入的比重来衡量。

由于在美国消费税属于州政府，所以只能把美国的州和整个中国政府来进行比较。下面的表8-6包括五个比较重要的样本：加州，纽约州，俄亥俄州，伊利诺伊州和华盛顿州。它列出了每个州税收收入总额、消费税收入和消费税占税收收入总额的比率。加利福尼亚州的比重是21.5%，纽约州是17.3%，俄亥俄州是6.9%，伊利诺伊州是8.5%，华盛顿州是21.2%[1]，平均比率是19.3%。与中国相比，这一比例却高达42.6%[2]。这个比例意味着，在美国，每一美元的税收中有19.3美分来自于消费税，而在中国则有42.6美分来自于增值税。这个比例有意义吗？至少可以看出，中国的增值税占税收收入总额的比例是美国消费税的两倍，这个比例应该有足够意义了。

此外，在消费税税率方面，美国的平均税率是6.75%，而中国增值税税率则是17%[3]。换句话说，中国的增值税税率是美国消费税税率的两倍还多。因此，增值税在中国的电子商务中确实扮演了非常重要的角色。

---

[1] 加州．综合财务报表［R］．2012．http：//www.sco.ca.gov/Files-ARD/CAFR/cafr11web.pdf．

[2] 中国国家税务总局．2007．http：//www.chinatax.gov/cn．

[3] 中华人民共和国国务院：《中华人民共和国增值税暂行条例》第二条和第十二条，1993年12月13日．

表 8-6　消费税占美国税收收入总额的比重和增值税占中国税收收入总额的比重对比　（单位：百万美元）

	税收总额	消费税	比重	消费税税率
加州	86536	18618	21.5%	7.5%
纽约州	50798	8795	17.3%	8.0%
俄亥俄州	51466	8721	16.9%	5.5%
伊利诺伊州	37323	6924	18.5%	6.25%
华盛顿州	36250	7710	21.2%	6.5%
（总计）美国	262373	50768	19.3%	6.75%
中国	154984	57070	42.6%	17.0%

数据来源：1. 2012 年美国各州的综合财务报表。
　　　　　2. 中华人民共和国国家税务总局。

该表把中国和美国放在一起，从美国消费税和中国增值税占税收收入总额的比重进行比较，结果显示该比率在美国是 19.3%，而在中国则是 42.6%。表 8-6 还显示出美国消费税的平均税率是 6.75%，而中国增值税的平均税率是 17%，这意味着中国增值税率是美国消费税率的两倍多，这些统计数据证实了增值税在中国的重要意义。下节将阐述中国如何征收增值税。

（十）中国增值税的计征

中国是如何计征增值税的？细节参见《中华人民共和国增值税暂行条例》[①]，一般纳税人购买普通商品的增值税率是 17%，但也有免责条款，接下来将对此进行详细解释。增值税将在产品

---

①　中华人民共和国国务院：《中华人民共和国增值税暂行条例》，第二条和第十二条，1993 年 12 月 13 日。

转移的每个阶段按产品销售价格乘以某一税率计算征收，但是前一阶段缴纳的进项增值税可以抵扣后一阶段应缴销项增值税。

因此，在中国有两种增值税。首先，进项税是在购买时买方支付给卖方的。买方以收到的销售发票作为纳税的依据。后来，当买家反过来销售商品给另一个买家，前面的买家变成了现在新的卖家。新卖家从新买家那里收到增值税，这就是所谓的销项税。但此前支付的进项税可以从销项税额中抵扣，这种销售活动可以一直持续下去。因此：

进项税额 = 购买价格 × 税率

销项税额 = 销售价格 × 税率

实缴税金 = 销项税额 − 以前支付的进项税额

下面举一个例子：纳税人 A 以 4000 美元加 17% 增值税税率的价格把衣服卖给纳税人 B。纳税人 B 应该缴纳多少增值税给纳税人 A？又应该向税局缴纳多少增值税？

纳税人 B 应支付给纳税人 A 4680 美元，计算为：[4000 + (4000 × 17%)] = 4680（美元），并收到已经支付 680 美元增值税的发票，这就是进项税。纳税人 A 将 680 美元上交给税务局。

后来纳税人 B 以 5000 美元的价格把同样的衣服卖给纳税人 C，纳税人 C 应该支付纳税人 B 多少增值税，纳税人 B 又应该给税局上交多少增值税？

纳税人 C 应当支付给纳税人 B 5850 美元，计算为：[5000 + (5000 × 17%)] = 5850（美元）。销项税是 850 美元（5000 × 17% = 850）。由于纳税人 B 原先已经支付了 680 美元的进项税，因此纳税人 B 现在可以把之前已经缴纳 680 美元的进项税作为当期应缴纳 850 美元销项税的税收抵免。因此，当前纳税人 B 向税务局实际缴纳的增值税额仅为 170 美元（850 − 680 = 170），纳税人 B 将缴给政府税务机关 170 美元。纳税人 B 支付 680 美元给纳税人 A，现在从纳税人 C 处收到 850 美元，但实际只支付 170 美元给税务局。850 美元的增值税最后由最终消费者承担，即纳税人 C。实际纳税人 B 并没有负担 850 美元税金里的任何一部分。纳税人 B 仅充当了一个税收中介的作用。

这个例子说明，当衣服被卖给最终消费者的时候最后总的增值税额为 850 美元，但它支付在两个阶段，由纳税人 B 在购买的时候支付的 680 美元加上当最终销售给纳税人 C 时额外产生的 170 美元。这个过程意味着，进项税是最初购买者的永久现金流出量，而销项税是最后卖方的临时现金流入量①。

与中国不同，美国的消费税不向买家征收，除非买家是最终消费者时才征收。例如，在上述情况下，最终 850 美元的税额只有在纳税人 B 把衣服出售给纳税人 C 时由 C 支付给 B，纳税人 B 没有支付任何营业税给纳税人 A。这意味着美国的消费税系统失去了消费税款的时间价值。显然中国的增值税系统远远比美国的消费税系统更复杂，国际电商必须做好准备应对这种繁琐、乏味的税收官僚主义。

事实上中国的增值税法也有免责条款。中国有两种类型的纳税人，一种类型是一般纳税人，其年销售收入总额超过 100 万元人民币（1 美元 = 6.01 人民币），而另一种类型是小规模纳税人，一般纳税人适用的增值税税率为 17%。对于小规模纳税人，税率降低到 6%②。

还有其他的免责条款。对于食品、食用油、自来水、图书、报纸和杂志等，税率降低到 13%，对于农民生产和出售的农产

---

① Yang, James G. S. 和 Robert Zheshi Ma："中国增值税的实施问题"，《国际税收研究》，2004 年第 1 期。

② 中华人民共和国国务院：《中华人民共和国增值税暂行条例》，第二条和第十二条，1993 年 12 月 13 日。

品、药品、科研设备、教育等税率进一步降低为零,还有一些特殊的行业是免征增值税的,例如运输、建筑、银行、保险和通信等①。

这些免责条款也同样适用于现在的电子商务交易商品,这表明有策略可以减少在中国缴纳增值税,国际电商应该充分利用这一点。

(十一) 中国增值税征收问题

在中国是否所有电子商务的买家都真的缴纳了增值税呢?美国和中国公民对于纳税义务的理解有着根本的区别。在美国,公民应该缴税支撑政府;然而在中国,政府拥有一切,因此政府应该征税支撑公民。在中国,政府在公民所得挣得的时候征收所得税是可被接受的,但政府在消费者购买商品或服务时征收消费税是让人不能容忍的。中国公民没有在消费时应缴纳消费税的观念。因此,每一个纳税人都想尽办法来避免或者逃避消费税(在中国是增值税)。

因此中国消费者强烈抵制缴纳增值税,如果卖家明确向买方在商品销售价格中增加消费税,买家会拒绝购买。不幸的是,根据法律规定,卖方需要向政府税务机关缴纳消费税(或增值税)。因此,目前的做法是把应缴的消费税(或增值税)包含在商品售价里,但表面上并没有阐述清楚售价已包含了消费者应缴纳的消费税,但实际上商品的买方确实已经缴纳了增值税。

在电子商务交易中买家真的可以避免缴纳增值税吗?这要看是什么样的交易,它涉及进项税额可以抵扣销项税额的管理规

---

① 中华人民共和国国务院:《中华人民共和国增值税暂行条例》,第二条和第十二条,1993年12月13日。

定。电子商务交易可以分为三类：B to B，B to C 和 C to C。值得注意的是，任何增值税的征收权利都掌握在地方政府的手里，但最终税收受益人却是中央政府。这意味着地方政府负责征税，但征收到的税款却最终被缴纳给中央。

1. B to B 指企业对企业的交易，即一个企业（卖方）销售商品给另一个企业（买方），商品的最终消费者是企业。买方已支付进项税给卖家，现在在买家需要从最终消费者手中收取销项税。在买方决定要缴纳给政府税务机关的增值税净额前，买方需要知道可以抵扣的进项税额是多少，买方实际根本不负担纳税。在这种情况下，买家有很大的动力支付进项税，因为最终其支付的进项税可以在实际应纳税额中扣除。因此，在 B to B 交易中，增值税将会被支付。

2. B to C 是指企业对个人消费者的交易，在这种交易中，企业销售产品给最终消费者，消费者将不会再转售该产品。根据法律规定，卖方需要从最终消费者手中收取销项税，然而，由于该产品将不会被再出售，最终个人消费者无法把缴纳的增值税转嫁出去或是进行抵扣，在这种情况下，卖家没有动力收缴销项税给政府税务机关。因此，在 B to C 的交易中，增值税将不会被支付。

3. C to C 表示个人消费者对个人消费者的交易，即个人出售一个产品给另一个人。由于卖方不是注册的企业，卖方并不需要从最初购买者处收取增值税。因此，在 C to C 交易中，增值税将不会被支付。

上述三种可能的电子商务交易可归纳于表 8-7，可能还会有更多的交易。然而，在大多数情况下，纳税人总是试图避免支付增值税。

表 8-7　　　　　　　　　中国增值税问题

	纳税人	收税人	征税机构	税收利益	是否纳税？
B to B 销售	企业	企业	当地政府	中央政府	缴纳
B to C 销售	个人	企业	当地政府	中央政府	不交
C to C 销售	个人	个人	当地政府	中央政府	不交

1. B to B = 企业对企业。
2. B to C = 企业对个人消费者。
3. C to C = 个人消费者对个人消费者。

表 8-7 把三种电子商务交易放在一起比较。它表明，只在 B to B 的情况下纳税人最可能缴纳增值税，而在 B to C 或 C to C 交易中都不会缴纳增值税，国际电商必须要了解能从买方征收增值税的可能性。

（十二）中国国际网络零售交易战略规划

从以上分析可以看出，中国的在线市场有几个特征。中国电子商务市场开始发展只有四年的时间，相比而言美国已经有十年的发展历程。因此，中国电子商务市场尚处于起步阶段，而从起步开始，中国的电子商务市场就以几何速度在增长。特别是，电子商务占整个商品零售业务的比率增长迅速，这种迹象表明国际在线零售商进入中国电子商务市场有巨大潜力。

分析还指出，中国的电子商务市场被少数几家企业所垄断，比如淘宝。美国的电子商务市场更加多元化，如亚马逊、海淘、易趣等。对于国际在线零售商而言，打破中国现在的垄断贸易是非常困难的。最好的策略可能是尝试寻求与当地销售商合并。在中国，事实是越大越好，数据也说明了这一点。

在商品方面，中国消费者相比于电子产品更喜欢服装，而在美国则正好是相反的。由于中国向西方开放，国外商品可能变得比本国的产品更具吸引力，这是拓展新领域的战略。美国消费者对不同产品的需求更多元化，而中国同行多集中在网上销售一些产品。他们有很大的不同。国际在线零售商必须知道应该提供什么样的在线产品。

在中国，在线业务的增值税率为17%，相对于美国的6.75%的消费税税率，他们是不一样的。前者在征收行政程序处理上比后者更加的困难。国际在线零售商必须准备好处理它。由于税率有很大的区别，可能触发国际在线零售商重新考虑进入中国市场是否有利。

（十三）结论

本书讨论了电子商务在中国的现状和税收问题。它指出，电子商务在中国还处于发展的早期阶段，正以每年53%的速度快速增长，占整个零售业的比例也以每年6.3%的速度稳步增长。与美国相比，这些比率分别为16%和5.3%。中国的发展速度确实是令人震惊的。

本书试图研究电子商务市场的竞争状况。研究发现，在中国，淘宝占据高达81.2%的市场份额。在美国，亚马逊只占27.1%的市场份额。中国的市场是非常垄断的。

本文还探讨了电子商务未来的发展潜力。在中国，互联网用户只占人口总数的42.3%，而美国是81%。这一观察结果表明，与美国相比，中国的电子商务市场远未饱和，未来中国有很大的发展潜力。

本书进一步探讨电子商务交易商品的构成。研究发现，在中国，最受欢迎的商品是服装，占35%的市场份额。而在美国，最受欢迎的是电子产品，占有30%的市场份额。中国和美国消费者的消费兴趣差异较大。

此外，本书还详细研究了电子商务在中国的征税问题。研究结果令人很吃惊，与美国不同，中国没有征收消费税，而是规定在交易的每一个阶段征收增值税，税率为17%，而美国的消费税税率是6.75%。更糟糕的是，中国的税收制度非常混乱，增值税的实际征收机构和最终受益人不一致，地方政府负责征收增值税，但税收收入却最终属于中央政府。

本书还对那些考虑进入中国电子商务市场的网上零售商提供了许多规划策略，还提供了一个例子来说明中国是如何征收增值税的。最后指出国际电子商务在中国市场有巨大的发展潜力，但道路是曲折的。

二、外国个人在中国如何纳税

（一）引言

中国已经成为世界工厂，目前有32000个美国及国际公司在中国经营，有110000个美国公民在中国工作，这些数字充分说明了中国市场的重要性及快速成长。中国政府怎样对这些外国企业和个人征税？中国与外国的征税主体有什么区别？在美国，外国公司必须提交1120F表，同时非居民外国人提交1040NR表，1120表和1040表有很多不同。中国和美国之间有什么不同吗？这个问题涉及税基、免税条款、应纳税所得额、税率、应纳税额和税收抵扣。本书试图探讨这些问题，结果将显示，答案是肯定的。因此，美国的企业和在中国工作的个体纳税人必须意识到这些差异。但是本书只研究个人纳税人，关于企业纳税人的问题将另作阐述。

（二）中国个人纳税人的税基

在中国的外籍个人纳税人需遵守以下三个税法：（A）2011年颁布实施的《中华人民共和国个人所得税法》；（B）中国国家税务总局，1994年国税发148号文——《关于在中国境内无住所的个人取得工资薪金所得应纳税额问题的通知》；（C）中国国家税务总局，2004年国税发97号文——《关于在中国境内无住所的个人执行税收协定和个人所得税法若干问题的通知》。

第一个涉及税基的问题是，哪些所得在中国应课税，参考上述（A）中国个人所得税法规定，以下收入每个中国公民都将缴纳所得税：

（1）在中国提供劳务所获得的工资、奖金、津贴和补贴，除了国家政府对在科学、教育、技术、文化、卫生、体育、环保等领域所做贡献者颁发的奖金。

（2）个体工商户经营生产所得。

（3）提供咨询许可服务所得，如学术、医疗、法律、会计专业。

（4）承包服务所得。

（5）劳务报酬所得。如艺术作品、表演、广告、设计、经纪、编辑、出版等所得。

（6）专利、版权、商标、特许权使用费等。

（7）投资股票和债券取得的股息、利息，适用20%的税率，不允许抵扣，但对国债利息收入免税。

（8）财产租赁所得，如租赁土地，建筑物和机械，征税时视为普通收入。

（9）出售股票和债券的资本利得或出售不动产所获投资收益，税率为20%。

(10) 偶然所得，如彩票中奖或其他奖金等。

（三）与美国税基的对比

仔细阅读中国个人所得税法时会惊奇地发现这项法律只有四页15项条款，而另外两项有详细实施规则的通知却有17页。与美国相比，美国的《国内税收法典》（IRC）有至少4000页9000节。后者可能过分细致了，然而前者毫无疑问太简单了。

中国几乎所有的所得税条款都是针对总收入的，只有一个条款涉及扣减。每一个中国当地纳税人每个月给予一次性抵扣3500元，而外籍个人纳税人允许抵扣4800元，这一金额与美国IRC的扣除标准是一样的。中国的税法并没有"分项扣除项目"，中国的税制往往对那些有钱人和从事大量经济活动的纳税人不利。例如：由于没有医疗费抵扣，税收制度将不利于那些生病的纳税人，这是不人道的；由于对慈善捐款没有抵扣，这样的税收制度不鼓励纳税人为慈善机构捐款，它使纳税人变得不再那么慷慨；由于没有扣除家庭房产税和住房抵押贷款利息，它不鼓励纳税人拥有属于自己的房子，不利于经济发展。

此外，中国也没有"个人和抚养费减免"政策，这意味着中国税法忽略了婚姻状况和家庭赡养。也就是说，在扣除额方面，单身纳税人和已婚夫妻没有什么区别。其结果是造成所谓的"婚姻罚金"，而且这笔罚金是相当严重的。

中国税法还没有对抚养费减免的扣除额。换句话说，税法不利于那些有孩子的纳税人。从这方面看，中国的税法对纳税人实际上是非常不公平的，而美国IRC比中国的税法公平的多。与美国的税收制度相比，想要到中国工作的外籍个人纳税人必须了解与美国相比中国税法的这些缺点。

对于企业所得税，中国税法允许普通、合理的抵扣。但税法太简单了，非常不成熟。结果是它可能会变得适得其反，更糟糕的是，它可能会产生税收漏洞。

例如，独资企业的利润是需要征税的，但在净亏损的情况下，是否可以抵扣？如果可以的话，抵扣的范围又是如何的呢？根据中国税法，企业亏损是不可以抵扣应纳税额的。相反，在美国 IRC 下企业亏损可以根据经济业务风险按"调整法"进行抵扣。显然，中国的税法不鼓励企业承担风险，这种税收政策不利于企业业务活动的开展。

由于中国税法简单规定企业盈利需要纳税，而亏损不能抵扣，可能会产生企业损失抵扣的战略规划。例如，纳税人经营一家获利的餐厅，他还拥有一辆家用汽车。因为这辆车目前的市场公允价值有所下降，所以当他卖这辆车的时候就会导致损失，不幸的是，损失不能抵扣。如果他能将这辆车转化为商业用途并用于他的餐馆，销售汽车会导致的损失就可能在税前扣除。该纳税人就可能将一个不可扣除的个人损失转化为可抵扣的业务亏损。这种税收处理方法就导致了税收漏洞的产生。

美国 IRC 是通过实施一项税收规则阻止这种税收漏洞的，即：如果个人使用的财产转化为商业用途，财产新的"调整基数"要低于旧的"调整基数"或者目前市场的公允价值。在上面的例子中，出售这辆商用价值的车就根本不会产生损失。由于目前中国的税法不够成熟，它确实可能会产生这种税收漏洞。

此外，中国的税法如此简单，因此它忽略了许多重要的税收原则。例如，积极活动收入和消极活动收入之间的区别，短期资本收益与长期资本收益的不同处理方法，回收折旧应作为普通收入而不是长期资本利得，还有其他一些原则。

中国的税收体系还有很多不足之处，外籍个人纳税人在中国做生意必须同时意识到中国税收制度对商业活动产生的优势和劣势。

(四) 外籍个人纳税人的税基

外籍个人纳税人需要缴纳所得税的仅是在中国取得收入的部分,具体如下:

(1) 在中国提供服务的工资、薪金所得。

(2) 出租或租赁在中国所使用的财产所得。

(3) 出售股票、债券等投资的资本利得,出售如土地和建筑物等不动产所获得的投资资本收益,税率为20%。

(4) 在中国提供专业服务所得。

(5) 投资中国企业的股票或债券,取得利息、股利和红利所得,适用比例税率,税率为20%,不允许扣除。

对于在中国的外籍个人纳税人来说,税基只是来源于中国的所得,来源于国外的所得是免税的。这一原则适用于大多数收入项目,包括工资,薪金,租金收入,利息收入,股息和资本利得。就企业经营而言,营业利润扣除所有普通和合理费用后是应纳税所得,而经营损失是不允许扣除的。在这方面,美国和中国对个人纳税人的处理是相同的。

应该指出的是,利息收入和短期资本利得连同股息收入和长期资本利得都属于投资收益,这些收入按20%的优惠税率征税,这和美国IRC的做法不一样。这种税收结构不鼓励投资者进行长期股权投资,这样的税收政策并不明智。

外籍纳税人在中国纳税比中国本土纳税人更加复杂,这是因为外籍人员的家在国外,但却在中国工作。中国的税法与美国IRC在这方面相比有明显的差异,它关心的是外籍人员在东道主国家正在做什么。根据美国IRC,如果这个外籍人员作为员工被雇佣从而赚取工资或经营企业以赚取利润,被称为"与美国贸易或经营有效连接的收入"。因此，在美国，外籍人员在计算应纳税所得额时，可能抵扣一些扣除额和个人免税额，税率和美国公民一样。但是，如果这个外籍人员根本不在东道主国家工作，他取得了如利息、股息、资本利得和租金等收入，就被称为"与美国贸易或经营无效连接的收入。"因此，这个外籍人员在计算应纳税所得额时，不能抵扣任何扣除额和个人免税额，按照总收入的30%征税。该项税收规定不利于那些不在美国被雇佣的外籍人员。

相比之下，中国的税法并没有要求境外个人纳税人证明收入是否与"中国贸易或经营有效连接"，二者被放在一起不作任何区别。因此，每个月减去标准扣除额4800元后，剩余部分则是应纳税所得额。在运用税率表前，中国税法给投资收益一些税收优惠待遇，如利息、股息，以及出售投资股票、债券所获得的资本利得，按20%的优惠税率征税。这种税收政策的目的是鼓励投资，而不是就业。当前，中国税法并没有区分外籍人员的收入是否与"中国贸易或经营有效连接"，税法无意间对那些没被雇用的外籍人员提供了较低的税率。这是一个税收漏洞，这种做法适得其反，使外籍个人纳税人可能利用它。

此外，在美国，非居民外籍人员在征税时无须考虑他在工作中的职位。不论他是一个"普通员工"还是"管理人员"，都没有区别。征税与其在美国居住的时间的长短也没有关系。

与此相反，中国税法非常关注这个外籍个人纳税人是一个"普通员工"还是"管理人员"。更糟糕的是，外籍纳税人可能在中国或是国外工作，其收入的来源地是不同的。此外，这名员工可能会被他在中国的雇主或他在国外的雇主支付佣金。在确定是否是中国的纳税所得时，中国税法仔细考虑了所有这些方面，这方面是非常复杂的，下一节将进一步解释。

（五）中国外籍个人纳税人的应缴所得税额

根据中国税法，外国纳税人的工资和薪金是否需要交税依赖于四个因素：居住时间，雇佣职位，赚取地点、由谁支付。表8-8描绘了所有可能的组合，居住时间可能分为四类：A行表示0到183天，B行表示183天到365天，C行表示1年到5年，D行表示超过5年。第二列列出了员工的职位，第三列表示在中国赚取工资并且在中国支付工资，第四列显示在中国赚取工资但在国外支付工资，第五列表示在国外赚取工资但在国内支付工资，第六列表示在国外赚取工资并在国外支付工资。根据中国税法回答所有这些可能的组合汇总于表8-8中。

表8-8　　　　计税工资和在中国的外国个人的薪金

	（1）居住期	（2）员工职位	（3）在中国赚取在中国支付	（4）在中国赚取在国外支付	（5）在国外赚取在中国支付	（6）在国外赚取在国外支付
A	0—183天*	a. 一般员工	交税	不交税	不交税	不交税
		b. 管理人员	交税	不交税	交税	不交税
B	183*—365天	a. 一般员工	交税	交税	不交税	不交税
		b. 管理人员	交税	交税	交税	不交税
C	1年—5年	a. 所有	交税	交税	交税	不交税
D	5年	a. 所有	交税	交税	交税	交税

注：*183天，如果中国与外国之间有税收协定；否则90天。
资料来源：中国国家税务总局，国税发（1944）148号文。

以第三列作为例子，如果一个员工在中国赚取工资并且工资在中国支付，不管员工在公司的职务高低，赚取的工资都需要交税。在第四列中，不需要纳税的只有在中国居住期少于183天的外国员工。在第五列，如果工资在国外赚取但是在中国支付，普通员工不需要纳税，但是管理人员则需要。在第六列，如果工资在国外赚取并且也是在国外支付，只有在中国居住五年以上的需要纳税。

原则上，只有源于中国的收入需要在中国纳税，源于外国的收入不需要在中国纳税。但是中国的税法可能不遵守这一原则，例如在中国赚取的工资视为源于中国的收入，因而需要在中国纳税。但是如果工资由国外雇主支付，或者雇员在中国居住不多于183天则不需要纳税。另一个例子，在国外赚取的工资被视为源于国外的收入所以不需要纳税，其实不然，如果工资由国外雇主支付并且雇员是管理人员或者任何在中国居住长于一年的普通雇员，则需要纳税。换句话说，收入需不需要纳税不仅取决于收入来源、居住时间，还取决于员工工资由谁支付。从这个意义上来说，在确定外国收入来源是否需要纳税上，中国的税法并没有一贯的指导原则。

上述中国税收规则太繁琐，太细致，在中国工作的外籍个人纳税人在中国工作别无选择，必须学会它。

与之相比，美国IRC在处理美国外籍个人纳税人的税收处理要更简单更具有一致性——源于国外的收入不需要纳税，只有源于美国的收入需要纳税。美国收入来源被进一步确定为"与美国贸易或业务有效连接的收入"和"与美国贸易或业务没有有效连接的收入"。如上所述，两者之间的税务处理完全不同。

区分源于美国的收入和源于国外的收入的基础是"收入在哪里赚取"，而不是依据外国人在美国居住了多长时间的和员工的职务是一般员工还是管理人员。对于从一个公司股票获得的股利收入，股利收入是属于源于美国的收入还是属于源于外国的收入取决于公司在哪里赚取利润。这个问题并不容易，因为现在许多公司在世界范围内获得利润，很难追查这家公司收入的来源。

例如，王先生是一位在美国工作的中国公民，他买了XYZ的股票，XYZ60%的利润来自巴西，XYZ分配1000美元的现金股利给王先生，在这1000美元的现金股利中，来源于美国的收入和来源于国外的收入分别是多少？前者是400美元（1000×40% = 400），这是需要向美国纳税。后者是600美元（1000×60% = 600），这是不需要向美国纳税，因为王先生是美国的非居民外国人。

在上述例子中，如果XYZ在美国生产电脑，但是把电脑运到巴西，在巴西设立一间办公室用于销售电脑，这种情况下应该怎样纳税呢？XYZ一半的利润来自美国，另一半来自巴西，因此王先生的1000美元的现金股利中，有一半属于源于美国的收入，也就是500美元，这些需要在美国纳税，另一半是源于外国的收入，不需要纳税。

中国的税法是如此简单，所以它并没有给这样的处理。相反，如果王先生是一名在中国工作的美国公民，大概来自中国企业的整个1000美元的现金股利都需要在中国纳税。

确定了应纳税所得额之后，在中国的适用税率是多少？与美国相比又是怎样的？将在下一节进行探讨。

（六）税率

中国个人所得税税率是从3%到45%的累进税率，有如表8-9所示的七个纳税等级。应税所得的税率有个有趣的排列，被称为"速算扣除额"，表中的税率适用于全部应纳税所得额按统一税率征收，然而实际上应纳税所得额是依据不同金额不同税率征收的。"速算扣除额"是作为收入的税收抵免以适用较低的税率。详细的计算见表8-9。

此外，中国当地的纳税人每月每人的扣除标准为3500元，外国纳税人的扣除标准是每月每人 4800 元。投资收益，如投资股票和债券利息收入、股息，税率统一降至 20%。

表 8 – 9　　　　中国薪酬的个人所得税税率　　　（单位：元）

	（1）每月应纳税所得额	（2）税率	（3）速算扣除额[a]
A	0—1500	3%	0
B	1500—4500	10%	105[b]
C	4500—9000	20%	555[c]
D	9000—35000	25%	1005[d]
E	35000—55000	30%	2755[e]
F	55000—80000	35%	5505[f]
G	80000 以上	45%	13505[g]

来源：中国个人所得税法。

需要注意的是，普通中国公民每人每月有 3500 元的扣除标准，外籍个人纳税人每人每月有 4800 元的扣除标准。此外，利息，股息和资本利得的税率按 20% 的统一税率，不允许抵扣。

a. "速算扣除额" 是作为收入的税收抵免以适用较低的税率。

b. $105 = 1500 \times (10\% - 3\%) = 1500 \times 7\% = 105 (元)$

c. $555 = 1500 \times (20\% - 3\%) + (4500 - 1500) \times (20\% - 10\%) = 255 + 300 = 555 (元)$

d. $1005 = 1500 \times (25\% - 3\%) + (4500 - 1500) \times (25\% - 10\%) + (9000 - 4500) \times (25\% - 20\%)$
$= 330 + 450 + 225 = 1005 (元)$

e. $2755 = 1500 \times (30\% - 3\%) + (4500 - 1500) \times (30\% - 10\%) + (9000 - 4500) \times (30\% - 20\%) + (35000$

$$-9000) \times (30\% - 25\%)$$
$$= 405 + 600 + 450 + 1300 = 2755(元)$$

f. $5505 = 1500 \times (35\% - 3\%) + (4500 - 1500) \times (35\% - 10\%) + (9000 - 4500) \times (35\% - 20\%) + (35000 - 9000) \times (35\% - 25\%) + (55000 - 35000) \times (35\% - 30\%)$

$$= 480 + 750 + 675 + 2600 + 1000 = 5505(元)$$

g. $13505 = 1500 \times (45\% - 3\%) + (4500 - 1500) \times (45\% - 10\%) + (9000 - 4500) \times (45\% - 20\%) + (35000 - 9000) \times (45\% - 25\%) + (55000 - 35000) \times (45\% - 30\%) + (80000 - 55000) \times (45\% - 35\%)$

$$= 630 + 1050 + 1125 + 5200 + 3000 + 2500 = 13505。$$
(元)

与中国相比，美国的个人所得税率也是按10%到39.6%的累进税率。股利和长期资本利得的税率为0、15%或20%，取决于纳税人的税率等级，在投资收益方面有区别。在中国，利息收入按20%的优惠税率。然而，在美国，利息收入作为普通收入税率高达39.6%。结果总结于表8－10。

表8－10　中国与美国不同收入的最高税率

	中国		美国	
	本国公民	外国人	本国公民	外国人
工资，薪金	45%	45%	39.6%	39.6%
利息收入，短期资本收益	20%	20%	39.6%	30%
分红，长期资本利得	20%	20%	20%	30%

表8－10显示，在美国，外籍个人纳税人比美国公民支付较高

的普通所得税税率。相反,外籍个人纳税人支付的利息,长、短期资本利得和股利的税率比美国公民要低。这一情况可能会影响纳税筹划策略,一个外国纳税人在美国赚取工资和薪金更有利,然而,在中国投资会比在美国获得更多的利息收入、股利和资本利得。

(七)应纳税额

中国所得税法中最复杂的部分是应纳税净额的确定,在知道适用的税率后,纳税人应该能够很容易地确定应纳税额。然而,中国税法考虑了来源于外国的应税所得在中国的比重,外籍个人纳税人在中国的居住期,在公司的职位——普通员工还是管理人员。这方面的考虑使得计算应纳税净额非常困难。表8–11列出了6种可能的情况,计算过程可能写成一个方程式。

定义:

CI = 中国人当月在中国应纳税所得总额;

FI = 外国人当月在中国应纳税所得总额;

TI = 当月应税所得总额(包括中国人和外国人)

= CI + FI – RMB4800(外国人的扣除标准);

TR = 适用税率;

QD = 速算扣除额,是为了计算税收抵免金额时以应纳税所得额的较低的税率等级;

GTL = 当月应纳税总额;

CD = 当月中国工作的天数;

FD = 当月外国工作的天数;

NTL = 考虑来源于国外收入和国外居住时间的当月净纳税额。

NTL 的计算在表8–11中。

表 8-11　　在中国的外国人每月应纳税额

（1）居住期		（2）职位	（3）应纳税净额/月
A	0—183 天*	a. 普通员工	$NTL = GTL \times \dfrac{CI}{CI+FI} \times \dfrac{CD}{CD+FD}$
		b. 管理人员	$NTL = GTL \times \dfrac{CI}{CI+FI}$
B	183*—365 天	a. 普通员工	$NTL = GTL \times \dfrac{CD}{CD+FD}$
		b. 管理人员	$NTL = GTL \times [1 - (\dfrac{FI}{CI+FI} \times \dfrac{FD}{CD+FD})]$
C	1 年—5 年	a. 所有员工	$NTL = GTL \times [1 - (\dfrac{FI}{CI+FI} \times \dfrac{FD}{CD+FD})]$
D	超过 5 年	a. 所有员工	$NTL = GTL$

注：*183 天中国与外国之间有税收协定；其他 90 天。

资料来源：国家税务总局，国税发（2004）第 97 号文。

应该指出的是，来源于国外的所得在一些情况下应在中国征税，所以在中国计算的第一步就要把收入分为来源于中国的所得和来源于外国的所得。把这两项所得相加，减去每月 4800 元的扣除标准，它决定了应纳税所得额，从它可能计算出应纳税总额。第二步是确定当月在中国的工作天数和在国外的工作天数，应纳税净额取决于纳税人的居住期是少于 183 天（含 183 天）、一年以内（含 1 年）、五年以内（含 5 年）还是超过五年。最后应纳税净额还取决于员工的职位——是普通员工还是管理人员。计算的公式已经在表 8-11 给出。在确定应纳税净额时，所有相关数据适用于上述公式，下面用四个实例来说明此过程。

（八）例 1——普通员工的应纳税额

安德森公司是一家总部在美国并且在美国注册的公司，安德森公司在中国设立分公司，并且派一名美国公民约翰作为一名普通员工去经营分公司。美国和中国之间有税收协定,在本年度约翰已经在中国居住了 200 天,当前月份约翰驻留在中国为 24 天,而在美国 6 天。当月约翰作为一名普通员工共取得 10000 元的工资,其中从中国分公司收到 7000 元,从美国总部收到 3000 元,那么当月,约翰需要向中国政府上缴的应纳税净额是多少?

这是表 8-11 中 B(a)(4) 的情况,因为约翰已经在中国居住 200 天,介于 183 天和一年之间而且他是作为普通员工而不是管理人员在工作,所以约翰从美国总部收到的 3000 元工资应该在中国纳税,计算应纳税净额的公式为表 8-11 的 B(a)(3)。

约翰在中国总的应纳税所得是 10000 元(7000 元 + 3000 元),外国人在中国的扣除标准是每月 4800 元(中国公民是每月 3500 元),因此,约翰的应纳税所得额是 5200 元(人民币 10000 元 - 4800 元)。这一级别应纳税所得额对应的税率是 20%,所以应交所得税是 1040 元(RMB5200 × 20%)。然而,这 20% 的税率是误导,因为中国是累进制税率。事实上,第一个 1500 元的税率仅为 3%,而接下来的 3000 元,税率为 10%。仅剩下 700 元(RMB5200 - 4500 元)是真正的税率为 20%。3% 和 10% 的税率的税收抵扣是 555 元人民币,如表 8-9C(3),内有详细的计算。其结果是,当月应纳税总额为 485 元(RMB1040 - RMB555)。

接下来计算应纳税净额,中国税法考虑了在中国的居住时间。约翰当月在美国居住 6 天,在中国居住 24 天,在中国居留天数占 80% [24 天/(24 + 6) 天 = 24/30 = 80%]。考虑了在中国的居住期后,当月的所得税额是 485 元的 80%,也就是 388 元。通过以下公式这些数字被更加清晰展示:

CI = 7000 元　　F1 = 3000 元

TO = 7000 + 3000 - 4800 = 5200(元)

TR = 20%　　QD = 555 元

GTL = 1040 − 555 = 485（元）

CD = 24 天　FD = 6 天

$$NTL = GTL \times \frac{CD}{CD + FD}$$

$$= 485 \times \left(\frac{24}{24+6}\right)$$

$$= 485 \times 0.8$$

$$= 388（元）$$

换句话说，作为一个在中国居住 200 天并且职位是普通员工的美国公民，约翰当月应该上缴给中国政府的所得税是 388 元，这个例子表明，约翰来源于中国所得和来源于美国的所得在中国都需要交税。然而，因为约翰是在中国的外国人，在确定约翰的应纳税净额时，中国政府只按约翰居住在中国的时间计算。这个原则使得在计算应纳税净额时按 80% 的比率来确定。

（九）例 2——管理人员的应纳税额

在例 1 中，如果约翰是管理人员而不是普通员工，应纳税额又会是怎样的呢？

这是表 8 – 11 B（b）（4）的情况，除了在计算净纳税额的公式外，其他和例 1 结果相同，这次是比较复杂的，这是表 4 中 B（b）（3）的情况，如下所示。

$$NTL = GTL \times \left[1 - \left(\frac{FI}{CI + FI} \times \frac{FD}{CD + FD}\right)\right]$$

$$= 485 \times \left[1 - \left(\frac{3000}{7000 + 3000} \times \frac{6}{24+6}\right)\right]$$

$$= 485 \times [1 - (0.3 \times 0.2)]$$

$$= 485 \times (1 - 0.06)$$

$$= 485 \times 0.94$$

=455.9（元）

因此，作为一个美国公民，约翰作为管理人员在中国工作200天，其应缴纳给中国政府的税额是455.9元。这个例子说明，约翰在中国的工作职位越高，他应缴纳给中国政府的税额就越高。这个原则在计算应纳税额的方程式中考虑了国外收入比和国外居住时间比率。它们分别是30%和20%，这两个因素的乘积为6%（30%×20%），在从总的485元的应纳税额中扣除6%后，其余的94%（100%－6%）为应纳税净额，即455.9元（人民币485×94%）。因此，管理人员的净纳税额比例1中作为普通员工的净纳税额高了67.9元（455.9元－388元）。

（十）例3——管理人员的应纳税额

在例2中，如果约翰在中国的居住期是100天又是怎样的情况呢？

这是属于表8-11中A（b）(4) 的情况，因为约翰之前一直在美国居住，他作为管理人员而不是普通员工工作了100天，100天介于0天到183天之间。所以，约翰从美国总部收到的3000元工资在中国不需要纳税。计算这种情况下净纳税额的公式见表8-11中的A（b）(3)。

约翰在中国的应税收入是7000元（7000+0），因为外国人在中国的扣除标准是4800元每月，所以约翰的应税所得是2200元（7000元－4800元）。应纳税所得额在这一水平下的税率是10%，因此需要承担220元的税务负担。然而，这10%的税率是误导，因为中国是累进制税率，事实上，第一个1500元税率为只有3%，而其余的700元人民币（2200元－1500元），真正的税率为10%。3%的税率的税收抵扣额是105元人民币，如表8-9，B（3），内有详细的计算。其结果是，当月的应纳税总额为 115 元（220 元 – 105 元）。

接下来，在计算应纳税净额时，中国税法考虑了来源于中国所得占全部所得的比例。因为在中国的居留时间很短，所以可以忽略不计。约翰当月源于中国的收入是 7000 元，而源于国外的 3000 元收入是免税的，源于中国的收入占总收入的 100%［7000 元／（7000 元人民币 + 0）= 7000/7000 = 100%］。在考虑源于中国的收入是应纳税收入的 100% 后，当月在中国的净纳税额是 115 元（115 元 × 100%）。通过下列的等式对这些数字可能会有更清晰的认识：

CI = 7000 元　　FI = 0 元

TI = 7000 + 0 – 4800 = 2200（元）　　TR = 10%　　QD = 220 元

GTL = 220 – 105 = 115（元）　　CD = 24 days　　FD = 6 days

$$NTL = GTL \times \frac{CI}{CI + FI}$$

$$= 115 \times \left(\frac{7000}{7000 + 0}\right)$$

$$= 115 \times 1.0$$

$$= 115（元）$$

换句话说，作为一名美国公民，约翰在中国以管理人员的身份工作 100 天，需要向中国政府上缴的所得税是 115 元。这个例子表明，约翰来源于中国的所得需要在中国纳税，但是源于美国的所得则不需要在中国纳税。然而，因为约翰是在中国的外国人，中国政府在计算应纳税净额时只对约翰来源于中国的所得部分征税，而约翰来源于国外的所得在中国不需要纳税，因此应纳税总额就是应纳税净额。这个原则使得在计算应纳税净额时按 100% 的比率来确定。

以上三个例子清楚地表明，外籍个人纳税人的应纳税净额，不仅取决于来源于中国的所得，来源于外国的所得，还取决于纳税人的居住时间和职位。通常情况下，应纳税净额小于应纳税总额，它需要巨大的努力才能计算出结果。与中国相比，美国则要容易得多——应纳税总额就是应纳税净额。

（十一）外国纳税人的免税所得

中国所得税法还给外国纳税人提供了一些免税条款，如下所示：

（1）对于在中国居住少于 183 天的外国人，在中国赚取工资或者薪金但是却由国外进行支付的情况是免税的。

（2）由外国雇主支付给外国员工的住房，交通，医疗和生活补贴等是免税的。

（3）收到来自在中国的外国公司或者 B 股或者国外的公司的股利是免税的，但由于出售投资于外国公司的股权获得的资本利得需要缴纳 20% 的所得税。

（4）外交官和外国新闻媒体记者赚取的工资和薪金是免税的。

（5）支付给外国经济学家或外国文化交流专家的住房，交通，医疗和生活补贴是免税的。

（6）支付给被派往中国协助中国建设项目的外国专家的住房，交通，医疗和生活补贴是免税的。

（7）外国学生获得的奖学金和生活补贴以及在中国挣得的工资是免税的。

（8）给在中国的外国纳税人汉语培训费用补贴和教育费补助是免税的。

（9）对于来源于外国的收入已支付给外国政府的所得税可能作为外国税收抵扣，在计算中国政府的应纳税额时申请扣除。

上述有关外国纳税人投资收益的税法规定可能归纳于表8-12：

表8-12 在中国的外籍个人纳税人不需征税的投资收益

	（1）投资收益	（2）利息	（3）股利	（4）资本利得
A	从中国公司	纳税	纳税	纳税
B	从外国公司	不纳税	不纳税	不纳税
C	从中国的合资企业	不纳税	不纳税	纳税
D	从中国的银行	纳税	N/A	N/A
E	从国外的银行	不纳税	N/A	N/A
F	从中国国债	不纳税	N/A	纳税

资料来源：中国国家税务总局，国税发（1994）第148号。

对于外国个人纳税人在中国获得的所得还有更多的优惠政策，与中国相比，美国的 IRC 在处理来源于美国的所得和来源于外国的所得方面更为复杂。例如，一个外籍个人纳税人可能持有美国公司的股票或在美国的外国公司的股票，这些跨国公司可能不仅从美国获得收入，还可能从其他国家获得收入，区别哪些收入属于源于外国的收入变得极其复杂。中国税法还没有关于处理这方面问题的条款，下面列举了在中国的外籍个人纳税人取得许多不同种类收入的情况。

（十二）例4——作为管理人员的综合纳税义务

本森公司是在美国注册总部设在美国的公司。ED 是一个在本森工作的美国公民。本森在中国有一个分公司，本森公司今年派 ED 从美国到中国分公司担任管理人员，美国和中国之间有税收协定，在本年度 ED 已在中国居留100天，当月 ED 获得他在中国工作的以下报酬：

（A）ED 在中国作为管理人员工作了 5 天。中国的办公室付给他 21000 元人民币的工资。

（B）ED 在中国作为总监工作了 5 天。美国的办公室付给他 19000 元人民币的工资。

（C）ED 在美国作为咨询顾问工作了 5 天。中国的办公室付给他 18000 元人民币的工资。

（D）ED 在美国作为主管工作了 5 天。美国的办公室付给他 17000 元人民币的工资。

（E）ED 从中国的办公室获得 16000 元人民币的中国住房津贴。

（F）ED 从美国的办公室获得 15000 元人民币的中国住房津贴。

（G）ED 将他的个人储蓄存入中国的银行并获得 14000 元人民币的利息收入。

（H）ED 将他的个人储蓄存入美国的银行并获得 13000 元人民币的利息收入。

（I）ED 个人投资了一家中国的公司并获得 12000 元人民币股利收入。

（J）ED 个人投资了一家美国的公司并获得 11000 元人民币股利收入。

（K）ED 出售他在一家中国公司的个人投资实现 10000 元人民币的资本利得。

（L）ED 出售他在一家美国公司的个人投资实现 9000 元人民币的资本利得。

（M）ED 投资购买了中国国债并获得 8000 元人民币的利息收入。

本月 ED 应该向中国政府缴纳的应纳税净额为多少？

表 8 – 13 确定上述项目中的收入是国内来源收入还是国外来源收入并说明它们在中国是否应当缴税。

表 8 – 13 外籍个人在中国的应纳税收入和不纳税收入　　（单位：元）

	(1) 收入	(2) 来源于中国的应纳税所得	(3) 来源于外国的应纳税所得	(4) 在中国不纳税的收入
A	来源于中国的收入，中国公司支付	RMB 21000	RMB 0	RMB 0
B	来源于中国的收入，美国公司支付	0	0	19000
C	来源于美国的收入，中国公司支付	0	18000	0
D	来源于美国的收入，中国公司支付	0	0	17000
E	中国雇主支付的住房津贴	16000	0	0
F	美国雇主支付的住房津贴	0	0	15000
G	中国银行支付的利息收入	14000*	0	0
H	美国银行支付的利息收入	0	0	13000
I	从中国公司获得的股利	12000*	0	0
J	从美国公司获得的股利	0	0	11000
K	从中国公司获得的资本利得	10000*	0	0
L	从美国公司获得的资本利得	0	0	9000
M	从中国国债获得的利息收入	0	0	8000
	合计	73000	18000	92000

注：* 利息，股利和资本利得统一都是 20% 的税率，不允许扣除。

下一节将介绍应纳税净额的详细计算。这是表 8 – 8A（b）的情况，由于 ED 在中国工作只有 100 天，介于 0—180 天的范围内，而且他是作为管理人员任职而不是普通员工。因此，如表 8 – 13 所示，ED 来源于中国的应纳税所得额是人民币 73000 元，来源于国外的应纳税所得额是人民币 18000 元，免税收入为人民币 92000 元。计算应纳税净额的公式在表 8 – 11 A（b）（3）。

ED 按累进税率应向中国政府纳税的应纳税所得总额为人民币 37000 元（21000 + 16000 = 37000）。他在中国来源于国外的应纳税所得是 18000 元。他在中国应纳税所得总额为人民币 55000 元（37000 + 18000 = 55000）。他的投资收益是 36000 元（14000 + 12000 + 10000 = 36000），应统一按照 20% 的税率征税。在中国外籍个人的免税额是每月 4800 元。因此，ED 最后按累进税率计算的应纳税所得额为人民币 50200 元（55000 − 4800 = 50200）。应纳税所得额的税率是 30%，因此 ED 最后纳税人民币 15060 元（50200 × 30% = 15060）。然而，30% 的税率给人造成误导，因为中国是累进制税率。税率为 3%、10%、20% 和 25% 的税收抵扣额为人民币 2755 元，表 8−9 所示 E（3）内有详细的计算。因此，本月应纳税总额为人民币 12305 元（15060 − 2755 = 12305）。

接下来，在计算应纳税净额时中国的税法充分考虑了来源于国内的收入和来源于国外的收入。ED 以累进税率应该纳税的来源于国内的应纳税所得为人民币 37000 元，来源于国外的应纳税所得是人民币 18000 元，共计人民币 55000 元（37000 + 18000 = 55000）。来源于国内的应纳税所得占到总应纳税所得的 67.27%（37000 / 55000 = 0.6727）。计算来源于国内的应纳税额就是用本月应纳税总额乘以来源于国内的应纳税所得占总应纳税所得的比例 67.27%，即人民币 8278 元（12305 × 67.27% = 8278）。

此外，投资收益总额为 36000 元（14000 + 12000 + 10000 = 36000），统一按照 20% 的税率计算应纳税额，因此投资收益的应纳税额为人民币 7200 元（36000 × 20% = 7200）。其结果是，最终的净纳税额为人民币 15478 元（8278 + 7200 = 15478）。这些数字在以下等式中清楚地表示出来：

CI = 21000 + 16000 = 37000（元）

F1 = 18000 元

TI = 37000 + 18000 − 4800 = 50200（元）

TR = 30%　QD = 2755 元

GTL = 50200 × 30% − 2755 = 15060 − 2755 = 12305（元）

$$NTL = [GTL \times \frac{CI}{CI + FI}] + [(14000 + 12000 + 10000) \times 20\%]$$

$$= [12305 \times (\frac{37000}{37000 + 18000})] + (36000 \times 20\%)$$

$$= [12305 \times 0.6727] + 7200$$

$$= 8278 + 7200$$

$$= 15478（元）$$

换句话说，美国公民 ED 作为管理人员在中国任职的 100 天应当支付给中国政府的税金为 15478 元。这个例子说明，ED 来源于中国和来源于美国的收入都需要在中国征税，两者都按累进税率征税。然而，因为约翰是在中国的外国人，中国政府在决定 ED 的净纳税额时只对来源于国内的所得部分征税。这个原则在计算应纳税净额的方程中按 67.27% 的比率。ED 在中国的投资收益减按 20% 的税率征税，这部分应被增加到 ED 的应纳税净额中。

这个例子表明工资可能在中国或者国外取得，它可能在中国或国外支付，住房津贴可在中国或在国外获得，利息收入也可能在国内或国外获得，股利和资本利得可能在中国的公司或国外的公司获得，中国的税法给出了不同的处理方法。这些情况非常复杂，这个例子提供了全面的解决方案。

（十三）结论

本书研究了在中国工作的外籍个人的纳税问题，其主要目的是阐述中国税法和美国 IRC 之间的区别。它集中讨论了税基、应纳税所得额、税率、应纳税额和免税条款等方面。文章指出中国的税法是如此原始和简单以至于导致许多税收漏洞。

对于税基，中国税法采用收入来源法，只对源于中国的所得征税，而不对来源于国外的所得征税。这就需要区分劳务工资和商业活动取得的收入及投资活动取得的收益，如利息收入，股利和资本利得。前者税率为从 3% 到 45% 的累进税率，而后者为统一税率 20%。前者被赋予一个扣除标准——4800 元每月；而后者则不是，这方面与美国的 IRC 非常相似。

根据中国税法，利息收入和股息以及资本利得的处理方式一样，这使得短期投资的资本利得和长期投资的资本利得之间也没有差异。这样一来，无论是利息收入还是短期资本利得都减 20% 的优惠税率征收，这一原则与美国 IRC 非常不同，这一税法的缺陷是不鼓励长期投资。

中国税法对"与中国贸易和业务有效连接的收入"和"与中国贸易和业务没有有效连接的收入"两者之间不加以区分，外籍个人是从事就业，还是业务活动没有什么区别，两者都以相同的方式征税。税法的这一缺陷进一步阻碍了生产活动，外籍个人纳税人真的可能利用这些税收漏洞。

根据中国的税法，净纳税额的计算要比美国的 IRC 复杂得多，在中国的外国人可能在中国工作也可能在外国工作，工资可能由中国雇主发放也可能由外国雇主发放，员工在公司可能是普通员工也可能是管理人员。此外，这些外国雇员可能在中国居住少于 183 天，少于一年，少于五年，也可能超过五年。中国的税法在计算净纳税额的时候把这些因素都包含在内，事实上，它们可以写为一个等式，为便于说明，本书提供了很多例子。

中国的税法和美国 IRC 之间确实有很多不同之处，有一些是概念上的，而另外一些是计算方面的，有优点也有缺点，那些考虑到中国工作的外国人必须弄清楚这些差异的后果。

三、美国"税收倒置"频发对中国反国际避税的启示

（一）引言

2014年9月，美国政府出台一系列措施旨在遏制以"税收倒置"为目的的企业海外并购行为，"税收倒置"成为全球税务领域研究的热点问题。简单来说，"税收倒置"是指一个位于高税率国家（如美国、日本、德国、意大利）的企业通过收购一个位于低税率国家或地区（如爱沙尼亚、爱尔兰、迪拜、罗马尼亚）的企业，然后把企业（母公司）注册地迁往低税率国家或地区，以达到避税目的的行为。这一行为是企业合法的纳税筹划，可以减少企业税负，但对于高税率国家却会造成巨大的经济损失。

经济全球化背景下，数字经济、国际电子商务、国际物流业的飞速发展带来了商业模式的演变和跨国企业全球价值链的整合，给我国基于传统经济模式建立的税制体系带来了严峻挑战，由于税制不完善、税收征管手段落后、税收监管不力等原因，中国成为跨国企业逃避税的重灾区，一些跨国企业利用其全球一体化的经营模式和中国与其他国家税制之间的差异逃避在我国的纳税义务，这些行为严重侵蚀了我国税基，损害了税收公平原则和我国税收主权。

与我国相比，美国拥有完备的税法体系、先进的管理模式、

高效的征管手段、规范的纳税申报制度以及严厉的税收处罚制度，为什么"税收倒置"交易仍频繁发生？我国企业是否会利用"税收倒置"交易进行避税？我国政府应该采取什么措施防止新形势下企业日益隐蔽的避税行为？这些是下文将要研究的问题。

（二）美国"税收倒置"交易的典型案例

下面以两个典型案例来说明"税收倒置"的目的及运行机制。

1. 规避美国全球征税的税收制度——麦克德莫特公司案例

麦克德莫特公司案例是美国"税收倒置"的第一宗交易，其目的是为了规避美国全球征税的税收制度。麦克德莫特公司是一个在新奥尔良，路易斯安那州注册成立的建筑企业，它同时还在巴拿马开展业务。1982年，麦克德莫特在巴拿马注册了一个子公司，它负责处理所有在巴拿马的业务，美国的麦克德莫特公司是巴拿马公司的母公司。麦克德莫特巴拿马公司赚取了巨额的利润，根据《美国国内收入法典》862条规定，任何从巴拿马公司分配回美国母公司的股利都应该向美国政府缴税，为了规避这一税负，麦克德莫特在巴拿马新注册成立了一个公司——麦克德莫特国际公司。麦克德莫特国际公司发行股票给原来美国和巴拿马麦克德莫特公司的股东，用以交换麦克德莫特公司的股票，最终，巴拿马的麦克德莫特国际变成了美国麦克德莫特公司和巴拿马麦克德莫特公司的母公司，而美国和巴拿马的麦克德莫特公司都变成了子公司。通过这种操作，原来在巴拿马的麦克德莫特公司可以分配股利给新的麦克德莫特国际，由于麦克德莫特国际的注册地在巴拿马而不是美国，因此不需要向美国政府缴税，从而合理、合法地规避了在美国的纳税义务。

2. 规避美国高税率——汉堡王案例

"汉堡王"并购加拿大快餐企业"蒂姆·霍顿斯"则是2014年9月美国出台措施遏制"税收倒置"行为后成交的第一宗海外并购，非常具有代表性。与上述案例不同，汉堡王并购蒂姆·霍顿斯的目的是为了规避美国的高税率政策。"汉堡王"是美国著名的快餐企业，它在加拿大也有业务。根据美国税法规定，汉堡王在美国赚取的利润和在加拿大赚取的利润都需要向美国政府纳税，这种税收政策不利于"汉堡王"在全球的经营。因此"汉堡王"试图通过收购加拿大著名快餐企业"蒂姆·霍顿斯"，并把总部迁往加拿大以规避美国的高税负。下面将通过例子详细说明进行"税收倒置"前后"汉堡王"的实际税负。

假设2014年"汉堡王"总的税前利润是100万美元，其中90万美元来源于美国市场，10万美元来源于加拿大市场，"蒂姆·霍顿斯"总的税前利润也是100万美元，其中90万美元来源于加拿大市场，10万美元来源于美国市场。

表8–14　　没有进行"税收倒置"前的总税负　　（单位：美元）

	汉堡王		蒂姆·霍顿斯		总税负	
	所得	应缴税金	所得	应缴税金	所得	应缴税金
来源于美国	900000	315000（35%）	100000	35000（35%）	1000000	350000
来源于加拿大	100000	35000（35%）	900000	135000（15%）	1000000	170000
总应纳税所得额	1000000	350000	1000000	170000	2000000	520000

表8–15　　进行"税收倒置"后的总税负　　（单位：美元）

	汉堡王		蒂姆·霍顿斯		总税负	
	所得	应缴税金	所得	应缴税金	所得	应缴税金
来源于美国	900000	315000（35%）	100000	35000（35%）	1000000	350000
来源于加拿大	100000	15000（15%）	900000	135000（15%）	1000000	150000
总应纳税所得额	1000000	330000	1000000	170000	2000000	500000

由表 8-14 和表 8-15 可以看出,"汉堡王"通过"税收倒置"交易,总体税负降低了 2 万美元,主要是由于"税收倒置"交易后,"汉堡王"来源于加拿大的 100 万美元所得不需向美国政府缴税,而只需按低税率向加拿大政府缴税。

(三) 美国"税收倒置"发生的原因分析

1. 基于 A—S 模型的分析

(1) A—S 模型的理论概述。美国学者阿林厄姆（Allingham）和桑德默（Sandmo）建立了研究逃避税问题的经典模型（简称 A—S 模型）。该模型首先假设纳税人是理性经济人及风险厌恶者,认为影响纳税人作出纳税遵从或不遵从决策的根本因素是自身利益最大化。在预期效用最大化的前提下,影响纳税人申报应纳税额的因素主要有税率、罚款率和检查概率。设:纳税人的所得或收入为 W,税率为 t,税务部门的稽查概率为 P,针对逃避税行为的罚款率为 f。在上述假设及保证纳税人预期效用最大化的前提下,纳税人申报额 X 与其影响因素之间可用以下函数关系式表示:$X = F(W, t, P, f)$。经过一系列数学模型分析,得出以下结论:第一,可支配收入的变化对纳税人申报应纳税额的影响是不确定的;第二,税率对避税行为的影响是不确定的,取决于税收的收入效应与边际效应的大小,税收收入效应使纳税人为逃避风险倾向于减少避税行为,但税率提高使纳税人的边际效应变大,纳税人在利益的驱动下,有可能选择避税;第三,罚款率的提高使收入效应和替代效应的作用方向一致,可以有效减少避税行为;第四,检查概率的提高,纳税人的避税活动会减少。

(2) A—S 模型对美国"税收倒置"频发的解释

A—S 模型的研究结论可以很好地解释美国"税收倒置"频发的原因,阿林厄姆（Allingham）和桑德默（Sandmo）认为在一系列前提假设下，影响纳税人申报应纳税额的因素主要有税率、检查概率和罚款率。

从税率来看，高税率使美国企业的边际效应变大，是美国"税收倒置"频发最直接的诱因，以所得税为例，企业需承担联邦政府所得税和州政府所得税，税率可高达 39.1%。高税率意味着高定价，而高定价则会不利于美国企业参与国际竞争，美国的高税率税收政策严重阻碍了美国企业海外扩张。正如 A—S 模型的研究结论所指出的，税率提高会使纳税人的边际效应变大，当边际效应大到一定程度时，纳税人在利益的驱动下，有可能选择避税。因此，许多美国企业选择通过"税收倒置"将企业总部（母公司）迁往低税率国家和地区，以降低税收负担，规避美国的高税率政策。

从检查概率和罚款率来看，众所周知，美国有世界上最完备的税收法律、最严密和最先进的税收征管系统。美国的税务检查主要依靠计算机，当纳税人进行纳税申报后，计算机会按照：申报表筛选程序、辨别函数系统、纳税人税收遵从测度程序、资料完善程序、特殊审计程序等筛选、确定重点检查对象。如果税局怀疑纳税人的税收申报不实，可以很快从信息共享的第三方（如银行、保险、海关、车辆注册局）等查到有关资料进行核对。一旦查实纳税人存在税务欺诈行为，则会根据税务欺诈行为轻重进行处罚，轻者需缴纳 20%—200% 的罚款，重者除需缴纳罚款外，还需承担刑事责任[①]。如此先进的检查手段、高检查率和罚款率使得纳税人违规的机会成本很高，因此在传统经济模式下，大多数纳税人选择依法纳税。高检查率和罚款率在传统经济

---

① 袁冰，李建军："美国的税收征管制度及其启示"，《公共经济与政策研究》，2015 年第 1 期。

模式下确实有效降低了纳税人的避税概率,但在经济全球化背景下,随着数字经济、国际电子商务和国际物流业的发展,使得跨国企业可以在美国本土以外任何一个国家或地区经营和管理企业,美国严密而高效地税收征收和监管系统,反而成为纳税人进行"税收倒置"的驱动因素。为规避美国严密的监控体系和严厉的惩罚,跨国企业选择通过"税收倒置"交易把总部迁往税收征管手段落后、罚款率低的国家和地区,大大降低了逃避税的查获概率和违规成本。

2. 基于博弈论的分析

(1)博弈论的理论概述。博弈论是研究理性的不同利益主体之间冲突与合作的理论,从博弈论的角度看:一方面,税收是政府代表国家取得收入满足其公共支出的重要保证,税收收入的多少直接影响政府的支出,所以政府必定会在法律赋予的权利和规定的范围内尽可能地多征税。另一方面,缴税是纳税人既得利益的减少,会使纳税人税后可支配收入减少,从而影响其税后消费水平。在征、纳税过程中,政府总是想采取各种措施征税,而纳税人则想尽可能少缴税。这就形成了政府与纳税人之间的税收博弈,即政府与纳税人基于税收这一经济利益的取舍而发生的相互作用过程中的一系列决策与决策均衡的问题。

在下面的研究中假设:美国"税收倒置"中的博弈主体是美国政府和跨国企业,美国政府和跨国企业都是理性人及风险规避者,纳税人拥有政府不拥有的信息,征纳双方信息不对称;纳税人可以选择的纳税策略有"依法纳税"和"避税",美国政府可以选择的策略有"稽查"和"不稽查"。

从表 8-16 可以看出,当美国政府的稽查成本 c 大于稽查所获得的收益 tv+f 时,美国政府会选择不稽查,而当美国政府的稽查成本 c 小于稽查所获得的收益 tv+f 时,美国政府会选择稽

表 8–16　美国政府与跨国企业博弈策略及选择

博弈主体	美国政府		跨国企业	
博弈策略	稽查	不稽查	依法纳税	避税
博弈选择	$c < tv + f$	$c > tv + f$	$tv + e < tv + f$	$tv + e > tv + f$

注：c = 美国政府的稽查成本；

t = 所得税税率；

v = 跨国企业采用避税措施与不采用避税措施的利润差额；

f = 罚款；

e = 跨国企业通过避税获得的除税收收入以外的其他收入。

查；而当跨国企业采用避税措施所获得的总收入 $tv + e$ 大于由于避税可能形成的总支出 $tv + f$ 时，跨国企业会选择避税，否则，跨国企业会选择依法纳税。

（2）博弈论对美国"税收倒置"频发的解释。在美国政府与跨国企业的博弈过程中，跨国企业是否依法纳税取决于其对美国政府稽查概率的主观估计，当其估计美国政府的稽查概率很小时，跨国企业会选择避税；当其估计美国政府的稽查概率很大时，跨国企业会选择依法纳税。从实际情况来看，在美国科学、严密的税收征纳系统下，"依法纳税"显然是跨国企业的占优策略，但事实上，跨国企业避税的利益取向是非常积极的。由于采取避税措施，跨国企业可以获得 $tv + e$ 的收益，相对于被稽查到时 $tv + f$ 的支出，往往避税收益都大于避税支出，因此，跨国企业在利益驱使下会选择避税，而采用"税收倒置"交易无疑是跨国企业最优的避税策略。"税收倒置"交易完全转换了美国跨国企业的身份，新的母公司已经不再是美国企业，完全可以规避美国的税收检查及罚款，同时可以获得巨大的避税收益 $tv + e$，这就是为什么美国跨国企业纷纷采取"税收倒置"交易将总部迁往海外的原因。

3. 基于美国税制体系的分析

据美国国会研究报告统计，1982—2014 年美国共发生了 50 余起通过"税收倒置"交易将注册地迁往低税率国家或地区，以逃避美国税负的交易。仅 2014 年就有 8 起总规模超过千亿美元的以"税收倒置"为目的的并购交易，美国号称拥有世界最完善的税制体系和监督机制，为什么"税收倒置"还会在美国频繁发生呢？

（1）高税率税收政策。以税前利润在 100 万—1000 万美元的企业为例，美国联邦政府企业所得税税率为 35%，如果再考虑上州政府企业所得税，美国企业所得税税率可高达 39.1%，而其他国家如加拿大为 29%、英国为 26%、中国为 25%、荷兰为 24%、俄罗斯为 20%、爱尔兰为 12.5%，而百慕大、开曼群岛、爱沙尼亚等则不征收企业所得税。美国所得税采取累进制税率，当企业税前利润超过 10 万美元后，所得税税率就由 22% 增加至 34%，而跨国企业的税前利润一般都超过 10 万美元，与其他国家之间巨大的所得税税率差异使美国企业产生强烈避税动机。

（2）全球征税制度。美国税法规定对注册地在美国的企业来源于全球的所得征税，这意味着美国政府征收企业所得税时，只关注企业是否是在美国注册，而不管利润是在哪里赚取，只要是在美国注册的企业，美国政府不仅对其来源于美国的所得征税，还对其来源于国外的所得征税。而事实上，许多国家都仅对企业来源于国内的所得征税。美国的这一税收规则不利于企业参加国际竞争，阻碍了企业发展，必然会导致本土企业通过并购把注册地迁往低税率国家以逃避在美国的纳税义务。

（3）受控外国公司（CFC）递延纳税制度。根据美国税法，美国企业来源于国外的所得只有当以股利的形式分配回美国时才需向美国政府缴税，如果企业不分配利润，那么应缴税负就可以一直递延到企业分配利润时再缴纳。为规避税负，大量美国企业选择不分配利润，因此有大量利润留在海外，为解决这一问题，美国母公司选择到低税率国家成立一个受控外国公司，受控外国公司发行股票给美国母公司的股东以换取美国母公司的股份。通过这种方式，新的 CFC 变成了母公司，而美国母公司变为子公司。新的 CFC 分配股利按美国税法规定则不需向美国政府缴税，从而达到避税的目的。

（四）美国政府针对"税收倒置"采取的措施

"税收倒置"严重侵蚀了美国税基，使美国企业的巨额利润滞留海外，降低了美国政府税收收入，不利于经济发展。同时，进行"税收倒置"的企业大多是处于企业发展"成熟期"的企业，这些企业迁往外国，不利于美国的产业链布局，影响了美国本土就业率。针对跨国企业通过"税收倒置"交易逃避纳税义务的行为，美国政府采取了一系列措施试图堵住这一税收漏洞。首先，在 1984 年颁布的《美国国内收入法典》中规定当美国本土企业收购一家外国公司，把总部转移至海外时，被收购公司股权在新成立公司中的占比必须达到 21% 以上，否则进行收购的美国本土企业仍被视为美国纳税人。同时，法典还规定了一些限制条款阻止"税收倒置"交易。其次，在 2004 年实施的《美国工作岗位创造法》第 801 节中规定相对于美国本土的收购发起方，新成立公司的股权结构变动幅度至少要达到 20%，同时，新成立的公司必须在其注册地有大量实质性的商业行为，否则，收购方仍被视为是美国纳税人，需就其全球所得向美国政府缴税。最后是 2014 年 9 月 22 日，美国财政部出台了史上最强硬措施打击美国企业愈演愈烈的"税收倒置"行为。财政部规定：

第一，禁止"跳房子"贷款。"跳房子"贷款是指美国跨国企业通过"税收倒置"交易将注册地迁往低税率国家或地区，原来的海外子公司或孙公司将赚取的利润借给新成立的母公司，再由新成立的母公司以注资的方式投入原来在美国的母公司。例如：在美国跨国企业 M 公司，在全球多个国家设有子公司和孙公司，在没有进行"税收倒置"交易前，按美国税法规定，海外子公司或孙公司的利润如果汇回美国，需要缴纳美国公司税。而进行"税收倒置"交易后，M 公司通过收购低税率国家或地区的公司，成立新公司 Z，从而将注册地迁往低税率国家或地区，新成立的 Z 公司成了原来 M 公司的母公司，原来海外的子公司或孙公司将赚取的利润借给 Z 公司，再由 Z 公司以注资的方式把现金投入 M 公司，通过这种迂回方式，原来海外子公司和孙公司可以不缴纳美国公司税就把利润转移回美国。第二，禁止美国海外子公司资产转入新成立的外国母公司。财政部规定，美国公司的海外子公司如果跳过美国母公司直接并入外国总公司，其资产依旧被视为美国财产。如果美国公司的海外子公司通过关联交易向外国母公司转移财产也依旧被视为美国财产。第三，收紧一项相关法规应用，该法规规定美国公司股东持有并购后的新跨国公司的股份不得超过 80%，否则仍将被视为美国企业，进而无法享受外资企业的税收优惠。

上述措施对美国企业的"税收倒置"交易行为起到了一定遏制作用，然而巨额的避税收益驱使一些美国本土企业仍然选择通过海外并购将注册地迁往低税率国家或地区。在 2014 年 9 月美国政府出台史上最严厉措施打击"税收倒置"行为后，美国著名快餐企业"汉堡王"仍以 115 亿美元收购"蒂姆·霍顿斯"，将总部迁往加拿大，特别是 2015 年 11 月美国著名医疗企业"辉瑞"宣布以 1500 亿美元收购总部位于爱尔兰的"艾尔建",将总部迁往避税天堂爱尔兰,更是创下史上最大"税收倒置"交易额。为什么"税收倒置"交易频频发生在税制设计完善、税收征管先进、严密的美国?中国的跨国企业是否可以利用"税收倒置"交易避税?中国政府应如何监管跨国企业的避税行为?这些是非常值得探讨的问题。

(五) 美国"税收倒置"频发的启示。

从上文对美国"税收倒置"产生的原因分析可以看出,高所得税税率是美国"税收倒置"频发的根本原因,高稽查率和罚款率是美国"税收倒置"频发的驱动因素。高税率使美国本土企业产生强烈的避税动机,高稽查率和高罚款率增加了企业的避税风险,使得美国企业通过"税收倒置"交易将总部迁往税率低及监管不严的国家和地区。通过"税收倒置"交易,跨国企业不仅可以取得由于税率差异产生的巨额避税收益,还可以规避美国严密的税务稽查及高额避税罚款,对于跨国企业无疑是"多赢"的选择。以税前利润为10万—1000万美元的企业为例,美国高达39.1%(联邦政府所得税与州政府所得税)的所得税税率,仅次于日本(所得税税率为42%)居世界第二。只要美国的高税率税收政策不变,无论美国政府采取什么措施,巨额的避税收益都会驱使一些美国本土企业进行"税收倒置"交易。

从所得税税率的角度看,中国本土企业没有进行"税收倒置"交易的强烈动机,因为中国跨国企业海外并购的目的国多为欧美等发达国家,而中国所得税税率水平从世界范围看处于居中水平,普遍低于发达国家,仅略高于英国、加拿大、俄罗斯等国,税率差异取得的避税收益不足以驱使中国企业进行"税收倒置"交易。相反,发达国家的税务监管很严,税收稽查率和罚款率都很高,会增加企业额外的避税风险。因此,中国企业不会选择"税收倒置"交易进行避税。

但从稽查概率和罚款率的角度看,中国存在税制体系不健全、征管手段落后、监管不力、惩罚不严等问题,根据国家税务总局 2015 年 8 月颁布的《推进税务稽查随机抽查实施方案》的规定,税务机关对各省、市重点税源企业的抽查率仅为 20% 左右;对非重点税源企业,每年抽查率不超过 3%;对非企业纳税人,每年抽查率不超过 1%。税务机关对纳税人的税收检查概率非常低,而且税务稽查采取摇号方式随机抽取稽查企业,大大降低了企业对避税行为被抽查到的预期,加大了企业的避税动机。另外在 2014 年 12 月国家税务总局颁发的《第一批税务行政处罚权力清单》中,共罗列了 3 类 8 项处罚权力事项,对于大多数违规行为仅处以 1 万元以下的罚款,意味着即使企业的避税行为被税务机关稽查到,企业的违规成本也不高。因此,随着经济全球化的深入发展,越来越多的跨国企业利用我国税收监管漏洞,通过全球一体化的经营模式和复杂的税收筹划规避在我国的纳税义务,造成对我国税基的侵蚀,给我国财政造成巨额损失。

(六) 我国反国际避税政策建议。

跨国企业的逃避税行为违背了税收公平原则,严重侵蚀了我国税基,不利于我国市场经济的有序、健康发展,多年来中国政府已经采取了一系列措施打击跨国企业的逃避税行为。

1. 中国反国际避税立法进程

中国反避税立法始于 1991 年,如表 8 – 17 所示,政府先后出台了《中华人民共和国外商投资企业和外国企业所得税法》《中华人民共和国税收征收管理法实施细则》《中华人民共和国企业所得税法》《一般反避税管理办法(试行)》《关于非居民企业间接转让财产企业所得税若干问题的公告》《关于企业向境外关联方支付费用有关企业所得税问题的公告》《特别纳税调整实施办法》等 7 部与反国际避税有关的法律、法规。这些法律、法规的颁布，在特定时期为我国反国际避税提供了法律依据和制度保障。

表 8-17　　　　中国反国际避税立法时间表

时间	文件名称	反国际避税贡献
1991 年	《中华人民共和国外商投资企业和外国企业所得税法》	这是我国第一次关于转让定价的立法。
2002 年	《中华人民共和国税收征收管理法实施细则》	在第五十三条列入了预约定价制度，标志着我国正式启动了预约定价管理制度。
2008 年	《中华人民共和国企业所得税法》	引入了国际反避税的经验，完善了转让定价法律法规，形成了我国比较全面的反避税立法，为未来的反避税工作提供了支持和指引。
2014 年	《一般反避税管理办法（试行）》	建立了更加透明、统一和公平的一般反避税机制，进一步完善了我国一般反避税的相关法律。
2015 年	《关于非居民企业间接转让财产企业所得税若干问题的公告》	从制度上解决了境外投资者间接转让我国财产、规避我国税收的问题。
2015 年	《关于企业向境外关联方支付费用有关企业所得税问题的公告》	有效遏制了跨国企业通过对外大额支付费用转移我国利润的避税行为。

续表

时间	文件名称	反国际避税贡献
2015年	《特别纳税调整实施办法（征求意见稿）》	深入贯彻G20国际税改指导思想，全面借鉴国际最新理念与方法，与我国国际经济合作与反避税实践相结合，是一部方法先进、技术领先、符合实际的反避税法规。

2. 对我国反国际避税的政策建议

值得注意的是，虽然我国的反避税工作取得了一些成绩，已经逐步建立起符合我国国情的基本制度框架，但在经济全球化背景下，特别是数字经济背景下，我国的反避税工作仍存在许多薄弱环节，任重而道远。我国政府应加强国际合作，完善国内法律、法规，制定有效措施防治跨国企业在中国的逃避税行为。

首先要结合BEPS行动计划，借鉴OECD最新研究成果，适时修改我国《税收征管法》、《所得税法》等法律、法规，在税收协定的谈判与签订，反避税法律、法规以及涉及国际交易的税收规则的制定中，要体现BEPS项目研究成果，为有效打击跨国企业逃避税行为提供更加完善的法律和制度基础。

其次要加强国际合作，全面参与BEPS行动计划和《联合国转让定价手册》的制定，为构建公平的国际税收规则作出贡献。提出符合发展中国家利益的理论和原则，如成本节约、市场溢价、应用型和营销型无形资产等原则的制定；推动金融账户涉税信息自动交换，与有关国家和国际组织开展专项情报交换，通过加强国家间税收信息交换和征管协作，积极应对国际逃避税。

最后要提高税收征管能力，着力健全管理、调查、服务"三位一体"的反避税防控体系，加大打击国际逃避税力度，切实维护国家税收权益。一要建立规范的反避税工作机制，将反避税工作模式从以前的偏重事后调查改变为防查并举的体系，加强对跨国企业的反避税调查，防止跨国企业境外损失向中国转移，阻止其不合理的费用分摊和扣除，保护我国税基安全；二要建立跨国企业利润水平监控体系，全面掌握在华跨国企业利润水平并有针对性地开展国际税收风险应对，通过信息化建设防止跨国企业侵蚀中国税基，转移中国利润；三要不断创新反避税方法，实现反避税调查从传统购销交易向股权和无形资产等交易类型的拓展。积极研究无形资产、市场溢价等反避税难点问题，制定科学有效地风险应对策略，有效打击跨国企业的逃避税行为。

（七）结语

跨国企业利用美国税制漏洞，通过"税收倒置"交易规避在美国纳税义务的行为，不仅给美国政府造成巨额税收损失还对经济造成不良影响。上文研究表明，高所得税税率是美国"税收倒置"交易频发的根本原因，如果不降低所得税税率，除非法律禁止美国企业的海外并购行为，否则任何措施都无法有效遏制企业的"税收倒置"交易行为。与美国相比，我国所得税税率处于世界平均水平，企业进行"税收倒置"交易避税的收益不高、动机不强，但由于我国税制体系不完善、税收征管手段落后、监管不力、税务稽查率低、处罚不严等原因，许多跨国企业利用其他更为隐蔽的途径逃避在我国的纳税义务，侵蚀我国税基。我国政府应加强国际合作，借鉴 BEPS 研究成果，修改和完善相关法律、法规，加强监管，提高征管效率，维护国家征税权。

四、数字经济下跨国企业在中国逃避税现状、途径及防治策略研究

(一) 引言

作为信息和通讯技术（ICT）创新的产物，数字经济促使全球商业模式发生巨大变化，并带来了跨国公司全球价值链的整合，给我国基于传统经济模式建立的税制体系带来了严峻挑战，其中一个突出的问题就是一些跨国企业可能利用网络交易方式和数字手段，规避在我国的税纳义务。如表 8 – 18 所示，截至 2014 年末，中国对外直接投资规模为 1029 亿美元，居世界第三，实际利用外资规模为 1195.6 亿美元，居世界第一，中国已经超越美国成为全球外国投资的第一大目的国。对外贸易的发展为中国经济增长作出了巨大的贡献，但是由于中国的税制不完善、税收征管手段落后、税收监管不力等原因，中国成为数字经济背景下跨国企业逃避税的重灾区。一些跨国企业利用中国与其他国家税制之间的差异和全球一体化的经营模式，逃避在中国的纳税义务，同时，一些国家为吸引外来投资实施的税收竞争，为这些跨国企业逃避税提供了空间和土壤。据商务部和国家税务总局统计，截至 2012 年末，世界 500 强企业有 490 家在中国投资，跨国企业在中国设立的研发中心、地区总部等功能性机构达 1600 多家，2012 年我国涉外税收收入总额为 21768.86 亿元，据估算，仅外资工业企业增值税和所得税逃避税规模就约为 6000 亿元，给国家财政收入造成巨额损失。

中国有着"世界工厂"和"世界市场"之美誉，在经济全

球化背景下为世界经济发展作出了重大贡献,本应在跨国经济活动的利润分配中获得合理回报,但这些跨国企业在中国的逃避税行为,严重侵蚀了我国税基,损害了税收公平原则和我国税收主权,不利于建立有序的经济秩序和良好的商业竞争环境。我国现有税收规则体系已经严重落后于全球经济和商业发展步伐,尤其是在数字经济和无形资产等领域,现有规则对跨国企业在中国的逃避税行为难以有效规制。因此本书拟以所得税和增值税为例,研究数字经济背景下跨国企业在中国的逃避税现状、途径,并提出防治跨国企业逃避税的有效策略。

表 8-18 2005—2014 年中国对外直接投资、实际利用外资、数字经济规模及反避税收入情况

年份	对外直接投资规模(亿美元)	实际利用外资规模(亿美元)	中国网络经济市场规模(亿元)	反避税收入(亿元)
2005	122.60	603.25	146	4.60
2006	211.60	630.21	336	6.79
2007	265.10	747.68	475	10.00
2008	559.10	923.95	569	12.40
2009	565.30	900.33	743	20.91
2010	688.10	1057.35	1513.2	102.70
2011	746.50	1160.11	2499.1	239.00
2012	878.00	1117.16	3850.4	346.00
2013	1078.40	1175.86	6004.1	468.60
2014	1029.00	1195.60	8706.2	523.00

数据来源:商务部外贸司、国家税务总局。

(二)国内外文献研究综述

1. 国外文献研究综述

对企业逃避税问题的研究始于西方,西方学术界对该问题的

研究主要集中在以下三方面：一是对逃避税动因的研究。Copithorne（1971）和 Horst（1971）提出了有关跨国公司转让定价的著名命题：在面对不同国家的不同税率时，跨国公司会通过内部贸易潜在操纵商品价格，把利润从税率高的国家转移至税率低的国家。Allingham 和 Sandmo（1972）在著名的预期效用最大化模型（A—S 模型）中分析了税率、罚款率和被查获概率等因素如何影响纳税人，这些因素使纳税人基于自身效用最大化进行纳税申报额的选择。George A. Plesko（1998）的研究认为较多赢利的公司能比较少赢利的公司更有能力获取税收抵扣、减免、返还等税务上的好处，会计上的所得税前利润越高的公司也越有动机和资源作出逃避税安排。二是对逃避税规模的研究。美国经济学家卡甘第一个对现代逃避税规模进行实证分析，他通过现金比率法来估算美国当地公民运用"地下经济"和纳税人隐瞒国内税收收入的行为所造成的逃避税规模。Gutzmann、Feige 研究了地下经济规模与逃避税规模的关系。Clotfelter 指出逃避税与边际税率显著正相关。Vito Tanzi（1968）首次提出用货币需求法估算地下经济的规模，随后货币需求法被广泛运用于美、日、西欧等国家和地区地下经济和逃避税规模的研究当中。三是对打击逃避税措施的研究。Jeffrey Owens（2014）认为尽管各国加大了税收执法力度，但仍不能有效遏制国际逃避税，唯有维护纳税人对制度的信任感，加强国际合作，良好的税收制度与良好的纳税服务相结合，并构建税务机关、纳税人、税务顾问之间建设性、透明性的对话关系，才能实现税法的有效遵从。

2. 国内文献研究综述

国内学术界对跨国企业逃避税问题的研究主要集中在以下方面：一是对逃避税成因的研究。裴利华（2003）认为由于各国政治、经济制度和国情的不同，税收制度包括税种、税率、税基存在较大差异，使国际逃避税问题客观存在。庄序莹、姚新超（2014）认为造成国际逃避税的原因是企业片面追求利润最大化，税负最小化；不同国家间的税制结构和税率差异；跨国公司对集团分支机构的激励；规避汇率风险；地方政府间的税收竞争；企业社会责任感不足等。毛程连、吉黎（2014）利用双重差分法研究了2008年两税合并政策对在中国的外资企业逃避税的影响。研究结果显示，两税合并使外资企业面临的实际税率提高，外资企业与内资企业相比，资产报酬率显著降低，出现了更多的企业逃避税现象。研究也发现，盈利越多的外资企业逃避税越多，规模越大的外资企业，逃避税越大。外商独资企业比其他形式的外资企业逃避税现象更严重，西部地区的外资企业逃避税更多。这说明实际税率提高刺激了外资企业的逃避税行为。二是对国际逃避税规模测算的研究。梁鹏（2000）运用潜在收入能力法估测出我国1993—1997年税收流失规模一直高于600亿元。杨海燕、庄序莹（2014）利用全国工业企业主要经济指标统计数据，运用计量经济学进行实证分析，从地上经济和地下经济两个角度对中国外资企业逃避税规模进行宏观测算，总结出逃避税规模的区域特征、逃避税总额及"两税合并"政策对外企所得税额逃避的影响等，为中国税务部门制定反避税决策提供了数据支撑和建议。黄丹（2014）采用收入能力法对工业企业增值税逃避税规模进行了测算，测算结果显示，2012年外资工业企业增值税逃避税规模达2673.31亿元，研究发现，我国增值税逃避税规模变化非常大，逃避税比率呈现出波段上升趋势，2009年以前规模很小，但2009年后大幅增长，特别是2012年有一个明显的攀升。杨海燕、庄序莹（2014）采用实际税收负担率法对我国所得税逃避税规模进行了测算，测算结果显示，2012年外资工业企业所得税逃避税总额为3597.04亿元，因此治理逃避税问题在我国已是刻不容缓。

目前国内外对跨国企业逃避税的研究大多都是在传统经济模式的基础上进行的，而数字经济的发展，改变了传统商业模式，跨国企业逃避税的手段更为隐蔽，使得税收征管和监管工作更难，建立在传统经济模式基础上的研究成果已不能有效防治数字经济下跨国企业的逃避税行为。同时，这些研究中涉外税收的纳税主体是中外合资企业、合伙企业、外资企业和在中国设有办公场所的非居民企业，而事实上，随着数字经济、电子商务和国际物流业的发展，我国涉外税收的纳税主体发生了很大的变化，不仅应对上述企业的投资所得征税，还应对我国居民企业的对外投资（Outbound Investment）征税，同时还应对非居民企业的对内投资（Inbound Investment）征税，特别是那些在中国没有设有办公场所或分支机构，仅通过互联网交易在中国赚取巨额利润的跨国企业。

（三）数字经济下跨国企业在中国逃避税现状

1. 数字经济在中国的发展历程

数字经济是建立在现代信息技术和计算机网络通讯基础上的经济运行系统，数字经济的运行高度依赖各种数字化产品、数字化手段和方法。这一概念最早是 1995 年美国商人唐·塔普斯科特提出的，所以美国也被视为数字经济的发源地。由于数字经济是以现代信息和互联网技术告诉发展为基础的，在中国很多时候数字经济也常被称作互联网经济和网络经济，中国数字经济的发展是伴随着对外贸易和网络经济的发展而发展的，因此本书以中国网络经济市场规模为例来研究数字经济在中国的发展历程及数字经济下跨国企业在中国逃避税的相关问题。

1999 年 9 月，阿里巴巴集团在中国杭州成立，标志着数字经济在中国开始萌芽,但由于当时中国信息和网络通讯技术并不发达,甚至个人电脑的普及率都很低,所以数字经济在中国只是小规模发展。但随着中国"走出去、引进来"经济发展战略和涉外税收优惠政策的实施,许多外国企业开始纷纷投资中国市场,同时,中国的一些具有竞争优势的企业也到海外开展业务。根据商务部统计数据,如图8-1所示,自2005年起,我国对外直接投资规模和直接利用外资规模总体呈现直线上升趋势,2008年由于中国进行税制改革,取消了对外资企业的税收优惠政策,中国对外投资规模和直接利用外资规模稍有下降,但2009年后,又迅速恢复上升趋势,截至2014年底,我国外商直接投资规模居世界第一,对外直接投资规模居世界第三。

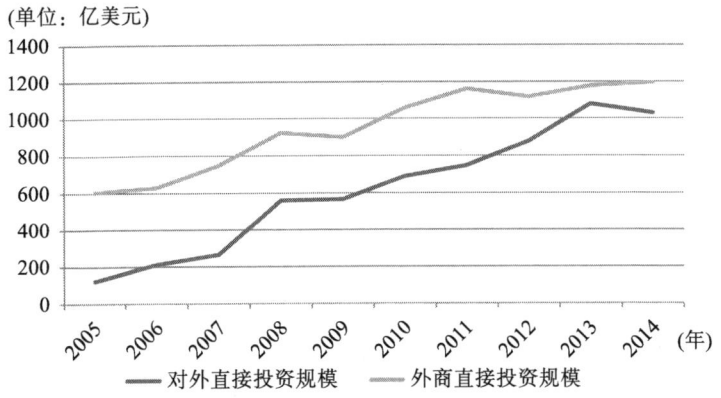

图8-1　2005—2014年中国对外直接投资
及外商直接投资规模

数据来源:商务部外贸司。

随着中国对外贸易的发展,以网络经济为代表的数字经济在中国也开始迅速发展。如图8-2所示,2005年中国网络经济市场规模仅为146亿元,经过3年的缓慢发展,2009年起,随着对外贸易的发展，数字经济在中国开始加速发展，截止到 2014 年末，中国网络经济市场规模达到 8706.2 亿元，是 2005 年网络经济市场规模的 59.63 倍。

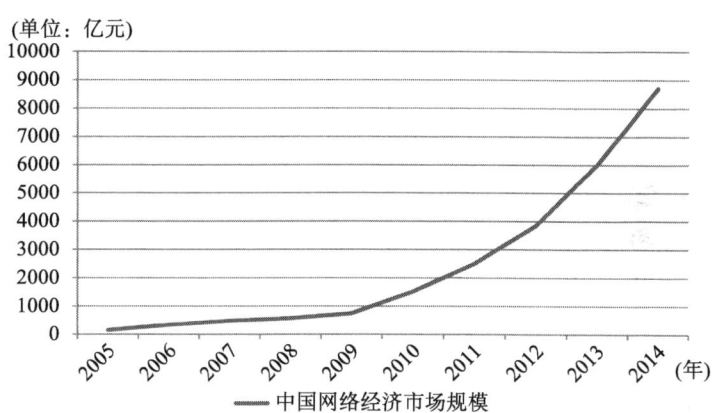

图 8-2　2005—2014 年中国网络经济市场规模

数据来源：商务部。

2. 数字经济下跨国企业在中国逃避税现状

数字经济的发展为中国经济发展作出了巨大贡献，但也给中国现行的税制体系带来巨大挑战，由于中国的税制不完善、税收征管手段落后、税收监管不力等原因，数字经济下跨国企业在中国的逃避税问题非常严重，中国成为数字经济背景下企业逃避税的重灾区。根据学者杨海燕、庄序莹（2014）、黄丹（2014）的研究结果显示，2012 年我国外资工业企业增值税和所得税逃避税规模之和就达到 6270.35 亿元，占 2012 年我国涉外税收总收入 21768.86 亿元的 28.8%，而这仅仅只是对外资工业企业逃避税规模的估算，还未对其他行业，尤其是数字经济下利用互联网交易的一些新兴行业的逃避税规模进行估算，由此可见数字经济下跨国企业在我国的逃避税问题已是非常严重，给我国财政收入造成巨额损失。值得注意的是，外资企业的逃避税行为已引起了中国政府的高度重视，国家税务总局加大了对跨国企业的税务稽查力度，严厉打击跨国企业的逃避税行为，并已取得丰硕成果。如图8-3所示，2005年，我国的反避税收入仅为4.6亿元，自2009年起，随着数字经济的飞速发展，税务部门的反避税收入也出现了井喷式增长，截止到2014年，我国的反避税收入为523亿元，是2005年反避税收入的113倍，而2014年中国网络市场规模是2005年的59.63倍。

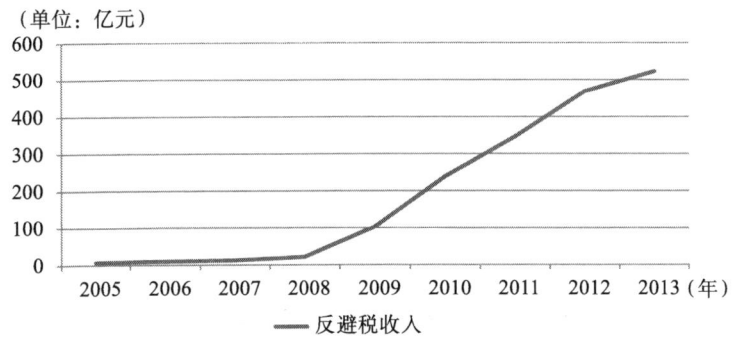

图8-3 2005—2014年中国反避税收入
数据来源：中国国家税务总局。

由图8-2和图8-3可以看出，中国数字经济和反避税收入都从2008年开始飞速发展，其中反避税收入的增幅远远高于数字经济的增幅。一方面反映出数字经济加剧了跨国企业在中国的逃避税行为；另一方面也揭示出数字经济下，中国政府在防治跨国企业逃避税方面取得了一些成绩，但仍任重而道远。

(四) 数字经济下跨国企业的逃避税途径

虽然中国政府已经采取了一系列措施来防治跨国企业的逃避税行为，但由于数字经济对经济各行业的广泛渗透性、对无形资产的高度依赖性，以及对加速整合企业全球价值链的影响，使得跨国企业可以在数字经济下利用互联网交易方式、数字化产品和手段，采取各种途径，规避在我国的纳税义务。由于所得税和增值税占中国税收总收入的75%左右，本书以所得税和增值税为例来分析数字经济下跨国企业的逃避税途径。

1. 所得税的逃避税途径

数字经济下跨国企业在我国逃避所得税的途径主要有以下四种：

（1）利用转让定价避税。转让定价是跨国企业最常使用的避税手段，数字经济下，跨国企业利用无形资产转让时难以估值及我国税务机关获取相关信息滞后等征税漏洞，逃避在中国的纳税义务，因此，据统计，截至2008年底，在中国注册成立的66万户外资企业中，有65%左右的企业是亏损的，但如此大面积的亏损却没有抑制外资企业投资中国的信心，反而出现越亏越投的情况，出现这种情况的主要原因是2008年我国税改取消了对外资企业的优惠税制后，大量企业利用其全球化的经营模式和一些数字手段，通过转让定价策略逃避在我国的纳税义务。具体有以下两种策略：一是把在中国的收入最小化。通过合同安排，把企业在中国的功能、资产和风险降至最低，如将无形资产之类的可移动性资产的风险和法定所有权分配给低税率国家的集团公司成员，或通过特许安排、成本分摊协议等向税收优惠地区转移无形资产的相关权利，从而降低在中国相应的收入分配。二是把在中国的扣除最大化。通过支付给其他国家关联公司利息、特许权使用费、服务费等形式，最大化地降低在中国的应纳税收入。

（2）利用混合错配避税。混合错配安排可导致非立法本意的双重不征税或长期的递延纳税，如一次借款产生两次扣除：在一方税前扣除但在另一方却没有相应的应税所得，或者滥用外国税收抵免制度或参股所得免税制度。其途径主要为通过从市场所在国或中间控股国剥离收入，通过规避 CFC 规则，或通过规避其他反滥用制度等方式来实现。数字经济下，跨国企业利用我国与其他国家对某些交易在所得性质、实体性质、交易性质认定及税前扣除制度等方面的税制差异，采用混合金融工具安排、混合体支付、反向混合、双重居民身份扣除等混合错配策略，加大在我国的费用扣除或不计收入，由于我国税法规定因债权融资产生的利息费用可在税前扣除，一些在中国的跨国企业通过大量向他国关联企业进行债权融资，以逃避在我国的纳税义务。

（3）规避预提所得税的产生。按照我国税法规定，外国企业在中国境内虽然没有常设机构，但却取得来源于中国境内的利润（股息、红利）、利息、租金、财产转让所得、特许权使用费等所得，均应就其收入全额（除有关文件和税收协定另有规定外）征收预提所得税。数字经济下，一些跨国企业利用中国与一些国家签订的税收优惠协定，通过在有广泛税收优惠协定网络，但又没有足够条款防止协定滥用的国家成立空壳公司，再利用互联网和数字手段在中国完成交易，赚取所得，从而规避预提所得税的产生。如中国对外资企业征收股息预提所得税，一般是按照 20% 的税率，但对新加坡、塞舌尔、香港、澳门等地却按 5% 的优惠税率征收。一些跨国企业就利用我国与香港签订的税收优惠协定，进行重组，把注册地迁往香港，按照中央政府和香港特区签订的税收优惠协定，当注册地在香港的企业从中国内地派出股息时，只需向内地税务部门缴纳 5% 的所得税，从而降低在中国的预提所得税。

（4）规避应纳税实体存在。按照我国税法规定，一个非居民企业当其在我国设有常设机构时，其相应的营业利润需要在我国征税。传统经济模式下，由于通讯不畅、物流业不发达、外汇管制、关税壁垒等原因，跨国企业想在我国开展经营活动，一般需要在我国境内设立生产、营销、分销等实体存在，这些活动所赚取的利润应该在我国纳税。但随着通讯与信息技术及国际物流业的发展，使得一些跨国企业可以利用数字化手段管理企业，并通过互联网或其他数字方式完成交易，赚取利润，而不用在我国有纳税实体的存在，从而达到避税目的。

2. 增值税的逃避税途径

（1）远程销售商品、提供服务给中国免税企业。增值税的设计初衷是税负由最终消费者承担，如果跨国企业通过远程销售商品或提供服务给中国企业，由于企业购进商品和服务的进项增值税可以抵扣销售货物和服务时的销项增值税，因此B2B（企业与企业）之间的跨境数字交易一般不会出现避税行为。但如果跨国企业通过远程向中国免征增值税的居民企业（如金融服务业）提供数据处理服务，由于中国对金融服务业等行业不征收增值税，税负无法向消费者转嫁，这种情况将会导致增值税实际是被供应商所在国征收，而作为市场所在地的中国却不能征收增值税。

（2）远程销售商品、提供服务给中国个人消费者。如上所述，在B2B模式下，跨国企业一般不会出现逃避增值税行为，但在B2C（企业与个人消费者）模式下，跨国企业通过远程销售商品或提供服务给中国个人消费者时，如果是销售有形商品，按中国税法规定则需要征收关税。首先，由于税收遵从成本较高，目前我国关税是采取由消费者自愿申报和海关查收相结合的征收方式，且对小额进口商品不征收关税，但由于海关税务征管手段落后、稽查不力等原因，只有约6%左右的进口商品被查到并补缴关税，所以大多数消费者都选择逃避关税。其次，中国是实行价内税的国家，增值税一般是由销售企业代扣代缴，但数字经济下,当跨国企业通过远程向中国消费者销售无形商品或提供服务时,由于全部交易都可以通过互联网完成,而中国并没有和这些跨国企业达成由他们代扣代缴增值税的共识,跨国企业都没有代扣代缴增值税,而是采取降低销售价格的方式,把应缴纳的增值税作为优惠直接让利给中国个人消费者,由于这些交易都是通过数字手段完成,具有较强的隐蔽性,中国税务部门无法对跨国公司的此类销售行为征收增值税,造成巨大的税收流失。

(五) 数字经济下防治跨国企业逃避税策略

由于数字经济的流动性、对无形资产、数据的高度依赖性等特征,使得跨国企业利用全球一体化经营模式和一些数字手段,通过互联网向中国企业和个人提供商品和服务时,逃避在中国的纳税义务,给我国税收收入造成巨大损失,多年来我国政府采取了一系列措施来打击跨国企业的逃避税行为,但却收效甚微。

1. 中国政府反逃避税立法进程

跨国企业的逃避税行为违背了税收公平原则,严重地侵蚀了我国税基,不利于我国市场经济的有序、健康发展,多年来中国政府已经采取了一系列措施打击跨国企业的逃避税行为。中国反避税立法始于1991年,出台了《中华人民共和国外商投资企业和外国企业所得税法》,这是我国第一次关于转让定价的立法。在2002年出台的《中华人民共和国税收征收管理法实施细则》中,第五十三条列入了预约定价制度,标志着我国正式启动了预约定价管理制度。2008年实施的《中华人民共和国企业所得税法》是我国反避税立法的另一重大里程碑,新所得税法引入了国际反避税的经验,完善了转让定价法律法规,形成了我国比较全面的反避税立法,为未来的反避税工作提供了支持和指引。2014年12月发布的《一般反避税管理办法(试行)》,建立了更加透明、统一和公平的一般反避税机制,进一步完善了我国一般反避税的相关法律。值得注意的是,虽然我国的反避税工作取得了一些成绩,已经逐步建立起符合我国国情的基本制度框架,但数字经济背景下,我国的反避税工作仍还存在许多薄弱环节,因此我国政府应加强国际合作,完善国内法律、法规制定,探索行业避税规律、加强对避税行为的防范。

2. 数字经济下防治跨国企业逃避税策略

(1) 确保转让定价结果与价值创造的一致性。我国政府应采取措施确保转让定价结果与价值创造一致性。一是确保隐蔽的无形资产的转让不会被用以转移收入;二是确保在无形资产转让缺乏可比交易时可以使用的评估方法确定交易价格;三是考虑把跨国企业集团作为一个整体来承担风险,而不是由集团内一个单独企业承担风险,以规避跨国企业通过分配经营风险方式转移利润;四是对交易重新定性,要求把纳税人达成的交易作为分析的出发点,允许只能在某些特殊情况下才可把交易重新定性或否定纳税人的交易形式,可从以下两方面着手,一方面基于实际行为和合同对交易的特征进行正确判定,而另一方面对该交易进行重新定性或作忽略处理;五是对某些付款设定上限,或用公式进行分配以规避跨国企业过度向低税率关联企业转移利润。

(2) 抵消或中和混合错配安排的效应。跨国企业利用我国与其他国家的优惠税制,利用混合借贷或宽松的税前扣除规定等,通过在低税地设立企业,并将资金大量注入该企业,再通过该企业与关联企业进行相关交易导致我国税基被侵蚀,如设立在低税地的关联企业向设立在我国的企业发放贷款,或先购买无形资产,再将其以许可形式交付给其他关联企业使用,由此产生的支付给低税地企业的利息和大量特许权使用费都可以逃避在我国的纳税义务,因此应采取措施抵消或中和跨国企业通过利息扣除和其他金融支出逃避在我国纳税义务的行为。

（3）防止滥用税收协定。税收协定的宗旨是为了避免重复征税，即为了避免同一纳税人的同一应税行为在两个或两个以上的国家同时征税，但一些跨国企业却利用中国与其他国家签订的税收协定中的优惠条件进行纳税筹划，恶意逃避在我国的纳税义务，严重扰乱了我国市场经济秩序。因此，我国在与其他国家和地区签订税收协定时，应强化防止滥用税收协定规定，针对由执行税收协定所引发的非立法本意不征税的情况，特别是部分国家通过单方免税来消除双重征税的情况，可以拒绝给以税收协定优惠，以防止跨国公司利用转让定价策略向低税率或零税率国家转移利润，从而逃避在我国的纳税义务。

（4）防止人为规避常设机构的形成。根据税收协定，缔约国一方企业的营业利润只应在该居民国征税，但如果该企业在缔约国另一方设有常设机构除外，税收协定中对常设机构的定义，可能对非居民企业来源于市场所属管辖地的营业利润适用国内法征税造成限制，需防范人为地规避协定中常设机构的判定条件以实现在我国不缴税的情形。应对常设机构的定义进行修改，以确保该定义不会被人为地安排所规避，从而保证我国征税权的行使。同时，应确保当企业在一国区域为从事核心的商业活动时，该企业不能适用税收协定中常设机构条款下的例外条款。还应确保这些例外条款不能被企业通过人为分割经营活动的方式来适用。

（六）结语

综上所述，数字经济下跨国企业利用数字化手段和方法在我国逃避纳税义务的行为严重扰乱了我国正常的经济秩序，违背了税收公平原则，给我国居于传统经济模式建立的税制体系带来了极大的挑战，虽然我国政府采取了一些措施打击跨国企业的逃避税行为，但由于数字经济下，跨国企业的逃避税途径更多样化、策略设计更为隐蔽、更难确定交易双方信息等原因，现有采取的措施并不能有效防治跨国企业的逃避税行为。但值得注意的是，数字经济下跨国企业的逃避税行为不仅对我国税制体系带来挑战，同时也给现行国际税收规则体系带来了严峻的挑战，为应对这一挑战，2012年6月，G20财长和央行行长会议同意按照税收要与实际经济活动和价值创造相匹配的原则，通过开展国际合作解决跨国企业的税基侵蚀与利润转移（BEPS）问题，并委托OECD开展研究。2013年6月，OECD发布了《BEPS行动计划》，该行动计划规定在2015年底，要完成BEPS行动计划的5大类共15项行动。在该行动计划中，把解决数字经济下的征税难题作为首要任务，但遗憾的是，在2014年9月公布的第一阶段研究成果——《关于数字经济面临的税收挑战报告》中，仅仅只分析了数字经济及其商业模式的特征、国际税收框架的主要征税原则、数字经济下的BEPS问题及数字经济给国际税收规则体系带来的挑战，对于如何防治和有效打击跨国企业数字经济下的逃避税行为，并没有给出具体措施，可以看出防治数字经济下跨国企业逃避税工作难度之大。

我国应抓住机遇，加强全球税收合作，制定有效措施防治跨国企业在中国的逃避税行为。一要全面参与BEPS行动计划，为构建公平的国际税收规则做出贡献；二要积极参与标准制定，推动金融账户涉税信息自动交换，通过加强国家间税收信息交换和征管协作，积极应对国际逃避税；三要积极参与《联合国转让定价手册》的制定，提出符合发展中国家利益的若干理论和原则，如成本节约、市场溢价、应用型和营销型无形资产等原则的制定；四要借鉴OECD最新研究成果，适时修改我国《税收征管法》《所得税法》等法律、法规，在税收协定的谈判与签订、反避税法律、法规以及涉及国际交易的税收规则的制定中，要体现 BEPS 项目研究成果，为有效打击跨国企业逃避税行为提供更加完善的法律和制度基础；五要建立规范的反避税工作机制，将反避税工作模式从以前的偏重事后调查改变为防查并举的体系，加强对跨国企业的反避税调查，防止跨国企业境外损失向中国转移，阻止其不合理的费用分摊和扣除，保护我国税基安全；六要建立跨国企业利润水平监控体系，全面掌握在华跨国企业利润水平并有针对性地开展国际税收风险应对，通过信息化建设防止跨国企业侵蚀中国税基，转移中国利润。

五、"逆全球化"背景下中国的涉外税收政策选择

（一）"逆全球化"的产生、发展及影响

近年来，发达国家纷纷推行贸易、投资保护主义，种种迹象表明世界全球化进程出现逆转，"逆全球化"将会影响我国的涉外投资规模与结构，从而影响我国对外经济发展，给我国经济发展及涉外税收政策带来巨大挑战。

1. "逆全球化"的产生

众所周知，冷战结束后的"全球化"浪潮使得生产要素和自然资源在全球市场上得到合理配置，促进了全球科学技术进步，推动了世界经济快速发展，那些顺应历史潮流，积极主动参与"全球化"历程的国家都在全球化浪潮中获得快速发展与巨大红利。在上一轮由发达国家推动的"全球化"浪潮中，发达

国家获得了巨大的利益,"全球化"使发达国家可以凭借其经济优势在全球获得更大的销售、投资和劳动力市场,促进了发达国家跨国公司的全球扩张与发展,同时使发达国家经济向科技和资本密集型产业升级,增加了其产品的国际竞争力。然而,2008年金融危机爆发后,"全球化"为世界经济发展作出的贡献遭到了质疑,一些发达国家将市场运行失调、国际贸易失衡、经济结构扭曲、高失业率归罪于"全球化","反全球化"思潮悄然兴起。

2. "逆全球化"的发展

2008年以来,国际贸易持续低迷,国际经济复苏乏力,贸易保护主义、民粹主义、孤立主义开始大行其道,从美国、英国、欧盟等发达国家和地区兴起的"反全球化"浪潮开始席卷全球。据英国智库经济政策研究中心发布的《全球贸易预警(GTA)》报告显示,2015年全球实施的贸易限制措施数量为736个,较2014年增加50%,从实施国别来看,采取贸易保护措施最多的前十位国家均为G20成员国。2015年由G20国家实施的贸易保护措施数量为599项,占到81%,而美国采取了90项贸易歧视措施,位居世界之首。2016年6月24日,英国公民通过公投,选择脱离退出已经待了43年的欧盟(从其前身欧共体开始算起),直接阻断欧洲一体化进程。11月8日,特朗普当选美国总统,其施政纲要宣布将改革美国现有税收和对外贸易政策,推行超低税率,退出环太平洋合作组织(TPP)与跨大西洋贸易和投资伙伴关系协定(TTIP),力促跨国公司回归投资美国,推动本土投资和制造业回归。

3. "逆全球化"的影响

英国公投"脱欧"、特朗普当选美国总统、欧盟议会投票宣布不承认中国的市场经济国家地位、欧盟修改贸易防御立法、多边贸易投资机制止步不前、封闭性区域协定盛行等一系列现象都集中说明了一个事实——世界"全球化"进程出现了逆转,"逆全球化"将进入新常态。"逆全球化"浪潮下,越来越多的国家将推行贸易和投资保护主义,使得人员、商品及资本自由流动的壁垒愈发顽固,将给我国经济发展带来极大不确定性。

(二)"逆全球化"对我国涉外投资的影响

在上一轮全球化浪潮中,中国顺应世界潮流,通过对外改革开放和加入世界贸易组织积极加入"全球化"进程,"全球化"加速了我国资本、技术、劳动力、信息等生产要素在世界范围内的自由流动和配置,促进了我国经济高速发展,提升了我国综合国力。而随着"反全球化"思潮的出现,发达国家摒弃了其近百年来一直坚持的自由贸易理念,相继关上"全球化"大门,贸易保护主义呈现抬头趋势,各国围绕资金、市场、资源、人才、技术的争夺更加激烈,"逆全球化"给我国涉外经济发展带来巨大的挑战和不确定性。

1. "逆全球化"加大我国吸引外商直接投资难度,使我国实际利用外资结构恶化

如图 8-4 所示,1984—2008 年,我国实际利用外资规模呈上涨趋势,年平均增长率为 19.60%,2009—2015 年年后受发达国家经济危机和"逆全球化"思潮影响,我国吸引外商投资难度加大,实际利用外资规模增长速度快速降低,年平均增长率仅为 5.80%。据 OECD 统计数据显示,2015 年全球 FDI 达 1.76 万亿美元,同比上升 38%,而我国 FDI 为 1262.7 亿美元,同比仅增长 5.61%,远远落后于全球 FDI 增长速度。另据商务部统计数据显示,2016 年 1—10 月,我国实际利用外资规模达 1039.1 亿美元,同比增长 4.2%。但值得注意的是,由于受发达国家贸

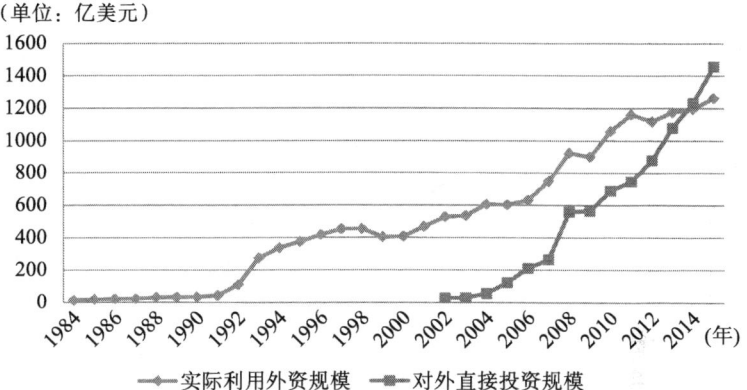

图 8-4 我国实际利用外资与对外直接投资变动情况[①]

注：数据来源于 Wind 资讯数据库。

易保护主义、制造业回归等"逆全球化"行为影响，如图 8-5 所示，在我国实际利用外资中有 75% 来自中国香港、澳门和台湾地区，仅有 10% 来自美国、日本、德国和英国等发达国家，意味着发达国家对我国的直接投资比例很小，我国实际利用外资规模虽然小幅增长，但外商直接投资主要来源于中国内部（香港、澳门、台湾均属于中国），吸引外商的质量不高，结构不合理。

2. "逆全球化"加速我国资本外流，对外直接投资主要流向国际避税地

如图 8-4 所示，2008 年后，受"逆全球化"浪潮影响，产业资本开始从我国流出，2009—2015 年，我国对外直接投资规模快速增长，年平均增长率达 17.09%，远远超过实际利用外资

---

① 由于无法找到完整数据，图 8-4 显示的实际利用外资规模从 1984 年开始，对外直接投资规模从 2002 年开始。

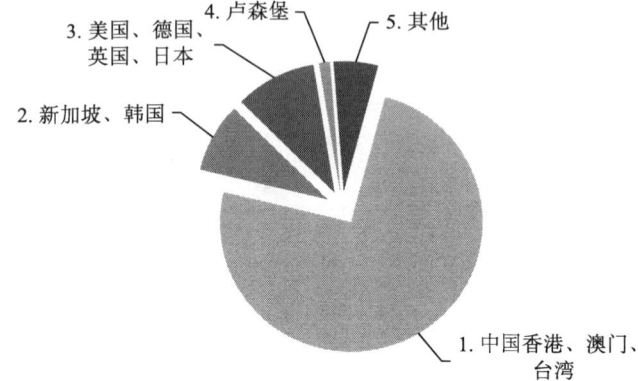

图 8-5　2016 年 1—10 月我国实际利用外资情况

注：数据来源于商务部网站统计数据库。

增长速度。2014 年末，中国对外直接投资流量为 1231.2 亿美元，居世界第三，年末境外企业资产总额达 2.25 万亿美元。2015 年，在世界经济增速普遍放缓的情况下，中国对外直接投资规模依然保持强劲增长，对外直接投资 1456.7 亿美元，年末境外企业资产总额达 4.37 万亿美元，占到全球流量份额的 9.9%，同比增长 18.3%，金额仅次于美国（2999.6 亿美元），首次位列世界第二。从 2014 年开始，中国已连续两年成为净资本输出国。但值得注意的是，据商务部、国家统计局、国家外汇管理局联合发布的《2015 年度中国对外直接投资统计公报》统计数据显示，2015 年我国对外直接投资的国家和地区呈现高度集中态势，流向中国香港、荷兰、开曼群岛、英属维尔京群岛、百慕大群岛等国际低税地和避税地的投资共计 1164.4 亿美元，占当年流量总额的 79.9%，反映出我国"走出去"企业的避税动机强烈。

(三)"逆全球化"对我国涉外税收制度的挑战

"逆全球化"背景下,我国吸引外商直接投资难度加大,质量不高,已成为净资本输出国,并且输出的资本大量流向国际避税地,这给我国目前的涉外税收制度和征管体系带来了巨大挑战。我国目前的涉外税制和征管体系是在改革开放初期以"引进来"为主的经济发展战略背景下建立的,主要目的是鼓励、吸引外商到我国投资,侧重于对"引进来"企业的税收征管与监督,"逆全球化"背景下,原有的涉外税收制度设计显然已不能满足当前经济形势的需要。下文将回顾我国涉外税收政策的发展历程及其实施效果,以期回答"逆全球化"背景下我国的涉外税收政策选择取向问题。

1. 我国涉外税收政策的发展历程及实施效果

我国的涉外税收政策是随着国家对外经济贸易活动的发展而逐步建立起来的,改革开放以来,为适应对外经济发展需要,我国涉外税收政策围绕国家宏观经济战略目标,进行了一系列改革,其政策选择取向经历了由改革开放初期"引进来"为主(1979年—2001年)、到"走出去"与"引进来"并重(2002年—2012年)、再到助推构建开放型经济新体制的大国税收三个发展阶段(2013年—今)①。我国涉外税收制度的逐步建立和完善,对我国经济发展起到了至关重要的作用。

(1)我国涉外税收政策发展历程。

①以"引进来"为主的涉外税收发展阶段(1979年—2001年)。1978年12月,党的十一届三中全会确定了我国对内搞活经济、对外改革开放的基本国策,为适应经济变革和对外经济往

---

① 王力:"迈向现代化的中国国际税收",《国际税收》,2016年第5期。

来的需要，我国以"引进来"为主的涉外税收制度建设开始拉开序幕。从1980年—2000年，根据国家经济发展战略需要，我国陆续制定并完善了一系列涉外税收法律、法规。1980年9月10日，第五届全国人民代表大会第三次会议通过了《中华人民共和国中外合资经营企业所得税法》《中华人民共和国个人所得税法》，这是我国最早的涉外税收法律。1981年12月13日，第五届全国人民代表大会第四次会议通过了《中华人民共和国外国企业所得税法》。上述三部法律明确了中外合资企业、外国企业及外籍个人所得税的纳税人、征税对象、计税依据、税率等税法要素，为我国涉外所得税的税收征管提供了法律依据。1983年6月，财政部发出《关于对中外合资经营企业、合资生产经营企业和外商独资企业征收工商统一税的通知》，这是我国最早的与流转税有关的涉外税收法规，至此，我国初步形成了一套涉及所得税和流转税的涉外税收制度。

由于这一阶段我国的经济发展战略主要是以"最大限度招商引资"为目标，以"全面优惠促开放"为导向，这一阶段的涉外税制体现出税负从轻、优惠从宽、手续从简的若干特点。这一阶段，我国陆续颁布了一系列扩大税收优惠政策的法律、法规，并逐步建立起"经济特区、经济技术开发区、沿海经济开发区、其他特定地区和内地一般地区"的多层次涉外税收优惠格局，这些涉外税收制度对我国改革开放初期引进外国资金、技术和人才，开展对外经济技术合作发挥了至关重要的作用。

②"引进来"与"走出去"并重的涉外税收发展阶段（2002年—2012年）。2002年11月，中国共产党第十六次全国人民代表大会提出坚持"走出去"与"引进来"相结合的经济发展战略，我国的涉外税收政策也由改革开放初期以"引进来"为主转为"引进来"与"走出去"发展并重。中国加入世界贸

易组织后,一方面,原来以"引进来"为主的涉外税收优惠政策背离了包括"国民待遇原则""统一性原则"等多边贸易规则要求,不利于市场的公平竞争。另一方面,内外不一致的税制体系损害了国内企业的积极性,使本土企业在市场竞争中处于不利地位,不利于社会主义市场经济体制的培育与发展,需要政府重新定位本阶段涉外税收政策在经济发展战略中的使命和功能。2007年3月,第十届全国人民代表大会第五次会议通过了《中华人民共和国企业所得税法》,标志着我国内、外资企业所得税制度的统一。新企业所得税法明确了内外资企业适用统一的企业所得税税率,取消了许多原来专门针对外资企业的税收优惠政策,更有利于为各类企业创造一个公平竞争的税收环境。此后,又相继修改了增值税、消费税暂行条例,至2011年末,我国形成了一套比较完整、内外统一的涉及所得税、货物和劳务税、财产税;中央税和地方税;直接税和间接税的涉外税收制度。

这一阶段我国的涉外税收政策取向由原来以"引进来"为主转向"引进来"与"走出去"并重,侧重于逐步取消原有内外有别的税收法律、法规,修订并完善涉外税收制度,引导"引进来"企业"从量向质"转变,促进我国产业结构升级,同时也制定一些税收优惠措施,鼓励我国具有比较优势的企业走出国门。

③助推构建开放型经济新体制的大国税收发展阶段。2012年11月,中国共产党第十八次全国人民代表大会提出要适应经济全球化新形势,全面提高开放型经济水平,开启了中国涉外税收政策的"助推构建开放型经济新体制的大国税收"发展阶段。2013年,我国以OECD合作伙伴身份平等参与BEPS行动计划,多次向OECD提交我国立场声明和建议1000多条,其中很多意见得到采纳并体现在最终成果中。同年,中国政府签署了《多

边税收征管互助公约》,提高了税务部门对跨境纳税人的征管和服务水平,营造了公平透明的税收环境。为服务"走出去"企业,国家税务总局开展了对中国主要投资目的国和地区的税收政策研究,实现了国别税收信息研究全覆盖,分国别发布了"一带一路"国家税收指南,同时还分期、分批给"走出去"企业开展税收协定专题培训并进行问题解答,向企业介绍有关国家的税收政策及税收风险,为企业提供更优质的服务。另外,我国还积极进行双边税收协定谈签,截至2016年11月,我国已对外正式签署102个避免双重征税协定,其中98个协定已生效,和香港、澳门两个特别行政区签署了税收安排,与台湾签署了税收协议。

这一阶段,我国涉外税收政策的取向对内主要着力于提高征管效率与水平,加强跨境税源管理,服务"走出去"企业。对外则充分展现大国责任担当,深度参与全球税收合作,提高在国际社会中的税收话语权,维护国家税收权益。

(2)我国涉外税收政策的实施效果。从我国涉外税收政策的发展历程可以看出,我国涉外税收政策与我国的经济战略发展目标密不可分,涉外税收政策通过影响我国涉外投资规模与结构,对我国的经济发展产生重大影响,是贯彻和实现我国各阶段经济发展战略目标的重要保障。

①涉外税收政策对我国实际利用外资的影响。如表8-19所示,涉外税收政策对我国的涉外投资有很明显的影响,改革开放初期我国以"全面优惠""引进来"为主的涉外税收政策对吸引外商直接投资、建立和完善我国社会主义市场经济体制及促进国民经济快速发展起到了巨大作用。如表8-19所示,从1984年—2001年,我国实际利用外资规模由12.58亿美元增长至468.78亿美元,年平均增长率为23.72%,2002—2012年间,我国逐步取消

了专门针对外资企业的优惠措施，涉外税收政策转为"走出去"与"引进来"并重，这一时期，我国实际利用外资规模由2002年的527.43亿美元增长到2012年的1117.16亿美元，年平均增长率降为8.2%，可见逐步取消对外资企业的税收优惠后，我国实际利用外资规模增长速度出现大幅下降。而2013—2015年，我国涉外税收政策开始调整为以服务"走出去"企业为主，这一阶段我国实际利用外资规模由1175.86亿美元，增长到1262.70亿美元，年平均增长率仅为3.62%。②涉外税收政策对我国对外直接投资的影响。由于改革开放初期我国对外直接投资规模一直很小，本书主要研究2002年我国涉外税收政策调整为"走出去"与"引进来"并重阶段后我国对外直接投资规模的变化情况。由上表8-19可以看出，2002—2012年，我国对外直接投资规模飞速增长，年平均增长率达41.13%，远远高于实际利用外资增速。2013年后，我国涉外税收政策调整为助推构建开放型经济新体制的大国税收阶段，国家主席习近平提出要推进"一带一路"建设，鼓励企业"走出去"，在全球经济疲软，我国经济下行的情况下，我国对外直接投资仍以16.22%的年平均增长率高速增长。③涉外税收政策对税收收入的影响。综上所述，涉外税收政策对我国涉外投资有着极大的影响，从而影响我国经济发展与税收收入。如图8-6所示，2002年—2014年全国税务部门组织收入与涉外税收收入都呈增长趋势，但涉外税收收入的增长速度明显小于全国税务部门组织收入，自2002年开始，涉外税收收入占全国税务部门组织税收收入的比重一直在20.5%左右，也就是说，涉外投资对我国税收收入的贡献与其增长速度并不成正比，究其原因，可能是由于我国对涉外投资的税收优惠措施造成的，也可能是由于我国对涉外投资监管不严、征收不力造成。

表 8-19　涉外税收政策对我国涉外投资的影响①

涉外投资类别	"引进来"为主阶段（1984—2001 年）	"走出去"与"引进来"并重阶段（2002—2012 年）	构建开放型经济新体制大国税收发展阶段（2013—2015 年）
实际利用外资年平均增长率	23.72%	8.20%	3.62%
对外直接投资年平均增长率	—	41.13%	16.22%

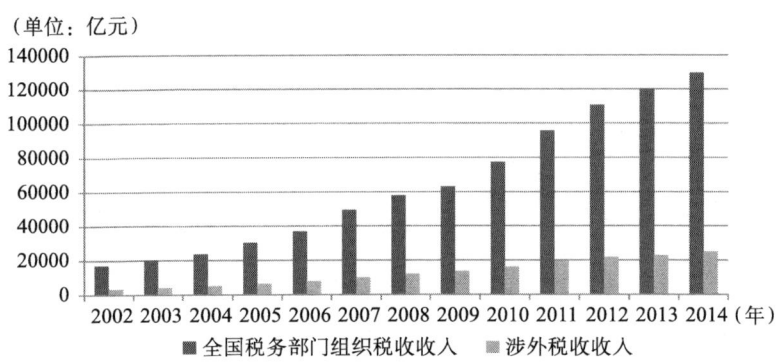

图 8-6　全国税务部门组织收入与涉外税收收入增长情况

注：数据来源于国务院发展研究中心信息网统计数据库。

（四）我国现有税收制度存在的主要问题及对涉外投资的影响

涉外税收是国家税收的组成部分，涉外税收政策的制定与实

---

① 数据根据 Wind 资讯数据库和商务部网站统计数据整理计算而得，由于无法找到完整数据，实际利用外资年平均增长率只从 1984 年开始计算，未计算 1984—2001 年"引进来"阶段我国对外直接投资年平均增长率。

施必须在国家税收制度的框架范围内,下文将分析我国现行税收制度存在的问题,以揭示我国涉外税收制度存在的问题。

1. 我国现行税制存在的主要问题

我国现行税收制度存在税制结构、税收收入来源及税收缴纳环节不合理等问题,表现为流转税比重较高,所得税比重较低;企业缴税比重较高,个人缴税比重较低;生产流通环节缴税比重较高,而收入和分配环节缴税比重较低的"三高三低"特征。

(1)税制结构不合理,间接税占比高,直接税占比低。如表 8-20 所示,2002—2014 年,我国涉外税收收入中直接税(主要指企业所得税与个人所得税)所占比重平均为 27.73%,间接税(主要指增值税、营业税、消费税)所占比重平均为 68.60%,间接税在涉外税收收入中的比重远远大于直接税所占比重。这一比例远远超过发达国家。根据 OECD 统计数据显示,在 2014 年发达国家税收收入中,仅有 33% 左右来源于间接税(货物与劳务税),约有 60% 左右来源于间接税(企业所得税及个人所得税),5.5% 左右来源于财产税[①]。

(2)税收收入来源不合理,企业缴税占比高,个人缴税占比低。如表 8-20 所示,2002—2014 年,个人所得税在涉外税收收入中的比重平均约为 6.16%,意味着在涉外税收收入中自然人所承担的税负较少,企业所承担的税负较重。而据 OECD 统计数据显示,发达国家税收收入中,约有 24% 左右的税负由个人承担,企业承担的税负约为 76% 左右。个人缴纳的税收占比小,意味着我国约 94% 的税收收入由企业缴纳,使企业的经营

---

① 樊丽明,李昕凝:"世界各国税制结构变化趋向及思考",《税务研究》,2015 年第 1 期。

表 8-20　　中国涉外税收收入来源与结构①　　（单位：亿元）

年份	涉外税收收入	涉外直接税税收收入	直接税占涉外税收收入比重	涉外间接税税收收入	间接税占涉外税收收入比重	涉外个人所得税	个人所得税占涉外税收比重
2002	3487.10	816.35	23.41%	2604.29	74.68%	200.32	5.74%
2003	4268.61	963.92	22.58%	3224.33	75.54%	258.52	6.06%
2004	5355.30	1267.76	23.67%	3979.87	74.32%	335.24	6.26%
2005	6391.34	1573.64	24.62%	4678.01	73.19%	425.95	6.66%
2006	7976.93	2044.82	25.63%	5741.86	71.98%	509.98	6.39%
2007	9972.60	2605.17	26.12%	7970.94	79.93%	653.92	6.56%
2008	12120.30	3541.94	29.22%	8116.99	66.97%	805.74	6.65%
2009	13616.00	3792.64	27.85%	9281.27	68.16%	816.73	6.00%
2010	16389.71	5084.27	31.02%	10604.25	64.70%	995.04	6.07%
2011	19638.00	6633.77	33.78%	11655.46	59.35%	1227.44	6.25%
2012	21768.86	6604.35	30.34%	13472.16	61.88%	1213.71	5.58%
2013	23077.53	7000.72	30.33%	14204.80	61.55%	1325.14	5.74%
2014	24920.59	7965.44	31.96%	14848.13	59.58%	1538.58	6.17%

注：数据来源于国务院发展研究中心信息网统计数据库。

状况和纳税后的净收益与税收负担密切相关，在经济不景气的情况下，企业的税收负担痛感增大，导致企业选择向国际避税地投资，以逃避国内税收负担。

（3）税收缴纳环节不合理，生产流通环节占比高，消费分配环节占比低。我国增值税、营业税及消费税等间接税主要是在生产和流通环节征收，间接税在税收收入中所占比重平均为

---

① 本表数据根据国务院发展研究中心统计数据库计算而得，为方便研究，表中的直接税收入是企业所得税和个人所得税之和，间接税税收收入是增值税、营业税与消费税之和。

68.60%，意味着我国 68% 左右的税收收入要作为价格的构成要素嵌入各种商品和要素的价格之中，也就是我国税收同商品和要素的价格高度相关。一方面使得商品的价格同税收制度的变化捆绑在一起，难免扭曲价格的正常形成机制，另一方面由于中外税制结构的巨大差异，如此高的税收收入来源于生产、流通领域，可能导致境内外商品和要素价格之间的"反差"或"倒挂"，使企业在国际贸易中处于劣势。①

2. 现有税制对涉外投资的影响

与发达国家相比，我国涉外税收收入反映出直接税比重过小、间接税比重过大、税制结构不合理；主要来源于企业及生产、消费等流通环节，税收收入来源不合理等特征，从西方最优税收理论的观点来看，好的税收制度应该不会对经济活动产生扭曲性影响，且应征管便捷、远离生产和流通环节。② 在我国经济下行及"逆全球化"背景下，这样的税制设计加重了企业税收负担，不利于企业参与全球竞争，阻碍了我国吸引外商投资及经济发展，同时还会导致资本流向国际避税地和低税地，成为我国涉外投资结构恶化的又一重要原因。

（五）"逆全球化"背景下我国涉外税收政策建议

"逆全球化"及我国税制体系设计缺陷给我国对外经济发展带来巨大挑战，我国涉外税收政策应及时调整，发挥税收的内在稳定器和相机抉择作用，促进我国经济稳定增长。因此，应借鉴西方经济学家关于最优税制设计的经典理论，遵循"公平"与

---

① 高培勇：“论完善税收制度的新阶段”，《经济研究》，2015 年第 2 期。
② 倪红日：“经济数字化”，“全球化与税收制度”，《税务研究》，2016 年第 4 期。

"效率"原则,改革我国现有涉外税收政策。具体来说应从以下两方面入手:

1. 优化税制结构、降低企业税收负担,吸引外商直接投资回流

首先,以"营改增"为契机,逐步简化、降低税率,减轻企业税收负担。增值税具有税基广泛、税源可靠、课税隐蔽、课税阻力小、计征简便、易于征管、征纳成本较低等优点,是我国的主要税种。2016年5月,我国全面推开营改增,据国家税务总局数据显示,2016年1—9月,"营改增"累计减税达3267亿元,全年减税总规模预计将超过5000亿元。值得注意的是,虽然"营改增"降低了企业税负,但在经济下行、效益下滑的背景下,企业税费负担仍然较重,我国增值税的制度设计仍存在税率过高、行业税负不均衡、征税环节不合理等问题。如国家对制造业征收17%的税率,而服务业的增值税税率为6%或11%,一般来说,服务业的运营资本明显比制造业低,平均利润率却比制造业高,对制造业征收17%的增值税显然违背了公平原则,加重了工商企业税收负担,削弱了企业的国际竞争力。特别是在"逆全球化"背景下,发达国家纷纷采取措施吸引制造业回归,对制造业适用17%的增值税税率显然不利于我国制造业参与全球竞争以及吸引外商投资。因此,应以"营改增"为契机,逐步将现行增值税税率简化合并为两档或三档,降低工商业增值税税率,切实减轻企业税收负担,消除由于税制设计不合理对涉外投资的扭曲作用,吸引外资回流。

其次,以"个人所得税改革"为突破口,优化税制结构,逐步提高直接税所占比重。现行税收制度导致我国税收收入主要来源于企业和生产流通环节,侵蚀了产业资本,不利于涵养税源。从西方发达国家的经验来看,个人所得税是税收负担最明确、最难以转嫁、税负归宿透明度最高的税种，由于对个人所得税采用累进制税率，还可以发挥税收的收入分配与调节功能，体现税制设计的"公平"与"效率"原则。从1996年起，我国就开始提出"建立覆盖全部个人收入的分类与综合相结合的个人所得税制度"，在党的十八届三中全会中又提出要"逐步建立综合与分类相结合个人所得税制"。随着增值税改革的深入推进，减税效应会逐步加大，国家应加快个人所得税改革进程，并择机推出房产税，一方面可以提高直接税在税收收入的比重，优化我国税制结构；另一方面还可以稳定宏观税负，减轻由于"营改增"减税效应扩大后给财政带来的负担；另外还可以让税收在调节居民收入分配，促进社会公平方面发挥作用。

最后，以"简化税制"为主线索，逐步减少税收征收环节。目前我国的税收征收环节有生产、分配、流通交换与消费四个环节，如前文所述，我国目前的税收收入主要集中在生产和流通环节，但从西方发达国家的经验来看，优良的税制不应该对经济活动产生扭曲作用，应该征管便捷并远离生产和流通环节。BEPS行动计划中税收分配原则从注重实体经济转为实体经济与虚拟经济并重，对增值税等流转税按照消费地征收的原则，对所得税则强调利润实际生产地与销售地兼顾的原则，因此应借鉴发达国家经验，与国际税收规则接轨，将我国税收的征收环节逐步集中于分配和消费环节。

2. 加强国际税收合作、提高涉外税收征管效率，维护国家税收权益

由于我国目前的税制设计使企业承担的税收负担过重，在实际经济不景气，我国经济下行的情况下，产业资本开始外流，"逆全球化"加重了这一趋势，一方面我国吸引外商直接投资的难度加大；另一方面我国对外直接投资规模飞快增长，2014年起，我国已连续两年成为净资本输出国。特别值得注意的是，2015年我国对外投资有近80%流向了国际避税地或低税地，因此，"逆全球化"背景下，我国的涉外税收政策应转向对"走出去"企业的税收监管与服务，提高征管效率，维护国家税收主权。

（1）加强国际税收合作，服务"走出去"企业。据商务部发布的《2015年度中国对外直接投资统计公报》显示，截至2015年底，我国对外直接投资流量跃居世界第二，已连续两年成为净资本输出国，存量位居世界第8位，境外企业资产总额达4.37万亿美元，共有2.02万家境内企业在国（境）外设立3.08万家对外直接投资企业，分布在全球188个国家（地区）。一般均衡理论认为，在只考虑税收收入的情况下，对外直接投资规模超过外商直接投资规模无疑减少了国家税收收入，"逆全球化"加剧了我国产业资本外流速度，因此，我国现阶段的涉外税收政策不宜对"走出去"企业采取"普适性"的税收优惠措施，而是应该保持资本出口中性原则，减少税式支出，致力于有效消除生产要素在国内外流动的制度障碍，促进贸易投资的自由化和便利化。一要通过谈签自贸协定和双边税收协定，加强国际税收合作，协调和明确税收管辖权，消除双重征税，降低"走出去"企业整体税负，提高跨境经营企业国际竞争力。二要通过相互协商程序和税收情报交换条款，有效解决税收争端，帮助企业利用税收协定保护自身权益。三要优化跨境纳税服务，税务部门应加强对"走出去"企业主要投资目的国的税收政策研究，分国别发布投资国税收指南，并分期、分批对"走出去"企业进行培训，介绍相关投资国税收政策，提示潜在投资税收风险，为企业提供更加个性化的服务和管理。

（2）提高跨境征管能力，维护国家税收权益。据商务部发布的《2015年度中国对外直接投资统计公报》显示，2015年我国对外直接投资有近80%流向了国际避税地或低税地，说明"走出去"企业试图利用国际税收规则、税收协议及我国征管漏洞进行纳税筹划，以规避对我国的纳税义务，有关部门要高度重视这一问题，强化跨境税源管理，提高征管效率，维护我国税收权益。一要健全反避税防控体系。建立税收征管全流程信息化平台，实时监控跨国公司利润水平；加强税收情报交换，积极参与BEPS行动计划，借鉴BEPS行动计划成果，加强跨境税源监管，防止跨国企业利用利润转移侵蚀我国税基；加强国际合作，坚决打击企业国际逃避税行为，维护国家税收权益。二要加强非居民税源管理。针对非居民企业与个人税源分布广、流动性和隐蔽性强等特征，应将非居民企业与个人纳入日常税收监管，加强源泉扣缴管理，防范非居民企业及个人滥用税收协定逃避税，有效防止非居民税收流失。

（六）结语

"逆全球化"问题引起了国际社会的高度重视，哈佛大学校长德鲁·福斯特（Andrew Foster）、哈佛大学肯尼迪政府学院国际政治经济学教授丹尼·罗德里克（Dani Rodrik）、加州大学伯克利分校经济学兼政治学教授巴里·艾肯格林（Barry Eichengreen）、麻省理工学院斯隆管理学院教授西蒙·约翰逊（Simon Johnson）都纷纷发文批评"逆全球化"思潮。这一问题也引起了中国国家主席习近平的高度重视，在2016年11月20日亚太经合组织第二十四次领导人非正式会议上，习近平指出"当前经济全球化遇到波折，国际贸易和投资低迷，保护主义抬头。面对新形势、新挑战，中国要坚定不移地引领经济全球化进程"。

"逆全球化"恶化了我国涉外投资来源与结构，给我国经济发展带来不利影响。税务部门要坚决贯彻 APEC 峰会习近平主席讲话精神，改革我国涉外税收政策，应对"逆全球化"产生的不利影响，继续引领世界全球化进程。一方面，应改革我国现有税制，优化税制结构，逐步提高直接税、个人所得税在税收收入中的比重，降低税率，切实降低企业税收负担，吸引国际资本回流。另一方面应加强国际税收合作，提高涉外征管效率，维护国家税收权益。

六、税制结构研究综述与展望

（一）引言

2016 年 12 月，福耀玻璃董事长曹德旺在接受媒体采访时指出中国制造业的综合税负比美国高出 35%，同时，学者李炜光也在一份研究报告中指出 2015 年中国民营企业税收负担达 51.43%，堪称"死亡税率"。这些言论把中国企业的税负问题推到了风口浪尖，引起了政府、学者及企业家的高度重视，并引发了理论和实务届对中国税负问题的大讨论。事实上，除去一些政府性收费外，按宏观税负（税收总量占 GDP 或 GNP 的比重）的计算口径，中国近几年的宏观税负大概在 30% 左右，在世界上处于较低水平；如果按税收比重（税收总量占财政收入的比重）的计算口径，中国近几年的宏观税负大概在 19% 左右，在世界上也处于较低水平。一方面，按各种统计口径计算，我国的税负水平都不高，但另一方面企业却普遍认为税收负担重，为什么会出现这种情况？笔者认为这与我国目前的税制结构设计缺陷高度相关。简单来说，税制结构是指各税种的组合方式和各税种的相对地位。税种的组合方式是指各税种在取得收入与调节经济中的分工与协作关系,具体表现为各税种在经济活动各领域、各环节的分布。税种的相对地位是指各税种在取得收入与调节经济中的相对重要性,具体表现为各税种占 GDP 或税收总额的比重。从税种的组合方式来看,2014 年,我国税收收入中有 70% 左右来源于增值税、营业税、消费税等生产与流通环节,仅有 30% 左右来源于企业所得税和个人所得税等分配环节,意味着税收严重侵蚀了企业运营资本,加重了企业负担,不利于企业生产经营。从纳税主体来看,我国税收收入有 90% 左右由企业缴纳,而个人缴纳的税额仅占 10% 左右,意味着企业是税收收入的主要来源。从税种的相对地位来看,我国的税收收入有 70% 左右来源于增值税、消费税和营业税等间接税,仅有 30% 左右来源于企业所得税、个人所得税等直接税。意味着中国的税收收入大部分要通过价格的构成要素嵌入到商品和要素价格中,加重了企业成本,不利于企业参与国际竞争。

上述分析可以看出,由于我国目前税制结构设计缺陷,导致税收负担难以转嫁,主要由企业承担,严重侵蚀了资本,特别是在经济下滑的情况下,更加剧了企业的"税负痛感"。因此,为确实降低企业税收负担,为企业营造持续、公平的生产经营环节,提高企业国际竞争力,以税制结构改革为主的税制改革势在必行。2013 年 11 月,党的十八届三中全会提出要深化税收制度改革,逐步提高直接税比重,掀起了国内学者对税制结构问题研究的热潮。与国外学者对税制结构问题的研究相比,我国学者对该问题研究起步较晚,始于 20 世纪 80 年代中期,且研究成果不多。国内学者对税制结构问题的研究主要集中在以下方面:一是对我国税制结构制度设计的研究(刘佐等,2009;胡怡建和徐曙娜,2014;杨志勇,2014)。二是对国别税制结构的研究(樊丽明等，2014；朱为群和刘鹏，2016）。三是对税制结构改革与经济增长关系的研究（曹海娟，2012；郭婧，2013）。四是对税制结构的定义、内容、表述方式等基本理论问题的研究（马国强，2015）。

本书全面梳理了 Web of Science 数据库中，与税制结构研究相关的文献，并归纳了国外学者对税制结构问题所采用的研究方法、选取的研究视角及得出的研究结论，以期给我国学者研究税制结构问题及政府税收制度改革提供思路与借鉴。

（二）税制结构理论研究综述

西方学者对税制结构理论的研究始于十七世纪，古典经济学家从税收公平与效率的角度研究了单一税制、复合税制和最优税制结构理论。

1. 单一税制理论

单一税制是指由一个税种单独组成或者以一个税种为主，辅以个别其他税种的税收制度，包括消费单一税制、土地单一税制、所得单一税制和资本单一税制。消费单一税制思想的代表人物是重商主义者霍布斯（Thomas Hobbs，1651），他主张应按照人民收益来分配税收负担，征收单一消费税；土地单一税制思想的主要代表人物是重农主义者魁奈（Francois Quesnay），他认为土地是一切财富的源泉，主张应该按照税收来源分配税收负担，征收单一土地税；所得单一税制思想的主要代表人物是法国经济学家福班，他提出只需对所得征收"什一税"，可以取消其他各种税；资本单一税制思想的代表人物有法国的计拉丹，他主张按资本的价值，对不产生收益的财产课税。

单一税制具有征收范围小、征收方法简单及税收负担轻等优点，但由于它存在弹性太小，不能保证国家财政收入及税负不合理容易激起社会矛盾等缺点,很少被政府采纳实施。

2. 复合税制理论

复合税制是指由不同税种组成并互相补充的税收制度。大致可分为"两大税系论"和"三大税系论"两种主张。"两大税系论"的代表人物是德国的谢夫勒·劳和劳·劳菲,他们主张税制由直接税和间接税两大税种组成。"三大税系论"有斯泰因提出的直接税、间接税和所得税等;瓦格纳的所得税、所有税及消费税;小川乡太郎提出的所得税、消费税和流通税。

与单一税制相比,虽然复合税制存在税种过多、过杂,征收复杂等缺点,但由于复合税制具有较大弹性、税源充裕、各税种互为补充、能保证财政与经济发展需要等优点,西方国家多采用以所得税、商品课税、财产课税的三大税收体系。

3. 最优课税理论

最优课税理论是在复合税制理论体系上发展起来的,指在政府公共支出外生给定且不能使用一次总付税的情况下,如何选择税收组合以最小化税收对经济带来的扭曲效应。包括最优商品税、最优所得税及直接税与间接税之间的搭配等问题。最优商品税的代表人物有拉姆齐(Ramsey,1927)和诺贝尔经济学奖获得者英国的詹姆斯·米尔利斯和美国学者威廉·维克里。拉姆齐的贡献在于首次提出"逆弹性理论",他的核心思想是在对商品课税时,如果各种商品的需求弹性是相互独立的,对各种商品课征的税率应与该商品的价格弹性成反比例。戴蒙得、罗森、米尔利斯、斯蒂格利茨和阿特金森等学者在拉姆齐的研究基础上,放宽了拉姆齐的假设条件,在更深、更广、更复杂的领域对最优商品税问题进行了研究。最优所得税理论的代表人物是埃奇沃斯、米尔利斯和威廉·维克里等。埃奇沃斯利用效用最大化和社会福利函数分析了最优所得税问题,他指出应对富人的收入课高税,使人们在纳税后的收入分配尽可能平等，只有这样才能实现社会福利最大化。但米尔利斯和威廉·维克里将消费和工作时间纳入效用函数，提出了"倒U型"最适所得税率思想，即一个国家所得税的合理设计是不应让高收入者承担过高的税负，否则会挫伤高收入者的工作积极性，对低收入者也应当课征税收。研究直接税与间接税之间搭配问题的代表人物是庇古和马斯格雷夫，庇古从福利最大化的角度研究商品税、所得税的搭配问题，他认为对所得课税比对商品课税更能贯彻最小牺牲原则，同时，对固定财产课税不会减少其数量和效用，不容易发生税负转嫁，主张对所得和固定财产课税。马斯格雷夫认为政府在不同的环节课税会产生不同的影响，他把税收的征收环节分为在资金流量中课征的税和对财富持有与转移环节课征的税，主张对后者征税。

（三）税制结构与经济增长研究综述

20世纪60年代开始，经济学家开始引入数理分析和实证分析方法研究税制结构对经济增长的影响，他们的研究大多是基于外生增长模型（也叫新古典增长模型）和内生增长模型。外生增长模型认为资本收益递减规律导致资本积累动力的逐渐消减，除非存在外生的人口增长或技术进步，否则经济不可能实现持续增长，在一定程度上，技术进步、劳动力质量提高比增加资本对经济增长的作用更大，在一系列严格的假设条件下，经济可以稳定地以人口增长率增长。内生增长模型放松了外生增长模型的假设限制，在研究中引入技术创新、人力资本和专业化分工等因素，认为技术创新是经济增长的源泉，而专业化人力资本积累的水平和劳动分工程度决定了技术创新水平的高低，因此政府实施的经济政策可以影响经济增长。经济学家认为选择不同的税制结构可以改变资本积累、劳动力供给和技术创新，从而影响经济发展,通过研究,得出了税制结构与经济增长正相关、负相关和无关三种结论。

1. 税制结构与经济增长正相关

学者们基于税种的组合方式和税种的相对地位,从直接税与间接税比重、对劳动课税还是对消费和资本课税的角度研究税制结构与经济增长的关系,认为直接税占比高、把对劳动征税转向对消费或财产征税能显著促进经济增长(Koch 等,2005;Stoilova 和 Patonov,2013;O'Connor,2013;Arachi 等,2015)。Koch 等(2005)利用南非 1960 到 2002 年的税收和经济数据和一个二阶模型技术,在控制不可观测的商业周期变量后,研究了总税收、税制结构和经济增长之间的关系。研究发现减少税收负担与提高经济增长潜力密切相关,即减少税收负担会显著促进经济增长。此外,与大多数理论研究相反,他们的研究表明,直接税比重上升、间接税比重下降可以显著提高经济增长潜力。Stoilova 和 Patonov(2013)运用内生增长模型,通过对 27 个欧盟成员国 1995—2010 年的相关数据的回归分析,指出直接税有效支撑了欧盟国家的经济增长。Arachi 等(2015)在 Mendoza(1997)的基础上,使用一系列新的隐性税率和税收比例作为税制结构的指标,采用动态面板估计策略,明确地对面板中截面的相关性作出解释。他们的研究表明,当采用不同国家可观察和不可观察的不同假设时,税制结构对人均长期收入的影响是不稳健的,但短期来看,有很强的证据表明把对劳动和资本征税转向对消费征税对提高人均收入有明显的积极作用,也就是说把对所得和财产征税转向对消费征税会显著促进短期经济增长。O'Connor(2013)运用爱尔兰所得税分配和平均工资百分比的最高边际税率阈值,研究税制结构对爱尔兰经济增长的影响。实证结果表明,从税收中性的角度来看,要使 GDP 和就业永久性增长,应从对劳动征税转向对消费或财产征税。

2. 税制结构与经济增长负相关

一些学者从税收累进性、税率高低、直接税与间接税占比的角度来研究税制结构与经济增长的关系,得出了与上文不同的观点,认为高税收累进性、高税率及高直接税占比显著抑制了经济增长(Frida,2001;Lee 和 Gordon,2005;Angelopoulos 等,2012)。Frida(2001)使用 1965—1990 年间 23 个经合组织国家的混合截面数据,研究税制结构与经济增长的关系。研究发现,个人所得税占税收收入的比重与经济增长呈负相关。这一结果在系统地控制了其他可能影响经济增长的因素后,在一些严格的敏感性分析中依然稳健。另外,一些实证证据表明以税收的长期收入弹性来衡量的累进税,与经济增长率低有关。Lee 和 Gordon(2005)使用 1970—1997 年间的跨国数据研究发现,在控制了其他各种经济增长的决定因素和标准税收变量后,法定公司税税率与平均经济增长率在不同截面中明显负相关。在固定效应回归中,也发现高公司税税率导致国家未来经济增长率降低,他们的系数估计认为减少公司税税率十个百分点将会导致经济增长率增加 1—2 个百分点。Angelopoulo 等(2012)研究了在英国税制结构变化对长期经济增长和福利的定量影响。研究结果表明,如果税收政策的目标是通过改变相对税率在预算中性的方式,促进长期增长,那么它应该减少劳动税,增加资本或消费税。相反,如果目标是促进社会福利,则应降低资本相对于劳动和消费的税率,或者减少劳动相对于消费的税率,即劳动税与经济增长负相关,与福利水平正相关。Martinez - Vazquez 和 Vulovic(2014)回顾了拉丁美洲的税制结构,并分析了它们对实体经济与对经济增长、宏观经济稳定性和收入再分配的影响。研究发现,在拉丁美洲,对直接税的相对较高的依赖减缓了经济增长,但这种影响小于世界其他国家。然而，与大多数其他国家不同，拉丁美洲对直接税的更高依赖似乎不能在抑制经济波动或减少该地区收入不平等方面发挥重要作用。

3. 税制结构与经济增长无关

也有一些学者在他们的研究中得出税制结构与经济增长无关的结论。最早提出税制结构与经济增长无关的学者是 Harberger（1964），他认为直接税与间接税的变化可能会影响投资率增进福利，但对经济增长率的影响可以忽略不计，这就是著名的"哈伯格超中性猜想"，他的观点得到了一些学者的认可（Hall，1968；Poterba，1986；Madsen 和 Damania，1996；Zyzynski，2008；Xing，2012）。Hall（1968）利用新古典增长模型研究发现，税制结构的变化只会使经济出现短暂变化，对长期增长没有影响。Zyzynski（2008）探讨了波兰所得税和消费税税率水平对整个经济规模的影响，研究表明所得税和消费税税率变化不会影响收入总量，因此，税制结构与经济增长无关。Xing（2012）探讨了税收收入的组成和长期人均收入水平之间的联系，发现最近一些实证研究提出的"税收与增长排名"在不同国家、长期和短期、不同的计量经济模型下其结果是不稳健的。税制结构对经济增长影响显著的证据取决于长期参数同质化限制和平均组估计，这些限制与估计很多是无效的，长期来看，税制结构与经济增长无关。

（四）税制结构与政治选举研究综述

与税制结构对经济增长的研究结论不同，学者普遍认为税制结构会影响政治选举结果，同时，政客的政治意识形态也会影响税制结构（Alesina 等，1997；Hettich 和 Winer，1999；John 和 Bruno，2002；Gemmell 等，2004；Geys 和 Vermeir，2008；Angelopoulos 等，2012）。学者们对税制结构与政治选举的研究大多数是基于二分法假设，该假设认为私人行为在经济领域中通常都是利己主义的，而公共政策的制定者在选择和执行政策时都是依据诸如效率与公平这样的一般社会标准。除非选民有很强的偏好愿意多缴或少缴某种税，否则在选举时，选民会更多倾向于选择提出对自己有利的税收政策的候选人，因此，政治家为赢得选举，可通过操纵税制结构来迎合不同选民需求。

1. 税制结构与政治选举结果相关

John 和 Bruno（2002）分析了政治家是否以及在多大程度上战略性地操纵税制结构，以赢得选举或达到其政治意识形态目的。他们利用 1965—1995 年期间 18 个经合组织国家的数据，引入税制结构变动指标，衡量一个国家的税制结构从一年到另一年的变化程度。研究发现在这些国家的税制结构中有"政治预期循环"的明确证据。更确切地说，他们发现在选举年份，税制结构的变化明显少于其他年份。此外，政治权力的分散显著降低了政府改变税制结构的能力。在有四个或更多党派的国家，税制结构变化明显较小。税制结构的周期性变动表明，对税制结构进行明确的改变不利于政治家连任，政治家认为税收稳定是选举年的首选政策。Gemmell 等（2004）运用 1995 年英国社会态度调查的微观数据准确评估了在英国个人的税收认知，发现 30%—40% 的选民清楚知道自己的纳税义务，在检验了税制结构偏好包括税收误解的影响因素的经典实证模型后，发现选民对他们的所得税和增值税纳税义务存在一个指向过高估计的系统性偏差，这对通常的认为选民倾向于低估其纳税义务的"财政幻觉"文献假设提出了挑战，他们还发现相对于所得税，选民更倾向于高估增值税纳税义务，表明英国纳税人比增值税更清楚其所得税的纳税成本，因此政客可以根据选民的偏好提出相应的税收政策。

Geys and Vermeir（2008）使用税制结构变动指数，检验了 1959—2006 年税收负担水平和税制结构变化会影响总统支持率的假说，他们的研究结果表明财政政策对总统支持率有重要影响，研究发现税收负担和赤字的大小和税制结构的变化与总统支持率明显呈负相关。

2. 政治意识形态决定税制结构

Angelopoulos 等（2012）研究了政治意识形态和税制结构的相互关系，研究结果表明左翼政府可能会利用部分纳税人的财政幻觉来谋求政治利益，操纵选举结果，同时，他们还指出政治意识形态对税制结构选择的重要性。他们采用四种可替换的内阁意识形态措施，使用有效税率的方法，检验了 1970—2000 年间 OECD 16 个成员国内阁意识形态对税收负担在生产和消费环节的分配，发现了党派对税收政策影响的明显证据。研究发现，左翼政府相对于劳动所得更倾向于向资本所得征税，并且他们更倾向于增加消费税。

（五）税制结构与收入分配研究综述

对税制结构与收入分配的研究一般是基于 Davies（1963）对税制结构的分类：第一，纳税义务与收入的比率与收入（通常称为累退税）成反比的结构；第二，纳税义务与收入的比率与收入直接相关的结构（通常称为累进税）。传统的理论研究认为在税制设计中更多选择具有"累进性"的税种，更有利于实现税收的公平原则和收入分配公平，而在近年来学者的实证研究中，一些学者的研究结果证明在税制结构设计中考虑税收的"累进性"有助于实现收入分配公平（Efe A，1997；Borge 和 Rattso，2004；Adam 等，2015），一些学者的研究则认为税制结构对收入分配影响并不明显（Alm 等，2005；Onal 和 Temelli，

2011；Jenny，2012）。

1. 税制结构有助于收入公平分配

Efe A. Ok（1997）认为不存在无差异化的税制结构，可以绝对减少任何给定的税前分配的不平等，即对异质人群的征税比同质人群的征税更复杂，因此要实现收入分配均等，必须制定差异化的税制结构。其研究结果表明，在税制结构中考虑税收的"累进性"，有助于收入分配公平。Borge 和 Rattso（2004）使用挪威分权后人头税和财产税的数据，使用多维决策作为分析中间偏好假说的主要原则，说明收入水平和收入分配的内生性。其研究结果表明，税收负担从人头税转向了财产税意味着更不平等的收入分配。Adam 等（2015）研究了税制结构对收入分配与经济增长的影响。研究结果表明，相当于对劳动所得征税，更多地对资本所得征税会导致收入分配不平等。这种关系在改变各种收入不平等的替代措施后，最重要的是当改变政治制度时依然稳健。此外，他们的研究还发现了税制结构对收入不平等和经济增长之间的相互影响，即税制结构会影响收入分配，而收入分配不平等将影响经济增长。

2. 税制结构对收入分配效果不明显

Alm 等（2005）使用多年人口调查的信息，衡量所得税对1978 至 1998 年期间收入分配的影响。研究发现即使考虑到联邦所得税法的变化对税前收入的诱导效应，个人所得税自 20 世纪80 年代到 90 年代初以来在税后收入均衡方面效果较差，所得税的收入再分配功能往往随着时间的推移而减少，从 70 年代初期到 90 年代中期。所得税对税后基尼系数的影响在 1978 年至 1998年期间大部分时间内下降（只有最后两年增加）。研究指出由于税率结构变化导致所得税的累进性减弱，税收制度不会在所有时间点实现相同的分配目标，为了实现具体的收入分配政策目标，税收政策需要在其颁布的具体时间制定。Onal 和 Temelli（2011）通过调查土耳其 1960—2009 年期间的收入分配情况，研究了税制结构的积累和分配功能而不是其为公共部门筹资功能。研究认为，1960 年至 1980 年期间相对公平的税制结构，也称为现代税制，与收入分配的改善是一致的。然而，尽管 1980 年后的税制不公平，也称之为"后现代税制"，收入分配也并没有恶化。这可以通过对新自由主义时代政府逐渐减弱的新的分配角色来解释。新自由主义政府接受市场在改善收入分配过程中的作用，政府关注的重点是管理贫困而不是再分配。1980 年后对收入分配的微小改善可归因于在管理贫困方面的"成功"。Jenny（2012）检验了收入不平等与再分配的正相关关系。他们把逃避所得税纳入考虑范围，研究了税基和政治因素怎样决定再分配和税制结构均衡。研究发现不平等和再分配之间存在非单调关系，并探讨了一个不平等的社会在哪些条件下会更多地依赖间接税来为再分配提供资金。最后，研究指出即使在民主选择税收的情况下，所得税在发展中国家实现再分配功能的局限性。

（六）研究结论与展望

综上所述，国外学者对税制结构的研究具有研究时间长、研究成果丰硕的特点。从 17 世纪初，古典经济学家就开始对税制结构问题进行研究，17 世纪中叶至 20 世纪初，国外学者对税制结构的研究主要是采用理论研究方法，对税制结构的基本理论进行研究。主要研究政府应该采用单一制税制结构还是采用复合制税制结构以及怎样设计最优或最适税制结构才有利于实现税收的公平与效率原则等问题。20 世纪初，国外经济学家引入数理分析和实证分析方法，运用内生增长模型和新古典增长模型，主要集中于研究税制结构与经济增长、税制结构与政治选举、税制结构与收入分配等问题。

1. 研究结论

从学者对税制结构的基本理论研究来看,学者们普遍认为相对于单一制税制结构,政府在税制设计时应采用复合制税制结构,并考虑所得税、商品税和财产税的合理搭配和各税种的相对重要性。从学者对税制结构与经济增长关系的研究成果来看,不同学者、采用不同的数据和研究方法,得出的研究结论是有很大争议的。有的学者认为直接税占比高会显著促进经济增长(Koch 等,2005;Stoilova 和 Patonov,2013);有的学者认为把对劳动征税转向对消费或财产征税能显著促进经济增长 O'Connor,2013;Arachi 等,2015);而有的学者则认为高税收累进性、高税率及高直接税占比显著抑制经济增长(Frida,2001;Lee 和 Gordon,2005;Angelopoulos 等,2012);甚至一些学者认为税制结构与经济增长没有任何关系(Hall,1968;Poterba,1986;Madsen 和 Damania,1996;Zyzynski,2008;Xing,2012)。从学者对税制结构与政治选举的研究成果来看,争议很小,学者普遍认为税制结构会影响政治选举结果,同时,政客的政治意识形态也会影响税制结构(Alesina 等,1997;Hettich 和 Winer,1999;John 和 Bruno,2002;Gemmell 等,2004;Geys 和 Vermeir,2008;Angelopoulos 等,2012)。从学者对税制结构与收入分配的研究成果来看,也存在较大争议:一些学者的研究结果证明在税制结构设计中考虑税收的"累进性"有助于实现收入分配公平(Efe A,1997;Borge 和 Rattso,2004;Adam 等,2015),一些学者的研究则认为税制结构对收入分配的影响并不明显(Alm 等,2005;Onal 和 Temelli,2011;Jenny,2012)。

综合国外学者对税制结构的研究我们发现,关于税制结构对经济增长和收入分配影响的研究结论存在很大差异,原因可能是多方面的。从表面来看，可能是由于研究方法和研究对象选取等技术性问题造成的，诸如选取的国家不同、选取的样本时间长短不一、采用的计量方法和模型不同、税种划分差异、假设条件不同及控制变量选择差异等都会使研究结论产生较大差异。但究其深层次原因，我们发现一个国家税制结构的变化是政治结构和经济结构变化的结果（James E. Alt, 1983），税制结构是一个均衡系统，而不仅仅是一个单独的部分，必须通过政治和经济政策来改变，在政府尝试建立新的均衡时，系统一部分的改革可能会导致其他地方出现意想不到的影响，因此，税制的演变可以被看作是经济、行政和政治因素改变所产生的结果（Walter Hettich and Stanley L. Winer, 1988）。我们需要注意到，一个国家的政治、经济和行政因素是复杂多变的，执政党意识形态、特定经济发展战略目标和经济环境不同，政府所采取的税收政策和选择的税制结构就会不一样。同时，同一税收政策或相同的税种组合方式在不同国家的不同时期，由于面临的政治、经济环境不同，对经济增长、收入分配等也会产生不同的效果。因此，不同国家在不同的政治和经济环境中，可以根据实际需要选择一定的税种组合方式来实现政府的经济发展和收入分配目标。政府在选择税制结构时需要综合考虑社会福利、公共品提供、公共支出和选民的纳税意愿等因素（Herbert J. Kiesling）。

2. 研究展望

总结国外学者对税制结构问题的研究方法和研究视角，不难发现他们对税制结构问题的研究是基于具体某个国家的政治、经济环境和传统的经济模式，但我们需要注意的是，随着经济全球化的发展，国际政治、经济环境变化对一个国家的政治、经济影响越来越深，税制结构的选择和实施效果不仅受一国国内政治、经济环境的影响，还需同时考虑国际政治、经济因素。同时，随着数字经济的发展，数字化的经营、管理和消费模式，加大了税制结构中税种和征收环节选择的难度，给传统税收收入分配与税收征管带来巨大挑战。因此，应改变税制结构的研究视角，研究经济全球化与数字经济背景下税制结构的选择及其对税收政策实施效果的影响。

（1）经济全球化背景下的税制结构问题。经济全球化背景下，资本、信息、技术、劳动力和资源等要素在全球范围内可以自由流动并实现最优配置，也使世界各国和各地区经济相互融合、相互依赖、相互竞争和制约。一个国家在税收制度设计时，如何选取税种的组合方式及各税种的相对地位，不仅受该国政治、经济环境的影响，同时还受国际政治、经济形势制约。同时，在经济全球化背景下，国际贸易规则、国际税收规则改变及国际经济形势变化也会影响税制结构对调节经济增长和收入分配等政策目标的实施效果，因此在研究税制结构的选择和税制结构对政策目标的实施效果时，必须要考虑经济全球化背景下国际政治、经济形势的影响。

（2）数字经济背景下的税制结构问题。近年来，数字经济的快速发展彻底改变了企业的生产、经营、管理模式，也改变了个人的消费模式。利用数字化信息和通讯技术（ICT），企业可以实现高效、便捷的跨国管理，使得企业价值创造地与商品消费地和纳税义务发生地往往出现错配。数字经济背景下，如何设计税制结构，使税收即有利于企业参与国际竞争，又有利于维护国家税收权益，成了政府选择主要税种和征收环节必须主要考虑的问题。同时，数字经济背景下，使资本、技术和劳动力等要素的流动更为便捷，给传统经济模式下认为通过税种和征收环节选择来改变资本、技术及劳动力供给从而影响经济增长、收入分配等的经济理论带来挑战，数字经济的发展将使通过税制结构影响经济增长和收入分配等政策目标的实施效果变得不确定。

综上所述,国外学者对税制结构问题研究较早,主要是运用理论和实证研究方法,结合经典理论模型研究税制结构与经济增长、收入分配和政治选举等问题,得出了不同的结论。而国内学者对税制结构问题的研究起步较晚、成果较少,研究的方法主要是理论研究,实证研究方法更是近年来才开始使用。我们应该注意到,随着经济全球化和数字经济的发展,国际政治、经济形势对一个国家税收制度的实施效果会产生重大影响,因此,政府在税收制度设计及选择主要税种与征收环节时,既要考虑国内政治、经济环境,也要考虑国际政治、经济背景,这就需要我国学者改变对税制结构问题的研究视角,把税制结构问题研究置于经济全球化与数字经济大背景下,为政府税制结构选择和税制改革提供科学依据。

七、美国税改对中国涉外税收政策的影响

(一)美国税改的背景及进程

随着全球分工的深入及细化,美国的制造业,特别是劳动密集型产业逐渐失去了国际竞争力。特朗普当选美国总统后,其施政纲要宣布将改革现有税收政策,以"美国优先"为政策导向,推行超低税率,期望通过降低税率,减轻企业负担,力促跨国公司回归投资美国,推动本土投资和制造业回归,提高就业率,提升美国经济竞争力,从而刺激美国经济发展。经过国会多次讨论与修改,国会众、参议院分别于美国当地时间 2017 年 11 月 2 日、11 月 9 日公布了其税改方案。11 月 16 日,众议院以 227 票

赞成，205 票反对通过了共和党《减税与就业法案》后，12 月 2 日凌晨该法案以 51 票赞成，49 票反对获参议院足够票数通过。至此，特朗普竞选时提出的税改计划取得实质性突破，距最后立法仅剩一步之遥，作为特朗普政府执政一年来最大的"成绩"，美国三十余年来最大的税改法案即将出炉。由于两院版本在诸多细节上分歧很大，如税收抵扣相关规定、对个人所得税级的调整及公司税减税的启动时间等，参、众两院将通过"调和"协商以消除两个版本的不同之处，协商后达成的统一版本，还须分别提交两院投票表决通过后才能提交总统签署并最终成为法律。美国国会共和党高层希望能在圣诞节前完成税改立法，具体推出时间还有极大的不确定性。

（二）美国税改的主要内容

参议院版税改法案可以归纳为企业税改革、个人税改革及国际税改革三部分，集中体现出以下特征：

1. 企业税改革重在降低企业税收负担，增强企业国际竞争力

首先大幅降低企业所得税税率，企业所得税税率由现行最高税率 39.4% 降至 20%，减轻了企业税负，增强了企业的国际竞争力，这意味着美国已进入世界低税国，美国企业选择到海外注册公司以逃避美国高税负的动机将不复存在。其次提高企业所得税税前抵免额。如对 2017—2022 年发生的资产投资成本 100% 费用化，不包括房地产；对利息费用的抵扣限额提升至利息、折旧和摊销前利润的 30%；每年净经营亏损结转限额为年度应纳税所得额的 90%，并可向后无限期结转，基本废除向前结转等。通过加大税前抵扣额，进一步降低企业税收负担。

2. 个人税改革重在简化税制、拓宽税基

首先，废除许多个人所得税抵免项目，降低了监管、征收及缴纳成本，但会使原来一部分不用纳税的低收入人群被纳入缴税范围，扩宽了税基。其次，微幅下调个人所得税税率。众所周知，美国的主要税收来源是个人所得税，微幅下调个人所得税税率，在大幅降低企业所得税税率的情况下，可保证宏观税负基本稳定，避免大幅财政赤字，稳定了税源。最后，上调遗产税豁免纳税额度至 2200 万，提高最低替代税起征点，部分高收入中产阶层将无须缴纳此税，这些举措将使一部分中、高收入人群受益，被指过于偏袒富人，可能进一步加大美国贫富分化和社会矛盾。

3. 国际税改革重在吸引国际资本流入、阻止本国资本外流

首先，大幅降低境外子公司收益税率。境外子公司历史累积境外的收益可视同汇回一次性进行征税，现金及其等价物适用 14.5% 的税率，非流动资产适用 7.5% 的税率，而目前该税率为 35%，这一措施将会使美国跨国企业为避税而长期滞留在海外的约 2.6 万亿美元利润流回美国。其次，对美国公司取得的来自其境外子公司的股息可享受 100% 的所得豁免（有 10% 的持股比例要求），此举将美国由目前的全球征税体制转变为属地征税体制。最后，对美国国内公司向境外关联方支付的款项开征 20% 的执行税，这一措施限制了美国企业通过和美国以外分支机构的内部交易来避税，阻止跨国企业将产业转移出美国。

（三）美国税改对美国本土及全球经济发展的影响

特朗普政府税改法案将对美国本土及全球经济发展产生较大影响。

1. 对美国本土经济发展的影响

该法案在短期内将会对美国经济产生刺激作用，但长期来看可能会增加财政赤字，加大债务风险，加剧贫富差距和社会矛盾，被指过于偏袒富人，有"劫贫济富"嫌疑。虽然特朗普政府希望利用税收杠杆吸引国际资本和制造业流入美国，帮助企业扩大投资，刺激经济更快增长，但经济学家警告，短期来看税改可能使美国 GDP 增长 0.1%—0.45%，但长期来看，低税率未必会导致企业加大投资，相反，竞争性减税可能会恶化美国政府财政状况，产生巨额财政赤字。从历史数据来看，美国 80 年代以来里根、小布什和奥巴马的三次税改均造成财政赤字率在减税后都出现不同程度的扩大，据美国国会预算局测算，这会在接下来的十年中增加美国预算赤字 1.5 万亿美元，这也是特朗普税改方案备受争议，最终以 51∶49 票险胜的主要原因。

2. 对全球经济发展的影响

作为全球最大经济体，美国的减税法案不可避免地将产生外溢效应：一方面，将引发全球恶性税收竞争。需要警惕的是，特朗普税改是"醉翁之意不在酒"，其本质就是推行贸易保护主义，引发国际税收竞争。美国决定减税后，英、德、法等欧洲国家纷纷表示"无法接受"，认为这将对其产业造成冲击，为了增强竞争力，这些国家可能会纷纷跟着减税，由此引发全球税收竞争。一般来说国际税收竞争将驱动资本、技术等流动性生产要素从高税国流向低税国，税收竞争对一个国家的财政收入将会产生正反两方面的影响，一是税率降低，导致财政收入减少的负面影响；二是税率降低刺激经济增长，使税基提高进而增加财政收入的正面影响。全球性的恶性税收竞争将导致参与国财政收入减少，加大其政府财政赤字及债务负担。另一方面，将增加了全球经济发展的不确定性。美国税改的一系列减税措施及美联储加息预期将导致短期内资本、人才流向美国，一些国家将因资本外逃陷入货币贬值的压力，贬值趋势一旦无法遏制，则会给这些国家的经济发展带来极大的不确定性，引发经济危机，甚至可能演变成社会乃至政治危机。

（四）美国税改对我国现有税制体系的挑战

美国税改法案究竟会对我国现行税制体系带来哪些挑战？这是社会各界比较关心及热议的话题。

1. 企业所得税及个人所得税税改对我国的冲击和影响有限

同样以参议院税改版本为例，税改后，美国企业所得税最高税率为20%，而我国目前居民企业所得税的基本税率为25%，但我国对一些符合条件的小型微利企业减按20%、对国家重点扶持的高新技术企业减按15%、对非居民企业实际减按10%的税率征收企业所得税，单从企业所得税来看，美国税改后的所得税税率与我国现行所得税税率相差并不太大。从个人税改革来看，我国是以企业税为主要税源的国家，个人所得税在我国税收收入中每年仅占6%左右，因此，个人税改革对我国的影响也是有限的。但需注意的是我国目前的税制结构是以间接税为主，直接税为辅，税收收入有近70%是来源于增值税、营业税及消费税等间接税，这些税种主要是在生产和流通环节征收，同时，我国实行的是价内税，意味着我国70%左右的税收收入要作为价格的构成要素嵌入各种商品和要素的价格之中，也就是我国税收同商品和要素的价格高度相关。一方面使得商品的价格同税收制度的变化捆绑在一起，难免扭曲价格的正常形成机制，另一方面由于中外税制结构的巨大差异，如此高的税收收入来源于生产、流通领域，可能导致境内外商品和要素价格之间的"反差"或"倒挂"，使企业在国际贸易中处于劣势。

2. 国际税改革将对我国国际资本流动产生短期影响

一方面，将加大我国吸引外商直接投资难度，另一方面，将加快国际资本从我国流出速度。受"逆全球化"思潮影响，

2015年全球外商直接投资规模（FDI）达1.76万亿美元，同比上升38%，而我国FDI规模为1262.7亿美元，同比仅增长5.61%，远远落后于全球FDI增长速度。据商务部统计数据显示，2016年我国FDI为1260亿美元，来自美国、英国、德国及日本等发达国家的FDI为132.5亿美元，仅占10.5%，2017年1—9月，我国实际使用外资规模为920.9亿美元，同比下降3.2%，而来自美国、英国、德国及日本等发达国家的FDI为73.4亿美元，同比下降2.53%。以上数据充分说明"逆全球化"背景下，我国吸引外商直接投资难度在加大，吸引来自发达国家的投资规模逐渐减少。在此背景下，特朗普的国际税改方案对我国吸引外商直接投资规模的影响无疑是"雪上加霜"，因为在特朗普税改的提振下，美国经济形势的向好将吸引国际资本向美国集聚，博取美国经济增长的红利，从而加大我国吸引外商直接投资难度。多年来，美国一直名列我国十大资本输入国，由于美国的递延所得税政策允许境外子公司取得的利润在汇回美国时才缴纳企业所得税，为避免利润汇回美国时面临缴纳的高税负，多年来大量在华美资企业赚取的利润都滞留在中国，而税改法案中将这些滞留境外子公司的收益税税率由35%大幅降至现金及其等价物适用14.5%的税率，非流动资产适用7.5%的税率，这意味着只需缴纳很轻的税额就可把多年赚取的利润汇回美国，这一举措将使美国企业不用忌惮美国的高税收政策，可以将多年来滞留在中国的利润通过合法渠道汇回美国。同时，2016年我国对外直接投资流量位列全球国家（地区）排名的第二位，存量跃至第六位，已连续两年实现双向直接投资项下资本净输出，在这一背景下，特朗普税改短期内会加快我国资本外流速度。

(五) 我国应对美国税改的政策建议

美国参议院表决通过特朗普税改法案后，预示着"狼"终于要来了，无论长期来看该法案会给美国经济、世界经济带来怎样的影响，短期来看，该法案对世界各国的影响还是较为明显。为应对特朗普税改可能带来的冲击，英国、德国、法国及印度等国已经行动起来，研究和制定了本国的减税方案，目前，全球性的竞争性减税态势已经形成。我国既是全球最大的资本输入国，也是最大的资本输出国，与其他国家相比，特朗普税改对我国的影响更严重，如上文所述，特朗普税改将在短期内影响我国的资本流出、流入规模，从而影响我国经济发展，对我国现行税制体系带来巨大挑战，我国应尽快采取措施应对。首先，应以"营改增"为契机，逐步将现行增值税税率简化合并为两档或三档，降低工商业增值税税率，切实减轻企业税收负担，消除由于税制设计不合理对涉外投资的扭曲作用，吸引外资回流。其次，应以"个人所得税改革"为突破口，优化税制结构，逐步提高直接税所占比重。国家应加快个人所得税改革进程，并择机推出房产税，一方面可以提高直接税在税收收入的比重，优化我国税制结构；另一方面还可以稳定宏观税负，减轻由于"营改增"减税效应扩大后给财政带来的负担；最后还可以让税收在调节居民收入分配，促进社会公平方面发挥作用。最后，应以"简化税制"为主线索，逐步减少税收征收环节。目前我国的税收征收环节有生产、流通、消费和分配四个环节，但从西方发达国家的经验来看，优良的税制不应该对经济活动产生扭曲作用，应该征管便捷并远离生产和流通环节，因此应借鉴发达国家经验，与国际税收规则接轨，将我国税收的征收环节逐步集中于分配和消费环节。

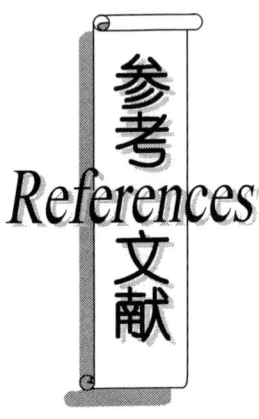

[1] 陈日生,陆岩. 美国税制的借鉴和启示 [J]. 涉外税务,2012 (09):36-40.

[2] 陈日生,沈黎亮,吴慧. 美国税务管理的特点及启示 [J]. 涉外税务,2012 (10):34-40.

[3] 陈岩. 经济全球化条件下跨国公司的国际避税行为 [J]. 生产力研究,2006 (12):230-231.

[4] 迟娜. 中国涉外税收政策与吸引 FDI 的关系 [J]. 国际经济合作,2012 (05):41-43.

[5] 邓力平. 经济全球化下的国际税收竞争研究:理论框架 [J]. 税务研究,2003 (01):11-18.

[6] 邓力平. 不对称信息和税收理论研究:回顾与展望 [J]. 税务研究,2003 (05):38-42.

[7] 邓力平. 关于东亚国家间接税协调的几点看法 [J]. 涉外税务,2003 (12):48-50.

[8] 邓子基．深化税制改革的理论分析与政策选择［J］．财政研究，1988（05）：42－46＋62．

[9] 福州市国家税务局涉外税收征管课题组，陈爱珠，萧明同．关于加强涉外税收征管的研究和思考［J］．涉外税务，2007（03）：72－76．

[10] 付树林．非居民企业所得税恶意税收筹划方式及应对方法［J］．涉外税务，2011（10）：12－17．

[11] 付玮，李亚书．企业涉外税收筹划探讨［J］．财政监督，2014（32）：65－67．

[12] 郝昭成．从无到有 规范统一——改革开放30年中国涉外税收制度发展的轨迹［J］．涉外税务，2008（12）：5－10．

[13] 胡怡建．关于进一步完善我国涉外税制的探讨［J］．财经研究，1990（05）：21－23．

[14] 黄桂香．适应经济全球化的中国税制改革建议［J］．经济研究参考，2004（07）：22－23．

[15] 蒋经法．建立科学严谨的涉外税收管理结构［J］．税务研究，1994（11）：49－53．

[16] 蒋颖，叶永青，张毅．经济全球化背景下的税基侵蚀和利润转移［J］．国际税收，2013（10）：46－49．

[17] 经庭如，储德银．改革开放以来我国涉外税收政策的回顾与取向［J］．经济纵横，2008（06）：37－40．

[18] 李达昌，曹萍．对涉外税收理论与实践的一些思考［J］．税务研究，1996（05）：54－58．

[19] 李涛．浅谈"两法合并"后的涉外税收征管［J］．涉外税务，2008（03）：70－73．

[20] 李孝全．略论我国现行涉外税制［J］．南开学报，1997（05）：50－54＋73．

[21] 刘广洋．经济全球化对税收理论的冲击［J］．中南财

经政法大学学报，2002（06）：55-58.

［22］刘广洋. 经济全球化进程中的国际避税新动向［J］. 财政研究，2002（04）：61-63.

［23］刘珞. 我国涉外税收优惠政策的利弊分析［J］. 中国经贸导刊，2015（05）：31-32.

［24］刘佐. 我国改革开放后涉外税制的建立与内外税制统一［J］. 涉外税务，2010（01）：32-36.

［25］倪红日，李世新. 全球经济格局调整下我国对外投资税收管理面临的新难题［J］. 涉外税务，2010（03）：15-19.

［26］唐腾翔. 深化改革的税收思考［J］. 福建学刊，1988（02）：13-16.

［27］唐腾翔. 超前改革的税收思考［J］. 涉外税务，1988（02）：23-25.

［28］王国清. 马克思两种权力学说与财政分配［J］. 经济学家，1998（04）：76-82+128.

［29］王国清. 我国税制改革的回顾与展望［J］. 四川财政，1998（11）：12-14.

［30］王力. 迈向现代化的中国国际税收［J］. 国际税收，2016（05）：52-58.

［31］萧承龄. 经济全球化促使各国加强反避税措施［J］. 涉外税务，2001（07）：31-35.

［32］许军. 国际税收竞争条件下我国涉外税制改革研究［J］. 经济纵横，2006（09）：7-9.

［33］杨斌. 经济全球化的本质分析和治税策略选择（上）［J］. 涉外税务，2004（07）：5-9.

［34］杨斌. 经济全球化的本质分析和治税策略选择（下）［J］. 涉外税务，2004（08）：8-13.

［35］杨斌. 国际税收协定范本最新进展和差异（上）［J］.

涉外税务, 2004 (11): 37-42.

[36] 杨斌. 国际税收协定范本最新进展和差异 (下) [J]. 涉外税务, 2004 (12): 43-47.

[37] 杨志清. 国际税收理论与实践: 回顾和展望 [J]. 国际税收, 2013 (07): 10-13.

[38] 尹音频. 国际税收与涉外税收关系新辨 [J]. 财经科学, 1996 (04): 18-19.

[39] 张白. 适应世界经济一体化 改革我国涉外税制 [J]. 中国税务, 2001 (06): 32.

[40] 张同青. 增值税对科技产业的影响 [J]. 涉外税务, 1996 (05): 18.

[41] 张炜. 完善我国涉外税收政策的研究 [J]. 财政研究, 2000 (12): 62-64.

[42] 郑榕. 对两个税收概念内涵和外延的再界定 [J]. 税务研究, 1999 (04): 9-13.

[43] 郑榕. 关于涉外税收和国际税收学科概念内涵和外延的再界定 [J]. 扬州大学税务学院学报, 1999 (03): 33-37.

[44] 周华伟. 国外公司所得税优惠政策的特点探析 [J]. 涉外税务, 2011 (02): 49-53.

[45] 周华伟. 加强财政管理 努力打造节约型政府 [J]. 中国乡镇企业会计, 2011 (12): 19-20.

[46] 周丽娟, 陈新. 两税合并后新税收优惠体系的效应分析 [J]. 当代经济, 2013 (02): 76-77.

[47] 曾庆春. 中国涉外税制的调整和完善 [J]. 湖北财税, 2000 (24): 22-23.

[48] 曾庆春. 我国二十年涉外税制的回顾与反思 [J]. 对外经贸财会, 2000 (12): 12-14.